工业互联网标识与双碳园区建设和发展之路

（技术与规划篇）

李海花 高琦 谢家贵 刘东坡 李琦琦 编著

人民邮电出版社

北京

图书在版编目（CIP）数据

工业互联网标识与双碳园区建设和发展之路. 技术与规划篇 / 李海花等编著. -- 北京 : 人民邮电出版社, 2025. -- ISBN 978-7-115-66001-5

Ⅰ. F403-39；F424.1-39

中国国家版本馆CIP数据核字第20259DL161号

内 容 提 要

本书聚焦于工业互联网标识与双碳园区建设和发展，在全面介绍相关关键技术、实施方案和典型案例的基础上，给出了双碳园区的未来建设方向和推进建议。

全书主要介绍工业互联网概述、工业互联网标识、工业互联网标识应用新模式、双碳园区的发展历程、工业互联网标识全面赋能双碳园区建设、基于工业互联网标识的双碳园区建设蓝图、基于工业互联网标识的双碳园区建设实施、工业互联网标识赋能双碳园区建设的类型，以及双碳园区典型实践案例、标识与新技术融合助推双碳园区发展、双碳园区建设方向及推进建议等内容。

本书可供从事工业互联网、标识解析、双碳园区等领域的研究、教学人员参考，也适合对双碳园区建设感兴趣的学者及工程人员阅读。

◆ 编　著　李海花　高　琦　谢家贵　刘东坡　李琦琦
　　责任编辑　吴晋瑜
　　责任印制　王　郁　胡　南

◆ 人民邮电出版社出版发行　北京市丰台区成寿寺路11号

邮编　100164　电子邮件　315@ptpress.com.cn

网址　https://www.ptpress.com.cn

北京隆昌伟业印刷有限公司印刷

◆ 开本：787×1092　1/16

印张：15.5　　　　　　　　　2025年5月第1版

字数：326千字　　　　　　　2025年5月北京第1次印刷

定价：99.80元

读者服务热线：(010)81055410　印装质量热线：(010)81055316

反盗版热线：(010)81055315

编委会名单

主　任（2人）：

李海花　中国信息通信研究院工业互联网与物联网研究所副所长
高　琦　中国信息通信研究院工业互联网与物联网研究所副总工程师

副主任（5人）：

谢家贵　中国信息通信研究院工业互联网与物联网研究所总工程师
刘东坡　中国信息通信研究院工业互联网与物联网研究所副总工程师
李琦琦　中国信息通信研究院工业互联网与物联网研究所未来产业部主任及西部运营中心主任
李志平　中国信息通信研究院工业互联网与物联网研究所主任
孙　银　中国信息通信研究院工业互联网与物联网研究所工程师

委　员（11人）：

宋　涛　中国信息通信研究院工业互联网与物联网研究所工程师
王亦澎　中国信息通信研究院工业互联网与物联网研究所主任工程师
李笑然　中国信息通信研究院工业互联网与物联网研究所高级工程师
马宝罗　中国信息通信研究院工业互联网与物联网研究所高级工程师
景浩盟　中国信息通信研究院工业互联网与物联网研究所工程师
李胡升　中国信息通信研究院工业互联网与物联网研究所高级工程师
刘红炎　中国信息通信研究院工业互联网与物联网研究所工程师
王　彪　中国信息通信研究院工业互联网与物联网研究所工程师
时晓光　中国信息通信研究院工业互联网与物联网研究所工程师
刘思宇　中国信息通信研究院工业互联网与物联网研究所工程师
杨　潇　中国信息通信研究院工业互联网与物联网研究所主任工程师

主要作者简介

李海花，正高级工程师，中国信息通信研究院工业互联网与物联网研究所副所长。工作以来主要从事与信息通信相关的政府支撑、战略咨询、新技术跟踪研究、标准研制工作，目前聚焦工业互联网、工业标识解析体系、"星火·链网"相关研究与推动工作；担任工业互联网产业联盟总体组主席、中国通信学会工业互联网专委会秘书长和中国仪器仪表学会智能制造推进工作委员会委员。

高琦，工业互联网与物联网研究所副总工程师，工程师、经济师。主要从事数字经济、元宇宙、工业互联网、区块链、工业园区等领域的产业及商业模式研究；兼中国通信工业协会区块链专委会委员，全国工商联科技装备委员会委员等社会职务；获评《财经》2022年度"元宇宙领军人物"；参与编写图书《从零开始掌握工业互联网（实操篇）》，牵头撰写《工业互联网园区生态图谱报告》《全球工业互联网产业图谱报告》等研究报告。

谢家贵，中国信息通信研究院工业互联网与物联网研究所总工程师。主要从事与信息通信相关的政府支撑、战略咨询、新技术跟踪研究、标准研制等工作，目前聚焦互联网域名、工业互联网标识解析体系及区块链相关研究与推动工作。

刘东坡，中国信息通信研究院工业互联网和物联网研究所副总工程师，毕业于山东大学。长期从事工业互联网、标识解析、数字化转型等相关政策、技术和业务发展研究，作为核心成员参与了《工业互联网发展行动计划（2021—2023年）》《工业互联网标识管理办法》《关于推进工业互联网加快发展的通知》等多项工业互联网相关政策文件的编制工作，主持了国家工业互联网创新发展工程、工业互联网试点示范等5项省部级课题，担任10余项工业互联网国家标准、行业标准编辑人，在 SCI、SSCI、EI 期刊发表文章20余篇。

李琦琦，中共党员，博士，现任中国信息通信研究院工业互联网与物联网研究所未来产业部主任及该所西部运营中心主任、十九届重庆市渝北区人大代表、中国信息通信研究院数字经济（成都）创新中心副主任。曾获2023年"十大重庆科技创新年度人物"、2022年"重庆市最美高校毕业生"、2022年"'智汇两江'科技创新领军人才"等荣誉。主要从事未来产业（人工智能、量子科技、生物制造等）、工业互联网标识解析、区块链等技术研究与实践，主持国家顶级节点（重庆）项目、国家顶级节点（成都托管与灾备节点）项目建设，助力成渝工业互联网一体化发展，支撑成渝地区双城经济圈建设，推动实现重庆、四川等西部十省市工业互联网体系覆盖，主持"星火·链网"超级节点（重庆）、"星火·链网"超级节点（成都）建设，推动"星火·链网"国际（ASTRON）成为新加坡 TradeTrust 框架官方支持的全球唯一的许可公有链，支撑中新数据跨境流动和区域数字经济发展。牵头开展了"物理人工智能规则验证与测试评估系统建设""标识解析与车联网先导区融合发展研究""工业元宇宙关键技术研究"等十余项重点课题研究,参与制定《工业互联网标识行业应用指南(白酒行业)》等行业标准,在国内外期刊发表 *Federated Multi-Agent Actor-Critic Learning Task Offloading* 等论文近20篇,牵头申报智慧物流、工业互联网等领域专利10余项,参编《从零开始掌握工业互联网(实操篇)》等图书,在人工智能、工业互联网生态构建、技术研发及产融结合方面具有重要影响力。

序

近年来，工业互联网通过连接工业设备、系统和流程，实现了数据的高效流通和资源的优化配置，为现代工业体系注入了新的活力。在工业互联网赋能园区的数字化转型过程中，标识解析技术为设备和数据提供了唯一的身份标识，进而支撑精准的物理世界感知和信息检索。然而，园区在聚集先进创新技术应用的同时，也成了碳排放的主要源头。

随着全球气候变化问题的加剧，构建绿色低碳转型的现代化产业格局迫在眉睫，园区作为区域经济发展的承载体，是我国经济发展的重要基石。当前，发挥工业互联网标识解析等新一代信息技术与产业园区融合已经成为推动工业领域节能低碳工作的重要驱动力，具体如何统筹推进双碳园区建设是我们在经济可持续发展路上需要不断思考的问题。

中国信息通信研究院工业互联网与物联网研究所一直聚焦工业互联网、工业标识解析体系、园区数字化转型等方向的前沿技术研究，在此基础上编写了《工业互联网标识与双碳园区建设和发展之路（技术与规划篇）》，而我有幸先看了书稿。这本书内容丰富、导向性强，全面展示了工业互联网的发展历程和标识解析体系关键技术及工作原理。同时，这本书还描绘了基于工业互联网标识的双碳园区建设蓝图，探讨了双碳园区建设的实施细节及应用案例，可以给正在打造或准备转型的园区提供实践参考依据。

总体来看，这是一本推动工业互联网双碳园区发展的好书，有助于引导园区数字底座建设、园区服务生态培育，适合对工业互联网、标识解析、双碳园区等新业态有所了解的所有学生、科研工作者、行业工程师阅读。我愿向有兴趣研究、关心未来相关行业发展的各位推荐此书，也想借此书出版之机，再次呼吁大家持续发挥工业互联网双碳园区的规模效应、辐射效应和示范效应，以点带面地持续推进绿色低碳发展。

前　言

工业互联网是第四次工业革命的重要基石，它利用物联网、云计算、大数据等信息技术，推进新型工业化发展的历史进程。为了加快工业互联网的数字化转型和可持续发展，企业需要利用工业互联网标识为各类设备和数据点提供唯一的身份标识。

近年来，以全球变暖为标志的气候变化问题对自然环境和人类生存产生巨大威胁。我国致力于处理好发展和减排、整体和局部、短期和中长期的关系，把碳达峰、碳中和纳入经济社会发展全局，并积极倡导以工业互联网标识助力园区加速实现能源结构优化、资源高效利用、绿色结构转型等双碳目标。

目前，工业互联网标识技术将园区作为区域组织协作与产业转型发展的关键载体，利用标识、计量、认证、监测等手段，围绕监管、资源、能源、生态等多方面协同的理念，构建绿色发展体系，并基于区块链、大数据等新一代信息技术和高效光伏、新型储能等节能减排技术助力基础设施的绿色转型升级，培育壮大园区绿色发展新动能。

作者希望通过本书帮助读者对工业互联网标识赋能的双碳园区有全面的了解，包括但不限于其产生的背景、体系架构、关键技术及应用场景，为读者的进一步研究或工程设计提供参考。

本书共有11章，主要涵盖了工业互联网和双碳园区的阶段性建设成果。第1章概述工业互联网的相关内容；第2章主要介绍工业互联网标识的体系架构和工作原理；第3章展示智能化生产、网络化协同、服务化延伸、个性化定制和数字化管理这5种工业互联网标识应用新模式；第4章主要概述双碳园区的发展历程和建设现状；第5章探讨工业互联网标识如何全面赋能双碳园区建设；第6章介绍基于工业互联网的双碳园区建设规划、建设模式及内容，并分析了其中的6项关键技术；第7章从数字平台建设、数据体系建设和安全体系建设方面分析基于工业互联网标识的双碳园区基础设施；第8章主要介绍物流园区、数据中心园区等7种工业互联网标识赋能的双碳园区建设类型；第9章主要介绍海信江门零碳园区、鄂尔多斯零碳产业园等10个双碳园区典型实践案例；第10章介绍工业互联网标识分别与区块链、大数据等六大前沿技术融合助推双碳园区的发展特征及趋势；第11章

前　言

将探讨双碳园区建设方向及推进建议。

由于成书时间紧张且作者水平有限，书中难免有错漏，恳请各位读者批评、指正。欢迎各位读者通过本书发布的各种联系方式与我们交流。

最后，感谢人民邮电出版社为本书的顺利出版给予的鼎力支持和宝贵建议。最后，还要向阅读拙作的读者表示衷心的感谢！

资源与支持

资源获取

本书提供如下资源：

- 本书思维导图
- 异步社区 7 天 VIP 会员

要获得以上资源，扫描下方二维码，根据指引领取。

提交错误信息

作者和编辑尽最大努力来确保书中内容的准确性，但难免会存在疏漏。欢迎你将发现的问题反馈给我们，帮助我们提升图书的质量。

当你发现错误时，请登录异步社区（https://www.epubit.com），按书名搜索，进入本书页面，单击"发表勘误"，输入错误信息，单击"提交勘误"按钮即可（见下图）。本书的作者和编辑会对你提交的错误进行审核，确认并接受后，将赠予你异步社区的 100 积分。积分可用于在异步社区兑换优惠券、样书或奖品。

资源与支持

与我们联系

我们的联系邮箱是 wujinyu@ptpress.com.cn。

如果你对本书有任何疑问或建议，请你发邮件给我们，并请在邮件标题中注明本书书名，以便我们更高效地做出反馈。

如果你有兴趣出版图书、录制教学视频，或者参与图书翻译、技术审校等工作，可以发邮件给我们。

如果你所在的学校、培训机构或企业，想批量购买本书或异步社区出版的其他图书，也可以发邮件给我们。

如果你在网上发现有针对异步社区出品图书的各种形式的盗版行为，包括对图书全部或部分内容的非授权传播，请你将怀疑有侵权行为的链接发邮件给我们。你的这一举动是对作者权益的保护，也是我们持续为你提供有价值的内容的动力之源。

关于异步社区和异步图书

"异步社区"（www.epubit.com）是由人民邮电出版社创办的IT专业图书社区，于2015年8月上线运营，致力于优质内容的出版和分享，为读者提供高品质的学习内容，为作译者提供专业的出版服务，实现作者与读者在线交流互动，以及传统出版与数字出版的融合发展。

"异步图书"是异步社区策划出版的精品IT图书的品牌，依托于人民邮电出版社在计算机图书领域多年来的发展与积淀。异步图书面向IT行业以及各行业使用IT技术的用户。

目 录

第1章 工业互联网概述 ··· 1
  1.1 初步认识工业互联网 ··· 1
    1.1.1 工业互联网的概念 ·· 1
    1.1.2 工业互联网的特征 ·· 1
    1.1.3 工业互联网的发展历程 ·· 2
    1.1.4 工业互联网体系架构 ··· 3
    1.1.5 工业互联网的功能体系和产业体系 ······························· 5
    1.1.6 工业互联网标准体系 ··· 12
  1.2 工业互联网建设的意义 ·· 14
    1.2.1 提升国家竞争力和战略优势 ·· 14
    1.2.2 推动产业转型升级和创新发展 ····································· 14
    1.2.3 实现绿色低碳和可持续发展 ·· 15
    1.2.4 助力推进新型工业化 ··· 15
  1.3 工业互联网的现状与发展方向 ·· 16
    1.3.1 国外工业互联网建设现状 ··· 16
    1.3.2 国内工业互联网建设现状 ··· 23
    1.3.3 产业生态发展现状 ·· 24
    1.3.4 产业生态未来发展方向 ·· 26
  1.4 小结 ··· 28

第2章 工业互联网标识 ··· 29
  2.1 工业互联网标识的概念 ·· 29
  2.2 工业互联网标识发展现状 ··· 30
    2.2.1 国外工业互联网标识发展现状 ····································· 31
    2.2.2 国内工业互联网标识发展现状 ····································· 33
  2.3 工业互联网标识体系架构 ··· 34
    2.3.1 国外工业互联网标识体系架构 ····································· 35

目录

    2.3.2 我国工业互联网标识解析体系架构 ············· 37
  2.4 工业互联网标识标准化现状 ············· 38
    2.4.1 国际标准化工作现状 ············· 39
    2.4.2 国内标准化工作现状 ············· 44
  2.5 工业互联网标识的工作原理 ············· 48
    2.5.1 VAA 标识技术原理 ············· 50
    2.5.2 Ecode 标识技术原理 ············· 53
    2.5.3 OID 标识技术原理 ············· 55
    2.5.4 Handle 标识技术原理 ············· 56
    2.5.5 UID 标识技术原理 ············· 59
  2.6 小结 ············· 62

第 3 章 工业互联网标识应用新模式 ············· 63
  3.1 智能化生产 ············· 63
    3.1.1 生产工艺智能匹配 ············· 63
    3.1.2 质量信息可信监造 ············· 64
    3.1.3 生产物料智能管控 ············· 65
    3.1.4 生产管理智能云化 ············· 66
  3.2 网络化协同 ············· 67
    3.2.1 供应链优化管理 ············· 67
    3.2.2 网络化运营联动 ············· 68
  3.3 服务化延伸 ············· 69
    3.3.1 设备精细化管理 ············· 69
    3.3.2 产品追溯 ············· 70
    3.3.3 备品备件智能化管理 ············· 70
    3.3.4 产品智能售后管理 ············· 71
  3.4 个性化定制 ············· 72
    3.4.1 企业个性化定制生产 ············· 72
    3.4.2 个性化定制产品全生命周期管理 ············· 73
  3.5 数字化管理 ············· 74
    3.5.1 主动式生产管理监测 ············· 74
    3.5.2 智能产线实时监控 ············· 75
    3.5.3 区域产业化服务 ············· 76
  3.6 小结 ············· 76

第 4 章 双碳园区的发展历程 ············· 77
  4.1 双碳园区的兴起 ············· 77

- 4.1.1 园区建筑绿色化 ... 78
- 4.1.2 能源结构清洁化 ... 78
- 4.1.3 能源利用高效化 ... 79
- 4.1.4 资源利用循环化 ... 79
- 4.1.5 园区管理智慧化 ... 79
- 4.1.6 投融资绿色化 ... 80
- 4.2 双碳园区概述 ... 80
  - 4.2.1 双碳园区的概念 ... 80
  - 4.2.2 双碳园区的目标 ... 81
  - 4.2.3 双碳园区的政策支持 ... 82
- 4.3 双碳园区建设的意义 ... 85
  - 4.3.1 应对全球气候变化的挑战 ... 85
  - 4.3.2 推动园区高质量发展 ... 87
  - 4.3.3 推动绿色转型发展 ... 88
  - 4.3.4 重塑城市发展新格局 ... 89
- 4.4 双碳园区建设现状 ... 90
  - 4.4.1 产业发展现状 ... 90
  - 4.4.2 碳交易市场发展现状 ... 91
- 4.5 小结 ... 91

第5章 工业互联网标识全面赋能双碳园区建设 ... 92
- 5.1 工业互联网标识赋能双碳园区内涵 ... 92
- 5.2 工业互联网标识赋能双碳园区实施原则与效益分析 ... 95
  - 5.2.1 工业互联网标识赋能双碳园区实施原则 ... 96
  - 5.2.2 工业互联网标识赋能双碳园区效益分析 ... 97
- 5.3 工业互联网标识赋能双碳园区建设的重要意义 ... 98
- 5.4 工业互联网标识赋能双碳园区建设的发展与保障 ... 100
- 5.5 小结 ... 102

第6章 基于工业互联网标识的双碳园区建设蓝图 ... 104
- 6.1 建设需求分析及原则 ... 104
- 6.2 整体规划 ... 106
  - 6.2.1 目标愿景 ... 106
  - 6.2.2 整体框架 ... 106
  - 6.2.3 核心能力 ... 109
- 6.3 建设模式、路径及内容 ... 115
  - 6.3.1 建设模式 ... 115

目 录

  6.3.2 建设路径 118
  6.3.3 建设内容 121
 6.4 关键技术 126
  6.4.1 交通类关键技术 126
  6.4.2 建筑类关键技术 127
  6.4.3 能源类关键技术 128
  6.4.4 数字化关键技术 131
  6.4.5 融合类关键技术 133
  6.4.6 碳监测与负碳技术 134
 6.5 小结 135

第7章 基于工业互联网标识的双碳园区建设实施 137
 7.1 关键网络基础设施建设 137
 7.2 基于工业互联网标识的双碳园区数字平台建设 139
  7.2.1 价值内涵 139
  7.2.2 平台架构 140
  7.2.3 典型双碳园区平台 146
 7.3 基于工业互联网标识的双碳园区数据体系建设 160
  7.3.1 数据分类分级 161
  7.3.2 数据认证 162
  7.3.3 数据价值 162
 7.4 基于工业互联网标识的双碳园区安全体系建设 162
 7.5 小结 163

第8章 工业互联网标识赋能双碳园区建设的类型 165
 8.1 工业互联网标识赋能物流园区建设 165
  8.1.1 运输环节 166
  8.1.2 仓储环节 166
  8.1.3 包装环节 167
  8.1.4 物流园区案例 167
 8.2 工业互联网标识赋能数据中心建设 168
  8.2.1 用能环节 168
  8.2.2 供能环节 168
  8.2.3 建筑运营环节 169
  8.2.4 数据中心案例 170
 8.3 工业互联网标识赋能生产制造园区建设 171
  8.3.1 生产制造环节 172

		8.3.2 能源利用环节	172
		8.3.3 负碳控制环节	173
		8.3.4 制造园区案例	173
	8.4	工业互联网标识赋能商务办公园区建设	174
		8.4.1 建筑运营环节	174
		8.4.2 运输环节	175
	8.5	工业互联网标识赋能特色功能园区建设	176
		8.5.1 建筑运营环节	176
		8.5.2 供能环节	177
		8.5.3 运输环节	177
		8.5.4 生活应用环节	178
	8.6	工业互联网标识赋能产城融合园区建设	178
		8.6.1 供能环节	179
		8.6.2 生产环节	180
		8.6.3 建筑运营环节	180
		8.6.4 运输环节	180
		8.6.5 生活应用环节	181
		8.6.6 碳汇环节	181
	8.7	工业互联网标识赋能综合型园区建设	181
		8.7.1 建筑运营环节	182
		8.7.2 交通出行环节	182
		8.7.3 社区服务环节	183
		8.7.4 综合型园区案例	183
	8.8	小结	183

第 9 章 双碳园区典型实践案例 … 185

9.1	海信（广东）信息产业园	185
9.2	鄂尔多斯零碳产业园	186
9.3	青岛中德生态园	188
9.4	重庆 AI city 园区	190
9.5	中国石化智能石化工厂	191
9.6	上海桃浦智创城	193
9.7	紫光萧山智能制造园区	195
9.8	华润百色田阳水泥生产园区	196
9.9	甘肃省通渭县"零碳乡村"	197
9.10	柏林欧瑞府零碳园区	198

9.11　小结 199

第 10 章　标识与新技术融合助推双碳园区发展 201
10.1　工业互联网标识与 5G 网络的深度融合赋能园区 201
　　10.1.1　5G 网络技术的概念与特征 201
　　10.1.2　5G 网络技术在工业互联网标识中的应用 202
　　10.1.3　5G 网络技术与标识融合赋能园区的未来发展趋势 204
10.2　工业互联网标识与区块链技术的深度融合赋能园区 204
　　10.2.1　区块链技术的概念与特征 204
　　10.2.2　区块链技术在工业互联网标识中的应用 206
　　10.2.3　区块链技术与标识融合赋能园区的未来发展趋势 208
10.3　工业互联网标识与大数据技术的深度融合赋能园区 209
　　10.3.1　大数据技术的概念与特征 209
　　10.3.2　大数据技术在工业互联网标识中的应用 209
　　10.3.3　大数据技术与标识融合赋能园区的未来发展趋势 211
10.4　工业互联网标识与边缘计算技术的深度融合赋能园区 212
　　10.4.1　边缘计算技术的概念与特征 212
　　10.4.2　边缘计算技术在工业互联网标识中的应用 213
　　10.4.3　边缘计算技术与标识融合赋能园区的未来发展趋势 214
10.5　工业互联网标识与人工智能技术的深度融合赋能园区 215
　　10.5.1　人工智能技术的概念与特征 215
　　10.5.2　人工智能技术在工业互联网标识中的应用 216
　　10.5.3　人工智能技术在工业互联网标识中赋能园区的未来发展趋势 218
10.6　工业互联网标识与数字孪生技术的深度融合赋能园区 218
　　10.6.1　数字孪生技术的概念与特征 218
　　10.6.2　数字孪生技术在工业互联网标识中的应用 219
　　10.6.3　数字孪生技术与标识融合赋能园区的未来发展趋势 220
10.7　小结 220

第 11 章　双碳园区建设方向及推进建议 221
11.1　双碳园区的建设方向 221
11.2　双碳园区推进建议 225
11.3　小结 230

第 1 章 工业互联网概述

工业互联网起源于 20 世纪 90 年代，为工业乃至产业数字化、网络化、智能化发展提供了实现途径，是第四次工业革命的重要基石。

工业互联网通过连接工业设备、系统和流程，实现了数据的高效流通和资源的优化配置，为现代工业体系注入了新的活力。同时，工业互联网的发展也与全球可持续发展的趋势紧密相关，特别是在支持双碳园区建设方面，它提供了强大的数据支撑和技术保障，推动了工业园区的绿色化、循环化发展，助力打造创新型工业园区。

1.1 初步认识工业互联网

1.1.1 工业互联网的概念

工业互联网是指利用物联网、云计算、大数据、人工智能等信息技术，实现工业设备、生产线、工厂、企业、行业之间的全面互联，实现工业数据的开放、流动和深度融合，推动各类工业资源的优化、集成和高效配置，加速制造业数字化、网络化、智能化发展，支撑工业转型升级和提质增效的网络体系。

工业互联网是第四次工业革命的重要基石，发展工业互联网是我国制造业数字化转型升级、实现高质量发展的基本路径，也是加快新型工业化历史进程的关键驱动力。工业互联网有利于提高工业企业的生产效率、质量和创新能力，降低生产成本和资源消耗，增强竞争力和可持续发展能力。

1.1.2 工业互联网的特征

工业互联网是一种将工业领域的各种实体、工具、数据、方法与流程紧密连接起来的技术模式，它涉及多个领域、行业和多项技术，能够实现全要素、全产业链、全价值链的连接，从而推动工业的数字化、网络化、智能化转型，创造新的基础设施、新的应用模式和新的产业。详细来讲，工业互联网具有以下特征。

- 跨领域、跨行业、多技术集成：工业互联网不仅包括与工业领域相关的所有实体、工具、数据、方法与流程，还涉及软硬件数据协议、分布式技术、虚拟化技术、数据化技术、数据建模与分析、组件封装及可视化等多种关键技术与工具。此外，当今工业领域和计算机学科的所有前沿技术，例如边缘计算、智能控制、数字孪生、智能感知、5G 传输、大数据处理与决策、人工智能等，都在工业互联网中得到了具体应用。

- 全要素、全产业链、全价值链连接：工业互联网将设备、产品、生产线、车间、工厂、供应商和客户紧密地连接起来，能有效实现信息和资源的跨区域、跨行业共享，推动整个制造体系的智能化，驱动业务流程和生产服务模式的创新，为客户提供更优质的产品或服务。
- 新基础设施、新应用模式、新产业：工业互联网既是工业数字化、网络化、智能化转型的基础设施，也是互联网、大数据、人工智能与实体经济深度融合的应用模式，同时是一种新业态、新产业，将重塑企业形态、供应链和产业链。

1.1.3 工业互联网的发展历程

工业互联网的发展历程是一段不断演进并日益深化的历史进程，可细分为工业互联网的概念普及期、工业互联网的实践深耕期和工业互联网的发展新阶段。每个阶段，工业互联网都得到了快速发展，当前多元化和高度集成的工业生态系统离不开工业互联网领域的持续成长和创新。

1. 工业互联网的概念普及期（2012—2015年）

工业互联网概念的兴起，打破了智慧与机器的边界。通用电气公司于2012年发布《工业互联网：打破智慧与机器的边界》白皮书，在全球掀起工业互联网浪潮。

时代的选择关乎制造业发展的主动权和话语权。2008年，工业和信息化部正式成立，以两化（信息化和工业化）融合为引领，不断推动工业高质量发展。2015年，国务院印发《国务院关于积极推进"互联网+"行动的指导意见》（国发〔2015〕40号，以下简称《指导意见》），强调把互联网的创新成果与经济社会各领域深度融合，形成以互联网为基础设施和创新要素的经济社会发展新形态。同年，工业和信息化部印发《贯彻落实〈国务院关于积极推进"互联网+"行动的指导意见〉的行动计划（2015—2018年）》，明确指出将互联网广泛融入生产制造全过程、全产业链和产品全生命周期，培育发展开放式研发设计模式，加快开发和应用工业大数据。

2. 工业互联网的实践深耕期（2016—2020年）

党的十九大报告提出"推动互联网、大数据、人工智能和实体经济深度融合"，指明了在中国特色社会主义进入新时代的历史背景下，信息技术和实体经济融合发展的方向，就是深化互联网+先进制造业，发展工业互联网。

2019年10月，2019工业互联网全球峰会在沈阳召开，国家主席习近平致贺信，指出"持续提升工业互联网创新能力，推动工业化与信息化在更广范围、更深程度、更高水平上实现融合发展"。这是以习近平同志为核心的党中央立足新时代、新方位做出的重大战略安排，也是党中央、国务院做出的一项长期性、战略性部署，为把握信息革命历史机遇、加强信息化工作明确了前进方向，提供了根本遵循。"十三五"期间，随着工业互联网创新发展战略的深入实施，中国工业互联网平台已成为企业数字化转型探索的关键抓手，工业互联网从概念普及走向实践深耕。

3. 工业互联网的发展新阶段（2021年至今）

《中共中央关于制定国民经济和社会发展第十四个五年规划和二〇三五年远景目标的建议》中明确指出，"十四五"时期将统筹推进基础设施建设，其中重点强调要加快工业互联网建设，推进产业基础高级化、产业链现代化，提高经济质量效益和核心竞争力。

在利好政策的带动下，中国工业互联网应用已经覆盖国民经济40个大类，多层次平台体系持续壮大，工业互联网建设不断取得积极进展。制造业是"5G+工业互联网"的产业融合应用的主要战场，一是因为5G技术改变了制造业企业原本的组织方式和生产模式，对设备、人员及环境进行全方位互联，对生产设备进行实时监控，使工业生产越来越向着无人化、网络化、智能化的方向发展；二是因为5G技术改变了制造业企业的生产经营模式，使得工业企业同客户交互成为可能，为客户提供个性化服务，推动制造业向服务型企业转型升级。

未来，以5G、6G、数字孪生、边缘计算、量子互联网为代表的技术应用也将持续深化，助力工业互联网不断创新发展。从不同行业的角度进行分析，新一代信息技术对工程机械、轨道交通、航空航天等高端装备行业的影响将贯穿产品全生命周期。在石化、冶金等原材料行业，工业互联网平台的应用有助于实现资产、生产、价值链的复杂与系统性优化。在消费品领域，新一代信息技术能够助力家电、纺织等行业的规模化定制能力、质量管理水平与产品售后服务水平有效提升。

1.1.4 工业互联网体系架构

面对第四次工业革命与新一轮数字化浪潮，全球领先的国家/地区无不将制造业数字化作为强化本国未来产业竞争力的战略方向。

这些国家/地区在推进制造业数字化的过程中，不约而同地把参考架构设计作为重要抓手，如德国推出工业4.0参考架构RAMI 4.0，美国推出工业互联网参考架构IIRA，日本推出工业价值链参考架构IVRA，其核心目的是以参考架构来凝聚产业共识与各方力量，指导技术创新和产品解决方案研发，引导制造企业开展应用探索与实践，并组织标准体系建设与标准制定，从而推动一个创新型领域从概念走向落地。

1. 工业互联网体系架构1.0

工业互联网体系架构1.0提出基于工业互联网的网络、数据与安全，工业互联网将构建面向工业智能化发展的三大优化闭环。

- 面向机器设备运行优化的闭环，核心是基于对机器操作数据、生产环境数据的实时感知和边缘计算，实现机器设备的动态优化与调整，构建智能机器和柔性生产线。
- 面向生产运营优化的闭环，核心是基于信息系统数据、制造执行系统数据、控制系统数据的集成处理和大数据建模分析，实现生产运营管理的动态优化与调整，形成各种场景下的智能生产模式。
- 面向企业协同、用户交互与产品服务优化的闭环，核心是基于供应链数据、用户需求数据、产品服务数据的综合集成与分析，实现企业资源组织和商业活动的创新，形成网络化协同、个性化定制、服务化延伸等新模式。

工业互联网体系架构1.0如图1-1所示。在图1-1中，网络是工业系统互联和工业数据传输与交换的支撑基础，包括网络互联体系、标识解析体系和应用支撑体系，表现为通过泛在互联的网络基础设施、健全适用的标识解析体系、集中通用的应用支撑体系，实现信息数据在生产系统各单元之间、生产系统与商业系统各主体之间的无缝传递，从而构建新型的机器通信、设备有线与无线连接方式，支撑形成实时感知、协同交互的生产模式。

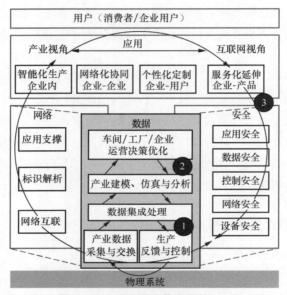

图1-1　工业互联网体系架构1.0

数据是工业智能化的核心驱动，包括数据采集与交换，集成处理，建模、仿真与分析，决策优化，反馈与控制等功能模块，表现为通过海量数据的采集与交换、异构数据的集成处理、机器数据的边缘计算、经验模型的固化迭代、基于云的大数据计算分析，实现对生产现场状况、协作企业信息、市场用户需求的精确计算和复杂分析，从而形成企业运营的管理决策及机器运转的控制指令，驱动从机器设备、运营管理到商业活动的智能化和优化。

安全即网络与数据在工业中应用的安全保障，包括设备安全、网络安全、控制安全、数据安全、应用安全和综合安全管理，表现为利用涵盖整个工业系统的安全管理体系，避免网络设施和系统软件受到内部与外部攻击，降低企业数据被未经授权访问的风险，确保数据传输与存储的安全性，实现对工业生产系统和商业系统的全方位保护。

2. 工业互联网体系架构2.0

工业互联网体系架构2.0是基于1.0的升级，强化了工业互联网体系架构1.0在技术解决方案开发与行业应用推广方面的实操指导性。工业互联网体系架构2.0包括业务视图、功能架构和实施框架三大板块，形成了以商业目标和业务需求为牵引，进而明确系统功能定义与实施部署方式的设计思路，自上而下层层细化和深入。

工业互联网体系架构 2.0 如图 1-2 所示。

业务视图明确了企业应用工业互联网实现数字化转型的目标、方向、业务场景及相应的数字化能力。业务视图首先提出了工业互联网驱动的产业数字化转型的总体目标和方向，以及这一趋势下企业应用工业互联网构建数字化竞争力的愿景、路径和举措。这在企业内部将进一步细化为若干具体业务的数字化转型策略，以及企业实现数字化转型所需的一系列关键能力。业务视图主要用于指导企业在

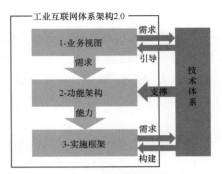

图 1-2　工业互联网体系架构 2.0

商业层面明确工业互联网的定位和作用，其提出的业务需求和数字化能力需求为后续功能架构设计提供了重要指引。

功能架构明确企业支撑业务实现所需的核心功能、基本原理和关键要素。功能架构首先提出了以数据驱动的工业互联网功能原理总体视图，形成物理实体与数字空间的全面连接、精准映射与协同优化，并明确这一机理作用于从设备到产业等各层级，覆盖制造、医疗等多领域的智能分析与决策优化。这一总体视图可进一步细化分解为网络、平台、安全三大体系的子功能视图，描述构建三大体系所需的功能要素与关系。功能架构主要用于指导企业构建工业互联网的支撑能力与核心功能，并为后续工业互联网实施框架的制定提供参考。

实施框架描述各项功能在企业落地实施的层级结构、软硬件系统和部署方式。实施框架结合制造系统现状与未来发展趋势，提出了包含设备层、边缘层、企业层、产业层的四层实施框架层级划分，明确了各层级的网络、标识、平台、安全的系统架构、部署方式，以及不同系统之间的关系。实施框架主要为企业提供工业互联网具体落地的统筹规划与建设方案，可用于指导企业技术选型与系统搭建。

1.1.5　工业互联网的功能体系和产业体系

工业互联网作为现代工业发展的重要基础，涵盖功能体系和产业体系两个主要方面。在功能体系方面，工业互联网构建了从信息传输、数据分析到安全保障的全方位框架，促进了新型工业化的发展。在产业体系方面，工业互联网不仅包括网络、平台、数据和安全等直接产业，还通过其技术和应用渗透到其他行业，推动生产效率提升和数字化转型，实现了跨产业的协同和集成。这两个方面共同为工业互联网的发展奠定了坚实的基础，推动了现代化产业体系的建设。

1. 功能体系

工业互联网主要涵盖网络、平台、安全、数据和标识 5 个关键方面。其中，网络是基础，平台是中枢，安全是保障，数据是核心，标识是纽带。通过深化规模应用、完善基础

设施、加快技术攻关等，中国工业互联网正走在一条独特的发展道路上，为推进新型工业化发展提供了坚实支撑。

网络是工业互联网的基础，应用了工业总线、工业以太网、时间敏感网络、确定性网络和 5G 等技术。网络可分为企业外网与企业内网。企业外网具有高性能、高可靠性、高灵活性和高安全性，用于连接企业各地机构、上下游企业、用户和产品。企业内网则用于连接企业内人员、机器、材料、环境、系统，主要包含信息网络和控制网络。

平台是工业互联网的中枢，它基于云计算基础架构，提供数据汇聚、建模分析、知识复用和应用推广等服务。此外，工业互联网平台需要广泛采集不同来源和不同结构的数据，支持海量工业数据的处理，实现海量数据的深度分析，并支持工业 App 的开发、测试和部署。

安全是工业互联网的保障，融入网络、平台和数据三大方面。工业互联网安全防护体系有助于有效识别和抵御各类风险，化解多种安全风险，是实现工业智能化、工业互联网规模化推广的必要条件。

数据是工业互联网的核心，它贯穿工业企业的端、边、云各层级，以及人、机、物、系统各环节。数据的使用可以促进模型迭代、微服务优化在研、产、供、销、服各环节的深度应用与标准化推广。

工业互联网标识解析体系是工业互联网网络体系的重要组成部分，是支撑工业互联网互联互通的神经枢纽。工业互联网标识解析体系通过为机器、产品等物理资源和算法、工艺等虚拟资源赋予唯一"身份证"并进行快速定位与信息查询，实现跨企业、跨行业、跨地域的信息资源集成共享，是全球供应链系统和企业生产系统精准对接、产品全生命周期管理和智能化服务的前提与基础。

网络为信息传输提供载体，数据作为信息的重要表现形式，以网络为桥梁，实现物理世界与数字世界的双向动态映射，平台将客观信息与主观的生产目标汇总起来进行分析以实现高级产控功能，而安全则为整个系统的平稳运行提供了支持。

工业互联网标识解析体系是新型工业化发展的战略性基础设施，是工业互联网体系的重要纽带，是实现数实深度融合的核心枢纽，是增强产业链供应链韧性的关键抓手，是数字化、绿色化协同发展的重要底座，更是推动构建开放产业生态的基本路径。

2023 年 11 月 20 日，工业和信息化部部长金壮龙在"2023 中国 5G+工业互联网大会"上指出，聚焦"网络为基础、平台为中枢、安全为保障、标识为纽带、数据为要素"的五大功能体系，打造"5G+工业互联网"升级版，为推进新型工业化、建设现代化产业体系提供坚强的支撑。

工业互联网的五大功能体系不断完善。在网络方面，基本建成低时延、高可靠、广覆盖的网络体系，"5G+工业互联网"实现从"1"到"10"的拓展。在企业外网上，推动基础电信企业建设；在企业内网上，利用 5G、时间敏感网络等技术进行改造。根据第六届"绽放杯"5G 应用征集大赛统计，"5G+工业互联网"领域已有近 2 万个项目实现商业落地和解决方案可复制。

在平台方面，基本形成综合型、特色型、专业型的平台体系，以及由点及面的特色产品化平台发展模式。基于模型数据积累推动软件产品化、基于ICT能力优化实现平台底座产品化、基于低成本解决方案加快产品普适化，已经成为平台的三大发展方向。

在安全方面，构建协同高效、技管结合的安全体系，提升安全技术产品核心能力。构建工业互联网安全分类分级管理体系和安全监测服务体系，全面提升工业互联网安全保障能力，实现安全需求、安全技术产品及安全解决方案的三重升级。

在标识方面，工业互联网标识解析体系"5+2"国家顶级节点全面建成，二级节点实现了国内31个省（区、市）全面覆盖，标识注册总量超4300亿，服务企业超32万家，覆盖仪器仪表、装备制造、汽车制造等45个国民经济大类，全面融入工业企业仓储、物流、销售等环节，全面赋能工业企业数字化、网络化、智能化、绿色化发展。

在数据方面，工业互联网大数据中心体系持续完善，新型数据基础设施提供一体化数据服务能力。以可信数据空间为代表的数据要素解决方案不断探索工业制造业的数据利用问题，北京数据基础制度先行区启动，加速打造国家数据基础制度综合改革"试验田"，为数据要素市场化配置改革提供政策支持，为政府监管和企业创新赋能提供关键支撑。适度超前建设数据基础设施将为数据要素产权确权、收益分配、交易流通、安全治理等核心问题的解决提供一体化服务能力。

2. 产业体系

如图1-3所示，从产业体系的角度来看，工业互联网的直接产业是构建工业互联网功能体系的核心领域，包括网络、平台、数据和安全4个领域。

- 网络作为基础，提供信息传输和通信连接的载体，包括工业总线、工业以太网、时间敏感网络、确定性网络和5G等技术。
- 平台作为中枢，基于云计算基础架构，提供数据汇聚、建模分析、知识复用和应用推广等服务，实现工业数据的集中管理和分析。
- 数据贯穿工业企业的各个层级和环节，促进模型迭代、微服务优化的深度应用，并推动标准化的推广。
- 安全是保障工业互联网系统安全运行的重要方面，包括网络、平台和数据的安全防护，通过建设工业互联网安全防护体系，识别和抵御各类风险，保障工业互联网系统的安全运行。

除了直接产业，工业互联网还涉及渗透产业，即将工业互联网直接产业的相关产品和服务与其他产业领域进行融合、渗透。这种渗透可以提升其他产业的生产效率，并推动其数字化转型。通过将工业互联网的相关技术和应用引入其他领域，可以实现更高效的生产流程、更智能的设备与系统控制，以及更精准的数据分析和决策支持。

工业互联网的渗透产业可以涵盖各个行业，例如制造业、能源领域、交通运输、农业等，通过构建跨产业的协同和集成，促进信息流、物流和金融流的集成，实现资源的高效配置和产业的优化升级。

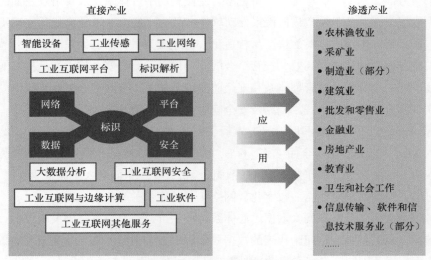

图 1-3　工业互联网的产业体系

工业互联网产业链由设备层、网络层、平台层、软件层、应用层和安全体系等六部分构成，上中游产业链协同发展，下游应用领域广阔，如图 1-4 所示。其中，设备层包括智能生产设备、智能终端、嵌入式软件及工业数据中心；网络层包括工厂内部和外部的通信；平台层包括协同研发、协同制造、信息交易和数据集成等工业云平台；软件层包括研发设计、信息管理和生产控制软件，是帮助企业实现数字化价值的核心环节；应用层包括能源电子、冶金化工、工业大数据分析等；而安全体系渗透于以上各层中，是产业的重要支撑与保障。

对于上游产业链，在生产设备中，CAD 依然是 3D 打印的主流技术，其中联泰市场份额位居第一，占比 16.4%；工业机器人应用领域广泛，系统集成商的利润水平为 5%～10%，议价能力较弱。传感器作为工业互联网上游重要的元器件之一，在工业智能制造中占比约 21%，市场议价能力强，市场集中度高，主要以 MEMS 和 CIS 为主，商业模式以 IDM 为主。

对于中游产业链，2022 年，中国具有影响力的工业互联网平台超过 240 家，重点平台连接设备超 8100 万台，工业 App 的数量已超过 60 万个，"双跨"平台增加至 28 家，新增 72 家特色型工业互联网平台。2018—2022 年，中国工业互联网产业规模持续增长，复合增长率 CAGR 为 12.6%。2022 年，工业互联网产业增加值规模达到 4.5 万亿元，占 GDP 比重上升至 3.6%。

对于下游产业链，在中国工业互联网带动各细分行业增加值中，制造业断层式第一，2021 年增加值为 17 494.1 亿元，占总增加值的 44.8%；信息传输、软件和信息技术服务业赋能作用位居第二，行业占比为 23.5%。总体来看，工业互联网赋能细分行业集中度偏高，CR3 和 CR5 分别为 75.9%和 86.3%。

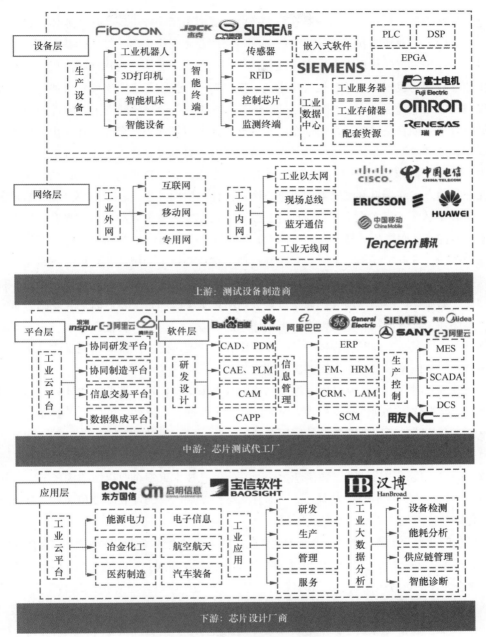

图1-4 工业互联网产业链图谱

工业互联网正处于规模化扩张的窗口期与国际优势重构的关键期，发展工业互联网已经成为国家重塑现代化产业体系、抢占产业竞争制高点的重要方面和环节。要探索我国基于工业互联网推进现代化产业体系建设的具体路径，必须先厘清工业互联网推进现代化产业体系建设的机制。

（1）**技术创新机制**。《2023年政府工作报告》指出："加快建设现代化产业体系。强化科技创新对产业发展的支撑。"工业互联网作为提升我国产业竞争力的主导性技术因素，通过促进关键核心技术突破与壮大战略性新兴产业发展两条路径推进现代化产业体系建设。

一方面，工业作为我国实体经济的基础核心产业和现代化产业体系的基本支撑，工业的关键核心技术突破从根本上决定工业现代化乃至整个产业体系现代化的进程。迅速发展的工业互联网为我国工业关键核心技术的"换道超车"提供了重要平台和机遇，主要表现为以数据思维、业务中台模式、"云+网+端"为特征的平台功能辅助工业软件等核心技术领域整合多方创新资源要素，协助企业实现核心技术研发和创新突破，并在扩大企业市场利润增长点和协调产业链、供应链各个环节的同时，显著提升我国工业、制造业的核心竞争力。例如，华天软件推出的国内首款云工业软件CrownCAD拥有多终端的协同设计，用户在任意地点和终端打开浏览器即可进行产品设计与协同分享，是"云+网+端"的现实应用。CrownCAD不仅实现了现代化产业互联互通效率和研发模式的跨越式提升，也打破了达索、西门子、美国参数技术公司（PTC）及欧特克（Autodest）等国外企业在CAD软件市场的垄断，开辟了我国基于工业互联网打造关键核心技术领域创新优势的新路径。

另一方面，工业互联网通过助推战略性新兴产业的技术创新，推进现代化产业体系的高端化、高质化。战略性新兴产业是以重大前沿技术突破和重大发展需求为基础，对经济社会全局和长远发展具有重大引领、带动作用的产业。作为前沿科技和新兴产业的深度融合体，战略性新兴产业既代表新一轮科技革命和产业变革的发展方向，也是建设现代化产业体系、引领国家未来产业发展的决定性力量。

在数智化时代，工业互联网通过逐渐突破数据采集和传输、海量数据计算处理速度、行业知识模型化等方面的技术瓶颈，极大推动了大数据、云计算、5G、人工智能等新一代信息技术在战略性新兴产业领域的应用落地。

工业互联网不仅直接催生了智能制造、个性化定制、网络协同、服务型制造等新模式、新业态，也将促进边缘计算、数字孪生等新一代信息技术重塑企业组织结构形态，创新生产服务场景，优化技术创新方向，从而提升战略性新兴产业的发展质量和水平，有效提升现代化产业体系的高端化、高质化水平。

（2）**产业融合机制**。产业融合作为现代化产业体系的重要特征和发展趋势，是指在时间上先后产生、结构上处于不同层次的农业、工业、服务业在同一产业链与产业网络中相互渗透、融合发展的过程。在数字经济时代，工业互联网为产业融合提供了重要支撑平台，具体包括数字经济与实体经济之间、三次产业之间，以及新兴产业与传统产业之间的融合发展。

- 工业互联网支撑数字经济与实体经济的深度融合。从传统研究视角来看，国内学者普遍将第一、第二产业及除金融业和房地产业以外的第三产业归于实体经济。但近年来数字经济的发展极大地拓展了实体经济的内涵，催生出以效率提升、模式变革为基本特征的新实体经济，也就是现代化产业体系中的数实融合部分，如与数字技术密切相关的数字技术产业、传统产业的全流程数字化升级等。随着数实融合的深度推进，新实体经济对算力、存储、传输的需求呈指数级增长，工业互联网作为新型基础设施可以在提升算力、存储、传输能力的同时，缓解算力需求与供给之间的结构性矛盾。与此同时，工业互联网作为新一代信息技术与实体经济深度融合的应用模式和工业生态,是新实体经济的新产业、新业态和新模式的典型代表,也是推进和深化数实融合的基本平台与坚实支撑。

- 工业互联网促进三次产业融合发展。工业互联网的数据信息流通功能可以推进全要素、全环节信息实现互联互通,使三次产业及其细分行业之间能够提供并吸纳彼此的生产要素、价值观念与市场信息等,这必然会模糊、弱化产业与行业边界,为三次产业融合、协同发展创造基础条件。工业和信息化部发布的《工业互联网创新发展行动计划(2021—2023年)》明确指出,要"加快一二三产业融通发展"。随着我国农业发展进入知识型农业时代,现代农业逐步发展出完整的产业体系,包含农业生产、加工、物流、营销、服务等全产业链活动。在此背景下,工业互联网与物联网技术通过与涉农组织原有的技术、装备、渠道、市场、信息化等优势融合,采取"科技+生产+服务"等方式向农业制造业、农业服务业转型。工业互联网的数据采集、数据价值再挖掘与数据汇总功能可以实现对农业生产、服务数据的实时监测,实现农机的高精度、自动化作业,农作物的精准播种、智能灌溉,以及农产品质量安全溯源,促进智能化改造与数字化转型优势由第二产业向三次产业融合拓展,实现工业与农业的协同现代化。此外,工业互联网可以推动生产与消费、制造与供应、产品与服务之间的数据流通,促进制造业与服务业的融合发展。生产性服务业作为保持工业生产过程的连续性,促进工业技术进步、产业升级和提高生产效率的现代服务行业,是从制造业内部生产服务部门独立并发展起来的新兴产业,也是产业链上制造与服务一体化整合的结果。工业互联网对生产性服务业的赋能作用表现为在新技术经济条件下对产业链进行有效对接与整合优化,从而形成和发展服务型制造、网络化协同、大规模定制等新型产业融合模式与业态。

- 工业互联网推动新兴产业与传统产业融合发展。一方面,传统产业可以为新能源、半导体等战略性新兴产业发展提供充足的要素基础与支撑。基于工业互联网平台,传统产业不仅可以对海量的数据资源进行采集、存储和分析,也可以对数据资源等新型生产要素进行有效的管理和保护,为新兴产业提供相对安全、稳定的数据供给,实现产业生产要素融合。另一方面,机械、石化等传统制造业通常面临资源调配效率低下、设备运维困难、设备管理不透明、工艺知识传承难等痛点,但这些产业又是维持经济增长的重要支柱,不能简单放弃。正如二十届中央财经委员会第一次会议所提出的,"坚持推动传统产业转型升级,不能当成'低端产业'简单退出"。工业互联网作为新兴产业生态,不仅能为传统产业提供技术支持,提升企业经营管理精细化与设备智能管控水平,也能提升传统产业中的产品差别化程度和不可替代性,实现产业生产条件的融合。例如中信重工是为矿业、建材、石化等行业提供主机产品及关键基础件的传统行业企业,其提出的打造矿山装备工业互联网平台项目于2018年入选首批工业互联网试点示范项目。该项目不仅凭借工业互联网平台的架构建设推动企业自身设备的接入水平、设备管理能力、工业数据采集和分析能力的提升,也成为推进产业数字化转型升级、打造现代化产业生态圈的引领性行为示范。

（3）**国际合作机制**。习近平总书记在二十届中共中央政治局第二次集体学习时提出："优化生产力布局，推动重点产业在国内外有序转移，支持企业深度参与全球产业分工和合作，促进内外产业深度融合，打造自主可控、安全可靠、竞争力强的现代化产业体系。"

在数字经济时代，数据逐渐成为关键的生产要素，全球对算力和数据的需求加大，工业互联网作为汇集、分析数据的关键基础设施支撑，成为提升国际产业链供应链韧性和安全水平、增强产业国际竞争力的重要手段。因此，应充分发挥工业互联网在国际产业合作中带来的技术进步、资源重组、优势集成等诸多作用，实现最大限度的合作效益。

从国际上看，自通用电气公司提出工业互联网概念以来，世界各国相继发布参考架构推动工业互联网创新发展以打造国际竞争优势。我国与美国、德国、日本等都将信息技术指数级增长和工业数字化、网络化、智能化应用普及作为推动产业创新发展的驱动力，尤其是在智能制造等现代化产业领域实现机器换人，以泛在联接、自主自治的智能机器来推动产业经济的彻底转型。美国、德国、中国作为"北美地区—欧洲地区—亚太地区"产业链、价值链的核心节点，也均存在与周边邻近国家对接产业转移、参与全球新兴领域分工合作、提升产业链和供应链韧性的发展倾向。

一方面，工业互联网平台作为产业互联网创新发展的核心，有利于促进我国与周边国家实现产业转移和承接，从而形成更加紧密的国际产业协作关系。产业转移过程必然伴随着劳动、资本、技术和数据等生产要素的流动与外溢，通过构建开放型的要素共享平台，推进产业链和供应链中各创新要素、创新主体、创新环节之间的有效集成与对接，在提升国际产业链和供应链灵活应变能力的同时降低产业链和供应链断裂风险，降低国际产业合作成本，提升产业合作效率。工业互联网也可以为贸易梯度转移中的投资项目等提供金融与科技的平台载体，优化对外投资结构，创新对外投资方式，提高产业合作质量，从而促进周边邻近地区有序承接我国部分产业转移，共同实现优势互补与产业升级。

另一方面，工业互联网作为重要的新型数字基础设施，有利于推动我国深度参与全球产业分工。工业互联网不仅打破国际合作时间与地区差异的限制，化解国际产业链和供应链因时空分离而导致的不稳定性，还通过打造国际化企业形成跨国协同网络与产业链集群，不断增强网络外部效应和协同效应，提升产业链和供应链的安全性与可靠性。尤其在新兴产业领域的国际合作中，基于工业互联网平台形成的产业合作关系不仅能够提升国际产业链和供应链的标准架构、业务项目等的可互操作性，而且能够顺应数字智能、绿色低碳等产业国际化、现代化发展趋势，催生一系列新产业、新业态、新模式、新产品，从而提升我国现代化产业体系的国际竞争力。

因此，工业互联网可以作为新发展阶段推进现代化产业体系建设的重要战略支撑，其表现出的技术创新优势、产业融合优势和国际合作优势共同形成推动现代化产业体系建设的重要机制。

1.1.6 工业互联网标准体系

工业互联网标准体系包括基础共性、网络、边缘计算、平台、安全、应用等六大部分

（见图1-5）。其中，基础共性标准是其他标准的基础支撑，网络标准是工业互联网体系的基础，边缘计算标准是工业互联网网络和平台协同的重要支撑与关键枢纽，平台标准是工业互联网体系的中枢，安全标准是工业互联网体系的保障，应用标准面向特定行业的具体需求，是对其他部分标准的落地细化。

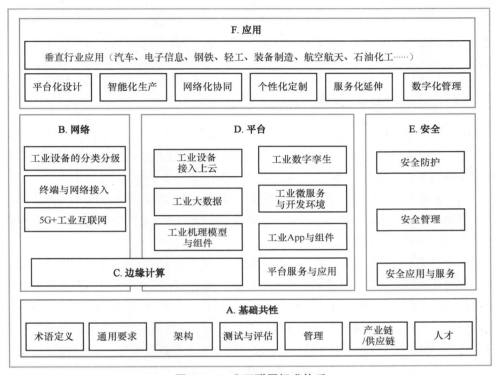

图1-5 工业互联网标准体系

- 基础共性标准：基础共性标准是整个工业互联网标准体系的基石，包括术语定义、通用要求、架构等，为其他标准提供了共通的理解和技术基础，有效确保了不同系统和设备之间的兼容性与互操作性，为工业互联网的广泛应用奠定了基础。
- 网络标准：网络标准是工业互联网体系的基础设施，涉及工业设备的分类分级、终端与网络接入、5G+工业互联网等，为数据传输和设备通信提供了规范。
- 边缘计算标准：边缘计算标准是网络和平台之间的桥梁，可供边缘设备进行本地数据处理和分析，提高响应速度和数据处理能力。
- 平台标准：平台标准是工业互联网体系的中枢，涉及平台服务与应用、工业机理模型与组件、工业微服务与开发环境等，为企业提供了一个集成和协同工作的环境。
- 安全标准：安全标准是工业互联网体系的保障，涉及安全防护、安全管理等，确保了工业互联网系统的安全性和可靠性，防止数据泄露和网络攻击。
- 应用标准：应用标准面向特定行业的具体需求，涉及垂直行业应用、个性化定制、服务化延伸等，将其他标准具体化，确保了工业互联网技术在各个行业的有效应用。

1.2 工业互联网建设的意义

工业互联网的建设是一个多维度、跨领域的系统工程,不仅关系到国家经济的转型升级,也是推动社会进步和提高人民生活质量的重要力量。在全球化和信息化快速发展的今天,工业互联网已经成为各国竞争的新焦点,它的发展水平直接关系一个国家在全球经济中的定位和影响力。本节将从 4 个方面详细阐述工业互联网建设的重要意义,包括提升国家竞争力和战略优势、推动产业转型升级和创新发展、实现绿色低碳和可持续发展,以及助力推进新型工业化。

1.2.1 提升国家竞争力和战略优势

工业互联网对于提升国家竞争力和战略优势具有重要意义,可以有力支撑制造强国、质量强国、网络强国、数字中国等战略目标的实现。随着工业互联网的不断发展,国家将能够在全球竞争中获得更大的优势,实现经济的可持续发展和社会的全面进步。

从制造强国看,持续推进工业互联网建设,有利于重构生产体系、引领组织变革、提高配置资源,有利于培育新技术、新产品、新业态、新模式,有利于打造新型制造体系,加快形成经济增长新动能。

从网络强国看,持续推进工业互联网建设,有利于促进网络基础设施演进与升级,推动网络应用从虚拟到实体、从生活到生产的跨越,推动互联网产业向更多经济部门延伸、向更大实体空间覆盖,有利于培育工业控制系统、工业云平台、工业核心软件等互联网产业。

从数字中国看,持续推进工业互联网建设,可以实现物联网、大数据、云计算等技术的融合应用,构建数字化的生产、管理和服务体系;推动信息技术与实体经济的深度融合,提升国家的数字化水平和信息化能力;推动数字化治理和智慧城市建设,提升国家的社会管理和公共服务水平等。

1.2.2 推动产业转型升级和创新发展

工业互联网通过构建新型基础设施、拓展并融合创新应用、增强安全保障能力、壮大技术产业创新生态等措施,实现了整体发展的阶段性跃升,促进了产业结构优化,提升了生产效率和质量,创新了商业模式和服务方式,为经济社会数字化转型和高质量发展提供了重要支撑力量。

- 促进产业结构优化。工业互联网是实施创新发展战略、深化供给侧结构性改革、推动制造强国和网络强国建设的重要抓手。工业互联网不仅提高了制造业的生产效率、质量、绿色、安全等水平,而且培育了一批创新型领军企业和示范基地,形成了跨产业数据枢纽与服务平台,推动了经济社会数字化转型和高质量发展。
- 提升生产效率和质量。工业互联网可以实现对工业数据的汇聚、分析和应用,提升生产过程的可视化、可控性和智能化水平,实现生产管理的精细化、优化和自动化,提高生产效率和资源利用率。同时,工业互联网可以实现对产品全生命周期的追溯和管理，提高产品质量和可靠性，降低产品缺陷率和维修成本。
- 创新商业模式和服务方式。工业互联网可以实现对客户需求的精准感知和响应，支持个性化定制、按需生产、按需服务等新型商业模式的发展。同时，工业互联网可以实现对产品使用情况的实时监测和预测，支持远程诊断、远程维护、远程升级等新型服务方式的提供。这些新型商业模式和服务方式可以增强企业与客户之间的互动和信任，提升客户满意度和忠诚度，增加企业收入和利润。

1.2.3 实现绿色低碳和可持续发展

工业互联网利用互联网技术和平台，将工业设备、生产过程、产品设计、供应链等与互联网相连接，实现工业数据的采集、传输、分析和应用，提升工业效率和质量，创造新的价值和商业模式，帮助企业实现绿色低碳和可持续发展。

- 节约资源：工业互联网通过智能传感器、物联网设备、大数据分析等技术，实时监测和优化工业生产中的能源消耗、物料使用、废弃物排放等环节，从而减少资源的浪费和损耗。例如，通过工业互联网平台，企业可以实现对生产线上的设备运行状态、温度、压力等参数的远程监控和调节，提高设备的使用效率和寿命，降低维修成本和停机损失。
- 减少排放：工业互联网通过数字化模拟、预测分析、智能控制等技术，帮助企业优化生产过程中的排放控制策略，减少有害气体、液体、固体等污染物的排放量。例如，通过工业互联网平台，企业可以实现对锅炉燃烧过程中的氧含量、烟气温度、氮氧化物等指标的实时监测和调整，降低燃料消耗和排放强度。
- 提高能效：工业互联网通过能源管理系统、智能调度系统、需求响应系统等技术，帮助企业实现能源的优化配置和使用，提高能源利用率和转化效率。例如，通过工业互联网平台，企业可以实现对电力需求的预测和平衡，根据电力市场的价格波动和政策变化，动态调整电力购买和使用计划，降低电力成本和碳排放。
- 降低成本：工业互联网通过云计算、边缘计算、人工智能等技术，帮助企业实现数据的快速处理和智能决策，提高生产效率和质量，降低人力、物力、财力等投入。例如，通过工业互联网平台，企业可以实现对产品设计、测试、验证等环节的数字化协同，缩短产品开发周期，提高产品创新能力和市场竞争力。

1.2.4 助力推进新型工业化

作为新一代信息技术与制造业深度融合的产物，工业互联网将打造人、机、物全面互联的新型网络基础设施，形成智能化发展的新兴业态和应用模式，是数据、资源、能力汇聚与资源配置优化的中枢，是推进制造强国和网络强国建设的重要基础，是推进新型工业化发展的关键支撑。

首先，驱动信息技术与制造技术融合，加速技术升级。工业互联网帮助制造企业应用信息技术，以信息技术赋能制造技术，通过对解决方案的消化、吸收和转化形成新型制造能力，解决传统模式难以解决的痛点问题，实现工业企业数字化转型。例如，融合5G技术的智能摄像机可以在机器视觉质检、智能巡检、智能理货、设备监控等多种场景下实现无人盯防、无人巡检等功能，能够显著提升装备智能化水平。

其次，驱动传统要素与新型要素融合，提高生产效率。工业互联网推动了数据资源的集中汇聚、有序开放和高效流动，在推动劳动、土地、技术等传统要素数字化的同时，基于平台对传统要素实现数据赋能，各类要素将更加高效、精准，从而提高全要素生产率。例如，企业可以基于平台对产业链各种要素资源进行灵活配置、租用和共享，实现原材料保供、设备随用随租、敏捷制造等数据驱动的高效生产模式。

最后，驱动生产制造与消费场景融合，优化制造模式。工业互联网打通了生产与消费的壁垒，将用户需求纳入生产过程，实现柔性生产、个性化定制。根据国家工业信息安全发展研究中心测算，企业基于平台精准挖掘、分析用户需求，实现模块化与个性化设计、柔性化生产、智能仓储和准时交付，助力应用企业平均缩短产品交付周期20天，平均减少用料成本10%。

1.3 工业互联网的现状与发展方向

在全球化的背景下，工业互联网作为推动产业数字化转型的关键力量，正在全球范围内加速发展。不同国家和地区根据自身特点与需求，制定了相应的战略规划和政策，以促进工业互联网的建设和应用。本节将从国际和国内两个维度，概述工业互联网的建设现状，并分析产业生态的发展现状及未来的发展方向。

1.3.1 国外工业互联网建设现状

自2012年工业互联网概念首次提出至今，全球工业互联网蓬勃发展，为工业乃至产业数字化转型提供了实现途径，展现出勃勃生机和广阔前景。尽管各国战略导向各有不同、发展路径各有特点，但是工业互联网已成为全球主要工业国家抢占产业竞争制高点、重塑工业体系的共同选择。

1. 美国持续推进先进制造业战略

美国作为全球科技创新的领导者，在先进制造业领域不断深化其战略布局，通过一系列政策、措施和投资计划，致力于保持其在全球制造业中的领先地位。以下是美国在先进制造业战略方面的具体举措。

- 发布延续性政策和措施，加强重点技术领域布局。聚焦"再工业化"，实施延续性战略部署。自2012年奥巴马政府提出"先进制造"战略以来，美国一直将制造业数字化、网络化、智能化转型作为重要方向，加紧重塑竞争优势。美国政府先后发布《美国先进制造业领导力战略》《国家人工智能战略》《关键和新兴技术国家战略》《先进制造业国家战略》等，依托其强大的基础科技和信息技术体系，着力巩固全球制造业领导地位。

- 加快布局重点技术领域，巩固并提升制造业技术优势。通过多元化政策手段，不断强化技术布局，确保美国始终在先进制造领域保持技术领先。2022年2月，美国更新《关键和新兴技术清单》，重点推进通信及网络、数据科学及存储、区块链、人机交互等领域的技术突破。2022年10月，美国发布《先进制造业国家战略》，强调加强微电子、半导体、先进传感、数字孪生、机器学习、人机交互等重点领域技术研发和应用。

- 构建制造业创新网络。2012年起，美国持续实施"美国制造计划"（原名"制造业创新网络计划"），陆续建立制造业创新中心，广泛集聚研发和创新资源，加强政产学研合作创新，着力提高国家整体制造业创新能力。2022年10月发布的《美国制造业亮点报告》显示，美国已建成16家制造业创新中心，涵盖数字制造、智能制造、机器人、制造业网络安全等重点领域，截至2021年年底，成员单位超过2300家，主要研发项目700多个。

- 依托公私合作伙伴关系促进创新成果转化。美国相关联邦机构与企业、科研机构开展密切合作，通过开展大规模的政府和社会资本合作项目加快推动先进制造技术研发与成果转化。例如美国国防部为促进科技成果转化，支持美国国防工业基地建立了9个制造业创新中心，多措并举确保中小企业深度参与创新。美国设立了51个制造业拓展伙伴中心，帮助中小企业加快先进技术应用，着力激发中小企业创新活力。此外，在制造业创新中心领导委员会组建、成员单位构成、研发项目申请、人才培训等方面，规定中小企业数量需要达到一定比例，从而提升中小企业在创新活动中的参与度和话语权。2021年，其成员单位中63%是制造企业，其中72%为中小型制造企业。

- 长期为发展先进制造业提供资金支持，加大对先进制造技术研发、应用的支持力度。《美国创新与竞争法案》将人工智能、量子计算等技术列为2022财年美国研发预算优先事项，未来将对包括人工智能在内的多个领域投入1000亿美元进行研发。作为商务部下属负责技术研发和工业计划的机构，美国国家标准与技术研究院（NIST）在2022财年预算中，获得的研究支持与2021年相比增加1.24亿美元，达到9.16亿美元，并且对制造业创新网络的投资增长一倍，达到4.42亿美元，支持增材制造、工业4.0等领域技术的研发和部署。2021年，NIST启动"先进制造技术路线图计划"，于2022年4—5月发布两轮资助，共拨款328万美元支持制定5G、6G、人工智能、量子技术、数字制造等重点领域技术路线图。

- 发挥财政资金的引领作用，引导社会资本加大投入。美国国防部、商务部、劳工部等相关联邦机构，通过建设创新中心等方式为先进制造业相关领域提供资金支持，撬动社会资本加大对前沿技术的投入。2021年，联邦计划资金为16家制造业创新中心投入1.27亿美元，带动产业界、学术界、其他州和联邦政府投入3.54亿美元，支持数字制造、智能制造、增材制造、先进机器人、新材料等前沿技术领域发展。

2. 欧洲不断强化数字化发展战略

欧洲正致力于通过一系列战略计划和政策、措施，推动本地区工业数字化转型，以加强产业竞争力并确保在全球经济中的领先地位。这些举措不仅涵盖技术创新和研发支持，还包括安全和监管体系的完善，以确保数字化进程的可持续性和安全性。

- 以数字化转型强化产业竞争力。为保持数字经济领域的竞争优势，欧盟委员会将数字化转型作为重要抓手，相继发布推动数字化转型的系列产业政策（见表1-1）。

表1-1 欧洲主要工业互联网相关产业政策

产业政策	发布机构	发布时间
《数字红利战略》	欧盟委员会	2009年
《未来物联网发展战略》	欧盟委员会	2009年11月
《单一数字市场战略》	欧盟委员会	2015年5月
《欧洲工业数字化战略》	欧盟委员会	2016年4月
《塑造欧洲的数字未来》	欧盟委员会	2020年2月
《欧洲数据战略》	欧盟委员会	2020年2月
《人工智能白皮书》	欧盟委员会	2020年2月
《欧洲新工业战略》	欧盟委员会	2020年3月
《欧洲的数字主权》	欧盟委员会	2020年7月
《工业5.0：迈向可持续、以人为本、富有韧性的欧洲工业》	欧盟委员会	2021年1月
《2030数字罗盘：欧洲数字十年之路》	欧盟委员会	2021年3月
《工业5.0：欧洲的变革愿景——面向可持续工业的管理系统改革》	欧盟委员会	2022年1月
《欧洲新创新议程》	欧盟委员会	2022年7月

来源：欧盟委员会，中国工业互联网研究院整理

- 实施"工业5.0"战略，推动绿色化、数字化转型。欧盟工业战略从"4.0"迈向"5.0"阶段。2021年1月，欧盟委员会发布《工业5.0：迈向可持续、以人为本、富有韧性的欧洲工业》，强调可持续性和以人为中心，在实现就业和增长目标的同时，为富有韧性的社会经济繁荣提供支持；同时指出，欧盟的复苏要求加快绿色化、数字化双重转型，以便建立更可持续、更具韧性的社会和经济，工业是其中的主要驱动力之一。2022年1月，欧盟委员会发布《工业5.0：欧洲的变革愿景——面向可持续工业的管理系统改革》，提出欧洲工业应深度变革，以促进欧洲绿色化、数字化双重转型。
- 持续加大技术研发支持力度。欧盟持续实施有针对性的筹资计划，包括"数字欧洲计划""连通欧盟设施计划""地平线欧洲""投资欧盟"等，对区块链技术、高性能计算技术、量子技术和人工智能等领域进行重点投资。其中，"地平线欧洲"是欧盟有史以来力度最大的研发和创新项目支持计划，计划总投资额达955亿欧元，明确将人工智能列入资金支持范围。
- 持续完善安全和监管体系。通过建立基本的隐私和数据保护体系等法律框架，对数

字技术的发展和应用进行持续监管。2016 年出台的《网络与信息安全指令》是欧盟首部网络安全法规。2018 年生效的《通用数据保护条例》,对互联网公司使用个人数据的行为进行规范,统一成员国的数据保护规则。2020 年出台的《数字服务法》草案为在线平台创设了强有力的透明度要求和问责机制。

3. 德国发力工业 4.0,巩固制造业竞争优势

德国充分发挥政府的作用,加大产业政策扶持力度,旨在推动制造业智能化发展。具体举措如下。

- 制定产业政策,加快智能化发展。2013 年,德国正式推出《德国工业 4.0 战略》,将智能化作为制造业发展的战略方向,提出"构建智能工厂,实现智能制造"。随后,于 2016 年发布《数字战略 2025》,于 2018 年发布《高技术战略 2025》。2019 年发布的《德国工业 2030 战略》提出,加大对人工智能等新兴技术的投入,将汽车、光学、绿色科技、3D 打印等十个工业领域的部门列为关键工业部门,并强调允许通过税收优惠、提供廉价能源和放宽反垄断法等方式,形成"全国冠军"甚至"欧洲冠军"企业,以提高德国工业全球竞争力。
- 加强标准化,推动工业 4.0 发展。《德国工业 4.0 战略》(见表 1-2)中提出了实现工业 4.0 的八项举措,其中第一个就是实现技术标准化和建设开发标准的参考体系。

表 1-2 《德国工业 4.0 战略》的主要内容

重点	主要内容
一个核心	"智能+网络化",即通过虚拟网络连接实体物理系统,构建智能工厂,实现智能制造
双重战略	"领先的供应商战略"和"领先的市场战略"
三大集成	企业内部灵活且可重新组合的网络化制造体系纵向集成
	通过价值链及网络实现企业间横向集成
	贯穿整个价值链的端到端的工程数字化集成
八项举措	实现技术标准化和建设开放标准的参考体系
	通过建立模型来管理复杂的系统
	提供综合的工业宽带基础设施体系
	建立安全保障机制
	创新工作组织和设计方式
	重视培训和持续的职业发展
	健全规章制度
	提升资源效率

来源:中国工业互联网研究院整理

从 2013 年起,德国先后发布了五版《工业 4.0 标准化路线图》,希望通过主导标准化进程持续引领工业 4.0 的发展。2016 年,德国工业界与标准化领域权威机构共同宣布,正式设立"工业 4.0 标准化理事会",提出工业 4.0 数字化产品的相关标准,并协调其在德国和全球范围内落地。

德国加快了中小企业公共服务体系建设。2019 年，德国机械设备制造业联合会发布《中小企业工业 4.0 实施指南》，为中小企业免费提供可操作的智能化升级技术路线，着力解决中小企业在智能化升级中遇到的"做什么"和"怎么做"的问题。德国政府联合高校院所等，建立了 28 个中小企业 4.0 能力中心，为中小企业解决智能化升级中遇到的技术和安全问题。

4. 英国加快实施数字战略，推动产业转型升级

英国把"数字化"摆在重要位置，积极推动制造业转型升级。具体举措如下。

- 持续发布战略，推动产业数字化转型。2017 年 3 月，英国政府发布《英国数字战略》，围绕数字基础设施、数字技能、数字化转型、网络空间等领域部署七大战略，支持企业进行数字化转型以提升生产效率。2017 年 11 月，英国政府发布《产业战略：建设适合未来的英国》白皮书，支持各行业利用人工智能和数据分析技术，促进英国经济发展和产业转型。2022 年 7 月，英国政府发布新版《英国数字战略》，支持企业加强数字应用，采用前沿技术提高生产力。

- 支持数字技术研发与创新。2021 年 7 月，英国宣布通过国家"Made Smarter 计划"提供 5300 万英镑，推动建设 5 个全新的数字制造研究中心、1 个数字供应链创新中心和 37 个相关项目。2022 年，新版的《英国数字战略》中提出，到 2024—2025 年将公共研发支出增加到 200 亿英镑，支持发展人工智能、下一代半导体、数字孪生、量子计算。

- 加强新型基础设施建设投资。《英国数字战略》指出，英国将投资超 300 亿英镑加快宽带部署，计划 2025 年实现 85%以上千兆覆盖率，2030 年实现 99%以上千兆覆盖率；投资 4G、5G 建设和研发，计划到 2027 年，大多数人能够使用 5G 网络。此外，英国将实施"无线基础设施战略"，为无线网络的开发和部署制定明确的战略框架。

5. 法国稳步加大向"未来工业"转型的力度

法国持续推动"未来工业"计划，将现代化、数字化和生态化转型作为主要任务，共同推进制造企业转型，建设良好的工业生态系统。具体举措如下。

- 加快发展数字技术。2018 年以来，法国先后发布《人工智能战略》《5G 发展路线图》《量子技术国家战略》《云加速战略》《5G 和电信网络未来技术国家战略》，加快数字技术研发与应用。2021 年 1 月，法国总统马克龙宣布启动一项投资总额达 18 亿欧元的量子技术国家投资规划，用于未来 5 年发展量子计算机、量子传感器和量子通信等。2022 年 1 月，在法国量子技术国家投资规划框架下，法国启动全国量子计算平台，计划投资 1.7 亿欧元，旨在更好推动量子技术的应用和发展。

- 推动工业数字化转型。2018 年，法国政府公布了《利用数字技术促进工业转型的方案》，提出促进工业转型的具体举措，实施加速向"未来工业"转型的行动计划，通过提供设备采购税收优惠和补贴等方式，支持中小企业与工业部门实现数字化升级。2020 年 9 月，法国启动经济振兴计划，投入 70 亿欧元资金支持数字化转型。

- 加强工业生态系统建设。法国政府联合公共和私营部门，共同推进中小企业转型，

支持部分地区发展为具有创新力的工业中心。为解决法国中小企业数字化程度低的问题，法国政府投入 3.85 亿欧元支持中小企业数字化转型，并在防疫期间持续出台税费减免、工资补贴、金融救助等政策，为中小企业纾困解难，推动中小企业数字化转型。

6. 亚太地区加速推进数字化转型

亚太地区作为全球经济增长的重要引擎，正通过一系列创新政策和战略规划，加速数字化转型的步伐。各国政府积极布局，促进产业升级和经济结构优化，以期在全球数字化浪潮中占据有利地位。

（1）**日本大力发展"互联工业"，推动价值链转型**。日本以完善制度规范、提供示范指导为基础，形成了各领域的行动指南和战略规划，重点在示范引导、产业安全和评估标准等方面提供支撑，为推动"互联工业"发展明确方向。

- 加强互联工业技术支撑。持续加强半导体、人工智能、量子技术等方面的投入，以满足"互联工业"发展的技术要求。2021 年 6 月，日本经产省首次发布《半导体数字产业战略》，提出要增加数字化投资，加强尖端逻辑半导体设计和开发，同步推进数字化和绿色技术。2022 年 5 月，日本内阁在《制造业白皮书 2022》中提出，计划招标 109 亿日元支持战略基础技术升级；为营造自主创新的生态系统，计划招标 33.5 亿日元支持研究型初创企业的启动和成长。
- 加强数字基础设施建设。2019 年，日本经产省启动了"后 5G 信息和通信系统基础增强研发项目"，截至 2021 年，已投入 1750 亿日元。2022 年 3 月，日本经产省为应对数字化转型落后于欧美的现状，投入 22 亿日元，通过设计、验证系统框架原型和研究、开发架构实施所需的配套技术，加快构建数字基础设施。
- 加快推动数字化转型评估和认证。2019 年，日本经产省发布了"推进数字化转型指标体系"，构建了四大一级指标和各级细分指标，从定性和定量的角度帮助企业进行自我诊断和自我评价，引导企业进行转型规划。2020 年 11 月，日本经产省发布《数字治理守则》，按照相关法律法规要求，由经产省对相关企业的数字化转型程度进行认证，打造标杆企业。截至 2021 年 12 月 31 日，已有 219 家企业获得认证。

（2）**韩国加快推动产业数字化转型**。韩国立足制造业发展实际，将数字化转型作为制造业发展优先方向。

- 发布支持数字化转型的政策。2020 年 7 月，韩国政府发布《国家新政综合规划》（"新政 1.0"），推动大数据、5G、人工智能等技术应用，加强数据、网络和人工智能创新生态系统建设，促进企业、产业数字化转型。2021 年 7 月，韩国政府发布"新政 2.0"，计划到 2025 年累计投入 222 万亿韩元，涉及元宇宙、数字孪生、云计算、智能物联网等新兴领域，旨在推动韩国向发达国家迈进，实现国家转型升级。
- 加大中小企业数字化转型支持力度。从 2018 年起，韩国中小企业部、产业通商资源部等九部门推动智能工厂、智能产业园建设，韩国产业银行出资 1 万亿韩元，企业银行和中小企业振兴公团各出资 5000 亿韩元,支持中小企业投资智能工厂设备,并成立 3000 亿韩元规模的智能工厂设计建设企业基金。韩国政府依托创造力经济创新中心,推动大企业向初创企业、中小企业转移自动化生产和智能制造相关技术。

- 加快释放工业数据价值。2020 年 8 月,韩国财政部发布《基于数字的产业创新发展战略》,将重点放在优势产业及制造业上,提高工业数据利用率,进而提升韩国主导产业竞争力。

(3) **新加坡以数字技术助力先进制造业发展**。新加坡持续加大对技术创新的投入,推动传统制造业向先进制造业转型。

- 强化数字技术研发与应用。2020 年 12 月,新加坡出台第七轮"研究、创新、企业 2025 计划"(RIE2025),提出增强全球竞争优势、培养顶尖创新人才、建设创新平台三大总体目标,大力发展数字技术,强化人工智能、量子计算、5G、通信等技术领域的研究与应用。在制造业方面,该计划还提出,为提升制造业竞争力,应推动人工智能、机器人和自动化等技术的赋能创新,帮助企业拓展业务。2021 年年初,新加坡政府提出"制造业 2030 愿景",推动传统制造业向先进制造业发展,致力于在 2030 年将新加坡打造成先进制造业的全球业务、创新与人才中心。
- 加速中小企业转型。2017 年 3 月,新加坡发布了中小企业数字化计划,协助中小企业加速采用数字化解决方案,使用数字技术加强网络和数据安全,加快实施国际化战略和技术创新。2021 年 1 月,新加坡推行 Start Digital 项目,以银行和电信运营商为供给方,为中小企业提供数字化解决方案,协助本地中小企业进行协作及获取新客户。
- 营造良好发展环境。2017 年 11 月,新加坡经济发展局联合麦肯锡发布了世界上第一个工业 4.0 工具——工业智能指数(SIRI),帮助企业衡量自身的工业 4.0 成熟度,评估数字化转型进程,并推动企业开展、维持并规模化应用工业 4.0 技术。

(4) **印度实施多举措促进制造业发展**。为推动和促进制造业发展,印度出台系列举措。

- 发布产业政策推进"印度制造"。2014 年以来,印度先后提出"印度制造 1.0"计划和"印度制造 2.0"计划,重点支持电子制造业等附加值高的产业,通过技术孵化、产业集群等方式加速制造业本地化,旨在提高制造业的国际竞争力。2015 年 7 月,印度提出"数字印度"战略,强调支撑数字化转型的九大支柱,包括高速宽带、普及移动连接、公共网络接入项目、电子化服务、全面信息化、发展电子制造业、IT 就业岗位和早期示范项目等,着力提升电子制造业创新能力,通过各方协调合作摆脱进口依赖。
- 加大对电子制造业的产业补助。2020 年 3 月,印度政府专门为电子制造商制订财政激励计划(改进型电子制造业集群计划),投入 376.2 亿卢比鼓励建立优质的基础设施、公用设施和便利设施。2020 年 4 月,印度政府推出"电子元件和半导体制造业促进计划",以报销方式补贴与厂房、机器、设备、相关设施和技术研发有关联的资本支出,补贴比例为 25%,旨在促进电子产品制造生态系统的发展。2020 年 11 月,印度表示未来五年内将投资 2 万亿卢比推进制造业促进计划，其中 1219.5 亿卢比用于推动本土电信业发展，支持 4G、5G、下一代 RAN、物联网接入设备、企业设备和无线设备的生产制造。

1.3.2　国内工业互联网建设现状

我国工业互联网在近年来取得显著进展，政策实现了各层次的全覆盖，尤其在"十四五"期间，政策、规划密集出台，明确了未来 5 年工业互联网、工业大数据等产业的发展方向。

1. 工业互联网政策已实现国家、地方、产业集群等不同层次的全覆盖

近年来，国家及相关部委持续出台工业互联网相关政策，为工业互联网发展提供有力支撑。

"十二五"期间，我国物联网、云计算和大数据等信息技术高速发展，为工业互联网的发展奠定了基础。"十三五"期间，工业互联网发展迅猛，产业规模不断扩大。2017 年，国务院发布了《关于深化"互联网+先进制造业"发展工业互联网的指导意见》，为我国工业互联网发展指明了方向，并在工业互联网发展行动计划中明确了三年起步阶段的重点任务。

"十四五"期间，工业互联网相关政策、规划密集出台，我国工业互联网已步入发展的关键时期。2021 年，《"十四五"规划和 2035 年远景目标纲要》重磅发布，为我国"十四五"期间工业互联网、工业大数据、工业软件等产业未来五年的发展做出明确部署。同时，工业和信息化部在《工业互联网创新发展行动计划（2021—2023 年）》中提出 5 项发展目标，明确 11 项重点工作任务。

2022 年 4 月，工业和信息化部发布《工业互联网专项工作组 2022 年工作计划》，推动工业互联网发展提档升级。我国工业互联网正步入发展的黄金期，进入产业深耕、赋能发展的新阶段。全国各省、区、市也相继发布了工业互联网相关政策，在工业互联网标识数量、工业互联网平台搭建、工业互联网与细分产业深度融合等方面提出了明确的发展规划。

2022 年 10 月，党的二十大报告中明确提出，推进新型工业化，加快建设制造强国、质量强国、航天强国、交通强国、网络强国、数字中国。

2023 年 3 月，国务院新闻办介绍了我国"加快推进新型工业化　做强做优做大实体经济"的成就和最新举措，指出推进新型工业化，是实现中国式现代化的必然要求，是全面建成社会主义现代化强国的根本支撑，是构建大国竞争优势的迫切需要，是实现经济高质量发展的战略选择。

工业互联网作为新一代信息技术与实体经济融合的重要领域，成为我国两化深度融合的重要驱动，下一步亟须深化工业互联网创新发展，为推进新型工业化、建设制造强国提供强劲动力。

2. 工业互联网是发展数字经济的重要引擎

当前，我国数字经济蓬勃发展，产业规模持续快速增长。从 2012 年至 2021 年，我国

数字经济的规模从 11 万亿元增长到超 45 万亿元,数字经济占国内生产总值比重由 21.6%提升至 39.8%。"十四五"规划指出,到 2025 年,数字经济的核心产业增加值占 GDP 比重将达到 10%。数字经济已经成为助推我国经济高质量发展的重要力量。

随着工业互联网从概念普及走向落地深耕,其对数字经济的推动作用也越发显著。据专家预测,未来 15 年我国工业互联网产业规模将超 11 万亿元。目前,工业互联网已经延伸至 45 个国民经济行业大类,加速贯通产业链和供应链上下游,成为我国经济新的增长点。

发展工业互联网对于支撑经济数字化转型,培育、壮大经济发展新动能都具有十分重要的作用。工业互联网的发展方向是虚实协同,工业互联网将成为数字经济和实体经济融合发展的新型载体,推动数字经济高质量发展。

3. 工业互联网已覆盖我国多数重点行业,带动我国就业再增长

目前,工业互联网融合应用向国民经济重点行业广泛拓展,已覆盖国民经济 45 个行业大类,促进了我国就业的增长。2021 年,工业互联网带动就业总人数达到 2803.68 万人,新增 218.60 万人。

制造业对工业互联网人才需求量最大,带动就业升级。工业互联网带动制造业转型升级需要大量掌握 OT(operational technology,运营技术)与 IT(information technology,信息技术)的复合型人才,目前专业技术人员规模保持稳定,但一线产业工人的人才缺口较大,未来需要更多从事基础运维和服务的技能型人才支撑产业发展。

4. 工业互联网在技术创新中不断突破,但核心技术仍存在短板

工业互联网的加速发展催生出一系列新技术、新产品、新业态、新模式,有力促进了实体经济提质、增效、降本、绿色、安全发展等。

在技术领域,中国关键核心技术仍存在短板和不足,新一代信息技术(包括 5G、大数据、云计算、人工智能)应与制造业加速融合,要加速推动工业互联网核心技术突破,围绕工业互联网设备、控制、平台、数据,从网络、数据和安全三方面,加快技术成果转化和产品服务创新,补齐短板、做强产业发展基础、提升产业链安全水平是中国新型工业化的重要任务。

随着新型工业化阶段的到来,工业企业的增长模式正向质量效益型增长转变,走差异化创新路线的专精特新企业将迎来更多机遇。

1.3.3 产业生态发展现状

目前,全球工业互联网产业生态发展雏形开始显现,随着跨系统、跨企业互联互通需求的增加,对工业互联网标准化的要求也在不断提升。工业互联网产业生态系统主要指制造体系中与数据采集、传送、处理、反馈等相关的产业环节,涉及制造环节中的信息系统集成、工业网络互联、工业云服务、工业互联网安全等方面。

1. 信息系统集成

国内的工业系统集成集中了全球所有重要的集成厂商,高端市场几乎被国外企业垄断,

国内集成企业的产业发展环境相对恶劣，中低端市场竞争激烈。

同时，由于系统集成业务大多为非标准化业务，可复制性较低，国内企业大多面临核心技术薄弱、应用领域单一等问题，因此现阶段国内集成商数量众多但规模不大，一些关键芯片和核心软件环节依赖国外产品。

2. 工业网络互联

工业网络包含工厂内部网络和工厂外部网络。我国在工厂外部网络相关产业方面已经有较好的基础，在工厂内部网络方面，EPA、WIA-PA 等自主知识产权技术被纳入网络互联国际标准，打下了较好的技术基础。

随着工业互联网中无线技术的应用拓展，未来面向无线化、IP 化的网络互联技术和产品标准将成为重点。此外，资源标识和寻址技术是实现资源管理、信息互通、设备设施互联的基础，需要加强统筹考虑。

3. 工业云服务

我国在云计算和数据服务领域已经拥有一定的基础，出现了一批高水平的服务企业及自主研发的云平台解决方案，在大数据平台服务器、NoSQL 数据库和数据仓库等产品方面有所积累。

但是，我国的工业云服务尚处于探索期，工业领域的算法和模型、基于多种云架构的 PaaS 平台、以大数据分析功能为核心的开放云平台等与国外差距巨大，因此在数据规范、云平台、云服务方面亟须标准化。

4. 工业互联网安全

目前，业界对工业互联网安全的研究及产业支持还处于起步阶段。工业互联网将推进工业生产过程不断灵活化、柔性化，企业、用户、产品之间将高度协同、开放、共享，工业互联网安全边界越发模糊、攻击面不断扩大，安全将向设备、数据、服务全方面渗透，成为影响工业互联网发展的关键要素之一，因此亟须从技术、管理、服务等多角度协同构建工业互联网安全发展环境。

在市场和政策的双重推动下，我国工业互联网相关产业投资规模继续理性扩大，产业体系建设不断完善，市场空间不断拓展，应用潜力逐步释放，支撑经济增长的内生动力进一步增强。

如图 1-6 所示，2022 年，我国工业互联网核心产业增加值达到 1.26 万亿元，同时带动渗透产业增加值 3.20 万亿元，工业互联网产业增加值总体规模达 4.46 万亿元，占 GDP 的比重为 3.69%。2023 年，工业互联网核心产业增加值已达到 1.35 万亿元，带动渗透产业增加值 3.34 万亿元，工业互联网产业增加值总体规模达 4.69 万亿元，占 GDP 的比重上升至 3.72%，是支撑我国经济回稳向好的重要力量。2024 年，工业互联网的发展前景更加广阔，工业互联网产业增加值总体规模有望达到 4.95 万亿元，这一增长趋势反映了工业互联网对推动我国经济稳定增长的重要作用。此外，工业互联网核心产业增加值预计将达到 1.52 万亿元，渗透产业增加值预计将达到 3.59 万亿元。这些数据表明，工业互联网不仅推动了核心产业领域的持续增长，而且其在国民经济中的渗透和带动作用也在不断加强。

图 1-6　全国工业互联网产业增加值总体发展情况

1.3.4　产业生态未来发展方向

随着工业互联网技术的不断成熟和应用领域的持续拓展，未来的发展方向将聚焦于技术创新、模式变革、服务优化及行业深化。工业互联网在这些方向上的发展将为整个工业体系带来深远的影响。

1. 工业互联网关键技术走向自主化、开源化

工业互联网的核心技术将不断增强自主性。《"十四五"智能制造发展规划》中提到，要加强关键核心技术攻关。2022年政府工作报告中指出，要加快发展工业互联网，培育壮大集成电路、人工智能等数字产业，提升关键软硬件技术创新和供给能力。

目前，我国工业互联网核心技术在工业芯片、工业控制等基础硬件设施及开源架构体系、高端工业软件方面仍有"卡脖子"的风险。相关数据显示，我国在电力、能源等重点工业领域的芯片自主化不足10%；我国工业控制领域95%以上的高端PLC市场、50%以上的高端DCS市场被国外厂商垄断，95%以上的工业以太网网络设备市场由欧、美、日企业垄断。随着美国不断加码对我国的科技断供，关键核心技术产品的攻关受到越来越多的重视。

工业互联网关键技术将逐步开源化。开源开放将是我国工业互联网关键技术"弯道超车"的机会，关键技术的开源化使得创新链各主体可以低成本获取知识和提升技术能力，提升共性知识的复用能力，有效降低中小企业工业互联网应用的成本。

例如，目前我国工业软件的开发环境正在从封闭、专用的平台逐步走向开放和开源平台。部分厂商通过开源平台聚集大量产业链生态，利用行业资源针对特定工业需求进行仿真软件的二次开发，从而再度扩展工业仿真功能。

2. 工业互联网发展模式走向平台化、协同化

"平台+园区""平台+基地"新型融合发展模式加速区域数字化转型一体化进程。

产业园区作为各类生产要素聚集的空间形态，在设备上云、新模式培育、产业链协同等方面，具有共性需求大、应用场景丰富等特点，是工业互联网应用推广的重要突破口，也是地方经济发展的重要载体。

随着工业互联网融合应用加速向资源集聚、创新活跃、信息化能力强的产业园区下沉，"平台+园区""平台+基地"等新型融合发展模式加速推动产业链协同创新，带动产业园区企业整体转型升级，构建产业创新、共赢、发展新生态。

区域级、行业级工业互联网大数据中心将成为区域协同发展的新引擎。

作为工业互联网的重要基础设施，工业互联网大数据中心汇聚海量工业数据，通过数据资源的统一调配实现生产要素的统一调配，助力构建数据作为重要生产要素参与价值创造与分配的流通体系，支撑产业监测分析，赋能企业转型升级，全面保障经济平稳运行。

当前，我国正持续推进"$1+N$"国家工业互联网大数据中心体系建设，加速打造区域级工业互联网大数据分中心和行业大数据分中心，结合地方与行业的需求，建设各类应用服务模块，实现数据互联互通和融合共享。

未来，工业互联网大数据中心将进一步完善数据确权法律法规规范、建立数据交易交换机制，促进数据要素流通，全面释放数据资源价值，为区域协同创新深度发力。

3. 工业互联网产品与服务走向轻量化、安全化

工业互联网产品与服务向轻量化、结构化以及低代码开发的方向演进。

当前阶段，工业互联网应用存在专业性强、开发流程复杂、成本高、应用门槛高等问题，导致大部分中小企业对工业互联网的应用望而却步，而低成本、轻量化的解决方案能够降低应用门槛，节约数字化成本，成为中小企业数字化转型的助推器。

以工业软件为例，为进一步扩大工业软件产品的应用广度，满足中小企业的数字化转型需要，工业软件相关企业调整产品研发策略，向低代码方向演进。低代码开发平台可以自动生成代码，通过少量代码快速生成应用程序，为工程师快速开发可用、好用的工业软件提供了良好的开发环境，从而降低软件开发的人力成本，缩短开发时间，提升工业流程业务应用的研发效率，助力企业实现降本增效、灵活迭代。

随着工业互联网应用的深入、工业上云不断提速和工业数据连接规模的扩大，工业互联网安全的重要性日益凸显。其中，工业应用安全、网络安全、工业数据安全及工业智能产品的安全是重点关注环节。

未来，我国将加强体系化的安全规划和布局，工业安全硬件和软件产品、工业安全服务等的种类将进一步丰富，工业互联网企业和服务对象的主体责任将进一步落实，构建自主可控的安全产品和服务体系。

同时，相关标准组织、产业联盟及国家相关部门也将加速推动在总体规划、平台体系、接口规范、检测体系等各领域的标准制定，引导工业互联网安全产业健康发展。

4. 工业互联网应用赋能走向行业化、场景化

工业互联网将加速赋能垂直行业。

目前，工业互联网已渗透国民经济 45 个行业大类，但同为制造业，石化、钢铁、化工、冶金等流程制造行业，食品饮料、生物制药等混合制造行业，与装备制造、汽车及零部件、电子、电气等离散制造行业对工业互联网应用的需求差异较大。

未来，工业互联网服务商将从单一熟悉的赛道向更多细分领域拓展，面向行业个性化需求，在提升软件能力的同时，更加聚焦工业本身，着力解决工业企业的痛点，带动更多企业转型升级，推动工业互联网向国民经济的"毛细血管"延伸。

工业互联网将逐渐渗透至生产全生命周期，场景化应用价值凸显。作为工业业务流程的基本单元，场景的数字化是工业互联网赋能制造业数字化转型的必然途径。未来的数字化转型必将更加深入实际行业关键场景，从痛点切入，聚焦规模大、应用价值高的场景，形成更多技术强、易推广、可复制的场景化解决方案，以场景化应用为牵引，进一步解决部分企业数字化"不会转、不愿转、转不起"的难题，并且逐步推动工业互联网应用渗透到工业生产的全生命周期流程，为生产核心环节深度赋能。

1.4 小结

本章深入探讨了工业互联网的基本概念、特征、发展历程、体系架构、功能体系和产业体系，以及标准体系等多个方面，共同描绘了工业互联网作为第四次工业革命的基石的全貌，并展示了其在推动产业数字化转型、提升国家竞争力和促进创新发展方面的核心作用。

工业互联网不仅为现代工业生产带来了革命性的变革，也为实现可持续发展目标提供了强有力的技术支持。

第 2 章　工业互联网标识

随着第四次工业革命的兴起，工业互联网已经成为现代工业中不可忽视的一部分。

为了实现人、机、物的全面互联，构建覆盖全要素、全产业链、全价值链的全新制造和服务体系，工业互联网标识通过标识编码这种工业互联网中的"身份证"对物理对象和虚拟对象进行唯一识别，并借助解析系统，实现跨地域、跨行业、跨企业的数据共享共用。

在工业互联网中，工业互联网标识起到了关键的作用，能够为各类设备和数据点提供唯一的身份标识，并推动数字化转型、智能制造和可持续发展的进程。

本章首先介绍了工业互联网标识的概念和发展现状，随后介绍了工业互联网标识体系架构和标准化现状，最后介绍了工业互联网标识的工作原理。

2.1　工业互联网标识的概念

工业互联网标识是支撑工业互联网运作的重要组成部分，在庞大的信息网络中精准而高效地查询标识属于一种"信息映射"技术。工业互联网标识用于连接工厂内外机械制造设备、生产材料，是产品信息与人之间的关键纽带，它通过定义编码格式对工业生产中的人、物、料、工业设备进行唯一、无歧义命名，为感知物理世界、信息检索提供支持，助力开展各类相关应用。

以下是工业互联网标识的典型特征。

- 唯一标识符：每个工业设备、传感器或数据点都被赋予一个唯一的标识符，可以是数字、字符或其他形式的标志。这确保在整个系统中，每个实体都有独一无二的身份。
- 数字化身份：工业互联网标识将实体的物理特征转化为数字形式，即建立设备的数字化身份，使其能够在数字网络中被准确识别和管理。
- 实时性和动态性：工业互联网标识需要具备实时性，以及对设备状态变化的动态响应能力。这使得系统能够及时调整、监控和管理设备。
- 全面互联：工业互联网标识使设备能够在网络中建立连接，实现人、机、物之间的数据交换、通信和协同工作。这为智能工厂和物联网应用提供了基础。
- 数据关联：工业互联网标识不仅仅是一个标志，还用于将设备的标识信息与其他相关数据关联，提供更全面的上下文信息，从而支持更高级的分析和决策。

与互联网不同，工业网络传输海量异构多源多模态数据，多协议、多种命名格式并存，传统的域名系统（domain name system，DNS）解析服务在标识主体、解析方式、安全性、服务质量等方面面临严重挑战，无法满足工业网络需求。工业互联网标识解析体系可以类比于传统互联网中的域名解析系统，但两者又有明显的区别。

互联网域名解析与工业互联网标识解析的概念辨析如下。

- 互联网域名解析主要发生在应用服务体系（万维网/Web）和互联体系（TCP/IP）之间，主要用于解决域名到IP地址的翻译问题。
- 工业互联网中，标识是赋予每一个产品、零部件、机器设备唯一的"身份证"，解析是通过产品标识查询存储产品信息的服务器地址，或直接查询产品相关信息及其他服务。工业互联网标识解析主要发生在应用支撑体系（万维网、应用协议）和网络互联体系之间，主要用于解决标识到标识、标识到地址、标识到数据的映射和转换问题。

基于我国工业互联网发展的现实需求和全球多种标识体系并存的情况，中国信息通信研究院基于 VAA 标识技术自主规划、设计并建设了国家工业互联网标识解析体系，实现了对句柄（handle）标识解析技术、对象标识符（object identifier，OID）、物联网统一标识（entity code for IoT，Ecode）技术等多种国际主流标识体系的互联互通，通过赋予机器、设备、产品乃至数字对象唯一的"身份证"，打通标识背后的数据链，实现物理世界和数字世界的连接，进而实现数据无缝流动和交互。

经过多年的努力，我国标识解析体系基本建成，已经在装备制造、新材料、汽车制造、钢铁、船舶等 38 个行业领域展开应用，有力推动了我国经济的数字化转型、智能化升级和高质量发展。

国家工业互联网标识解析体系是我国工业互联网的组成部分，既是支撑工业互联网网络互联互通的基础设施，也是实现工业互联网数据共享共用的核心关键。

工业互联网标识解析体系的核心要素包括标识编码、标识解析系统及标识数据服务三部分。

- 工业互联网标识编码是指能够唯一识别机器、产品等物理资源和算法、工序等虚拟资源的身份符号。
- 工业互联网标识解析系统是指能够根据标识编码查询目标对象网络位置或者相关信息的系统装置，对机器和物品进行唯一性的定位和信息查询，是实现全球供应链系统和企业生产系统的精准对接、产品全生命周期管理与智能化服务的前提及基础。
- 工业互联网标识数据服务是指能够借助标识编码资源和标识解析系统开展工业标识数据管理与跨企业、跨行业、跨地区、跨国家的数据共享共用服务。

2.2 工业互联网标识发展现状

标识解析体系是工业互联网的重要枢纽，负责对物品身份进行分发、注册、管理、解析和路由，支持工业互联网中设备、人、物料的全生命周期管理，是打破信息孤岛、实现数据互操作、挖掘海量数据的基础，也是实现企业智能管理的必备条件。由于 DNS 的设计模式与工业互联网的需求存在矛盾，仅依靠 DNS 不足以支持对海量、多样化通信主体进行对等、安全、低时延解析，因此面向工业网络的标识解析体系研究已在全球范围内推进，并已取得部分成果。同时，由于工业互联网标识解析体系建设在产业界存在巨大商业前景，关系到各国核心利益，已引起很多国家的高度重视。目前，很多国家均已启动一系列项目和研究计划。

2.2.1 国外工业互联网标识发展现状

目前，国外已存在多种标识解析体系，根据其演进方式可分为两类。一类是基于 DNS 的改良路径。该路径通过对现有 DNS 架构进行扩充，提供工业互联网标识解析服务，如国际标准化组织（ISO/IEC）和国际电信联盟（ITU-T）联合制订的对象标识符（OID）技术。另一类是与 DNS 无关的革新路径，即针对工业互联网场景提出一套全新的标识解析体系，如 DONA 基金会维护的 Handle 技术、东京大学提出的 UID 技术等。下面将分别进行介绍。

1. OID

OID 体系由 ISO/IEC 与 ITU-T 于 20 世纪 80 年代联合提出，旨在识别物联网环境中的各种对象和服务。

OID 采用分层树形结构，其编码由一系列数字、字符或符号组成，支持对任何类型的对象，包括用户、网络元件、网络服务及其他物理或逻辑对象等进行全球无歧义命名，且一旦命名，该名称终生有效。

ISO/IEC 与 ITU-T 通过制定 ISO/IEC 29168、ISO/IEC 29177、ISO/IEC 9834、ISO/IEC 8824 等系列国际标准，对 OID 的命名规则、分配方案、传输编码、解析管理体系等内容进行规范，设计正式、精确、无歧义的机制来标识、解析、管理对象。截至 2023 年 12 月，OID 已覆盖全球超过 200 个国家和地区，目前国际 OID 数据库中已注册超过 100 万个顶层 OID 标识符。

OID 体系通过将 OID 树映射为 DNS 树的一部分提供 OID 服务，具有人类可读、分层灵活、可扩展性强、跨异构系统、支持对各类对象唯一永久标识、便于部署等优势，且 OID 标识体系拥有无界命名空间，可支持全球任意对象标识。此外，OID 体系支持域内自主管理，权限机构可自由地添加新节点。

OID 独立于网络技术，不受底层设备影响，可兼容其他现有标识机制，具备很好的应用基础和发展前景，可在医疗、信息安全、网络管理、物流管理等领域广泛使用。

目前，ISO、ITU 标准中已大量采用 OID 技术，应用于信息安全、电子医疗、网络管理、自动识别、传感网络等计算机、通信、信息处理等相关领域。例如，在信息安全领域，OID 用于指出 X.509 证书绑定的散列算法、公钥算法、分组算法和操作模式，具备高效移植标识数据分组中所选算法的能力。工业互联网的不断发展和海量异构数据的进一步涌入，对工业网络提出了新的要求。OID 具有面向多种对象、高效、灵活、兼容、可扩展等优势，已广泛应用在 RFID、传感器、二维码等领域，具备良好的应用基础和发展前景。

2. Handle

Handle 是全球范围分布式通用标识服务系统，由互联网之父 Robert Kahn 于 1994 年提出，旨在提供高效、可扩展、安全的全局标识解析服务。Handle 体系于 2005 年加入下一代网络研究，并成为 GENI 项目中数字对象注册表的组成部分，目前由 DONA 基金会负责运营、管理、维护和协调。

Handle 体系是出现最早、应用最广的全球数字对象唯一标识符系统，提供名字对属性的绑定服务，其名字被称作 Handle，可用于标识数字对象、服务和其他网络资源。Handle 体系包括一组开放协议、命名空间和协议的参考实现，定义了编码规则、后台解析系统和全球分布式管理架构。

Handle 体系从一开始就被设计为通用命名服务，可容纳大量实体，允许通过公共网络进行分布式管理，顶级节点平等互通，支持用户自定义编码，适用于工业互联网场景。此外，Handle 还具备唯一性、永久性、多个实例、多个属性、可扩展性强，以及兼容其他标识等优点，目前已得到产、学、研各界的日益重视和广泛应用。

Handle 体系既能与国际接轨，又可确保企业自主可控，目前已成功应用在数字图书馆、产品溯源、智能供应链等领域，为打破信息孤岛、降低成本、保证生产高效协同等提供支持。

3. UID

泛在识别（ubiquitous ID，UID）技术是一种用于泛在计算的环境感知技术，支持对象及对象间关系描述。UID 中心于 2003 年在东京大学建立，得到了日本政府及企业的大力支持。截至目前，全球已有 500 多家公司和组织参与发布了 UID 标准与泛在计算系统的工业开放标准规范。

UID 通过泛在标识编码（ubiquitous code）标识客观实体、空间、地址、概念等物理或逻辑对象，并通过泛在标识编码关系模型为泛在标识编码间建立关联。泛在标识编码相关技术于 2012 年 10 月被写入 ITU-T 国际标准，可保证任意对象经由互联网进行识别和通信，是实现泛在计算、物联网和 M2M 计算范式的重要技术。

目前，一系列基于泛在标识编码技术的建议书正在加速研制中，用于提供对象及其位置识别、环境理解、对象跨应用、跨组织信息交互等功能，保证最佳控制自动执行而不需要人工干预，助力泛在计算任务自动执行。该技术适用于工业互联网场景，有望用于建筑物管理、食品和医疗产品追溯、工厂设施处置、旅游信息服务及公共资产管理等领域。

泛在标识编码技术主要应用于日本实时操作系统内核（the real-time operating system

nucleus，TRON）项目，负责为任意场所和物品植入 IC 电子标签，并分配唯一的泛在标识编码。UID 系统目前已经从研究阶段转向商用阶段，用于支持东京都厅导游信息服务、观光巴士信息服务、上野动物园导游信息服务等。

2.2.2 国内工业互联网标识发展现状

目前，国内积极跟进工业互联网标识解析技术，包括由中国物品编码中心于 2011 年提出，具有自主知识产权的物联网统一标识（Ecode）技术，以及由中国信息通信研究院获得国际自动识别与移动技术协会（AIM）授权的 VAA（value added application）技术。下面将分别介绍。

1．Ecode

Ecode 由中国物品编码中心于 2011 年提出，具有自主知识产权，拥有完整的编码方案和统一的数据结构，适用于任何物联网对象。

Ecode 体系定义了编码规则、解析架构和解析服务要求，由 Ecode 编码、数据标识、中间件、解析系统、信息查询和发现服务、安全机制等部分组成。Ecode 体系采用一物一码唯一标识，在感知层，Ecode 中间件可兼容二维码、条形码等异构接入；在应用层，Ecode 能兼容其他编码方案，如 Handle、OID 等。

中国物品编码中心于 2015 年研制了 Ecode 标准，该标准规定了物联网对象统一编码规则，目前已在中国物联网内广泛使用。随着物联网技术的发展，Ecode 标识体系逐步建立。基于国家物联网产业化专项任务要求，近些年又有一系列核心标准发布，用于满足物联网标识应用需求、规范 Ecode 编码的注册和申请流程，保证 Ecode 编码的唯一性、编码数据和注册信息的可靠性。其他相关标准也正在抓紧制定中，这对促进物联网和工业互联网产业发展有着重要意义。

Ecode 目前已广泛应用于我国茶叶、红酒、农产品、成品粮、工业装备、原产地认证等领域，为实现产品追溯查询、防伪验证、生产营销、全生命周期管理等提供支撑。

2．VAA

2020 年 6 月 23 日，我国研究机构中国信息通信研究院获得国际自动识别与移动技术协会授权，成为与国际物品编码协会（GS1 Global）、美国电气和电子工程师协会（IEEE）、万国邮政联盟（UPU）等大型国际组织并列的国际发码机构，代码为 VAA，具备全球标识编码分配能力，为推动我国工业互联网国际化发展打下良好基础。

2020 年 8 月 7 日，VAA 方案成功纳入万维网联盟（W3C）分布式标识（decentralized identifier，DID）规范注册表。2021 年 11 月 16 日，工业和信息化部为中国信息通信研究院签发工业互联网标识 VAA 的注册管理机构许可证，这是《工业互联网标识管理办法》正式实施后首张标识"发码机构"许可。2021 年 10 月 20 日，以"标识联通万物 智享赋能未来"为主题的 2021 中国工业互联网标识大会暨标识中国行（江苏站）在南京举行。中国信息通信研究院在会上发布了《工业互联网标识解析 VAA 编码导则》（以下简称《导则》）。

《导则》从标识编码关键要素、VAA 标识编码的规则、表现形式和载体存储，以及 VAA 标识编码申请三方面对 VAA 标识编码进行阐述，以引导产业界遵循相关编码方案和编码规则等要求，从而促进相关标识体系的发展和应用。

VAA 方案是由中国信息通信研究院自主开发的一套标识生成方案，其目的是利用智能合约实现标识的分配、生成过程，同时借助去中心化的分布式账户或区块链技术存储数据，以保障信息的公开、透明、可追溯性。VAA 方案基于"星火·链网"区块链新型基础设施，提供了一种新的标识分配思路。与传统标识不同的是，VAA 方案融合了互联网域名、工业互联网标识等不同的编码结构与编码方案，将复杂的编码注册、分配等过程通过智能合约统一实现并服务于大众。

目前，VAA 标识已开展广泛应用，已分配 VAA 前缀的二级节点分布于全国多个省（区、市），覆盖众多行业，涉及供应链管理、产品追溯、智能化生产等 18 大应用场景，标识注册量超 530 亿。但是，目前业界对于起步阶段的 VAA 缺乏广泛认知，中国信息通信研究院作为国际发码机构，还在不断完善 VAA 编码规范及标准。

2.3　工业互联网标识体系架构

目前，国内外已存在多种标识解析体系，根据其演进方式可分为两类，详见 2.2.1 节。现有工业互联网标识解析体系如图 2-1 所示。

图 2-1　现有工业互联网标识解析体系

改良路径便于实现，仅须在现有的 DNS 架构上进行扩展便可提供解析服务，设计简单且部署较快，但不能完全匹配工业要求，且解析服务十分臃肿。

革新路径则针对工业互联网特殊需求提出新型架构，弥补现有 DNS 缺陷，更契合工业互联网场景。然而，革新路径难以利用现有基础设施，需要重新部署，成本较高，周期较长。

本节将分别介绍三个典型的工业互联网标识体系架构，包括改良路径的 OID 标识体系架构、革新路径的 Handle 标识体系架构的国外工业互联网标识体系架构，以及中国信息通信研究院基于 VAA 标识技术打造的工业互联网标识体系架构。

2.3.1 国外工业互联网标识体系架构

由于工业互联网标识解析建设在产业界存在巨大商业前景,关系到各国核心利益,已引起各国的高度重视。本小节将分别对改良路径的典型技术 OID 及革新路径的典型技术 Handle 进行介绍。

1. OID 标识体系架构

OID 标识解析技术是为了标识物联网中各种实体和服务由 ISO/IEC 国际标准化组织于 20 世纪末提出的。该体系采用分层树状结构,在架构设计上就考虑了可扩展性。OID 标识现在主要被用在医疗卫生系统的设备编码中,以及作为中间方案实现不同编码方案之间的标识数据的交互。

在编码时,OID 标识采用点分隔的方式,类似 DNS 解析系统的 IP 地址的编码方式,将标识映射成 DNS 树。OID 体系的根节点为 ".oid-res.org",类似于 DNS 中的 ".com" 根域名。当用户需要进行 OID 标识解析时,会递归到该根标识解析节点,查询标识的.oid-iri 后缀,然后向下一级返回。

OID 的国际根节点下连 ITU-T、ISO 与 ISO-ITU 联合 3 个分支,支持对用户、网络元件、服务、有形资产、无形数据(如目录结构)等任意对象进行标识。OID 采用层次化标识方案,其编码规则规定了根节点到标识节点的路径,OID 标识体系架构如图 2-2 所示。

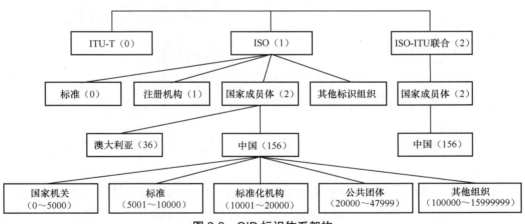

图 2-2 OID 标识体系架构

该体系的优点是部署起来比较容易实现,因为 DNS 解析技术已经比较成熟,对系统实际应用中可能遇到的问题大多也已经有了完善的解决方案。因此,将该体系应用到工业互联网中时,只需要把域名解析换成标识解析即可实现工业互联网标识解析的功能。

但是基于 DNS 的标识解析系统也存在诸多问题。例如,标识必须转换成点分割的格式采用类似于域名的层级结构,才能够进行递归解析,极大地限制了标识解析系统的灵活性。

又如，标识的数量和规模是远远大于现存域名的规模的，标识解析的根节点所承担的解析压力将极大地限制标识解析系统的性能和稳定性。此外，DNS 系统也不能应对工业互联网中物品流动产生的动态信息的查询解析，降低了信息的查全率，也影响了标识解析的准确度。

2. Handle 标识体系架构

Handle 体系包括一组开放协议、命名空间和协议的参考实现，定义了编码规则、后台解析系统和全球分布式管理架构。

Handle 系统采用分层服务模型，无单根节点。顶层为数个平行的全局 Handle 注册表（global handle registry，GHR），GHR 间数据实时同步、平等互通；下层为本地 Handle 服务（local handle service，LHS）。Handle 标识解析体系架构演进如图 2-3 所示。

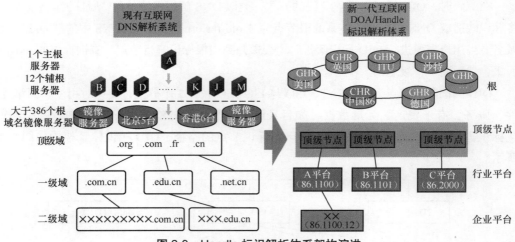

图 2-3　Handle 标识解析体系架构演进

GHR 与 LHS 同构，均由一个或多个平行的服务站点组成，每个站点都是该服务中其他站点的复制品，每个服务站点又由多个 Handle 服务器组成。虽然每个站点都是平行的，但它们可以由不同数目的 Handle 服务器组成，所有 Handle 请求最终被均匀定向到 Handle 服务器上。

GHR 与 LHS 的区别在于提供的服务不同：GHR 负责全局管理服务、分配前缀、授权命名空间；LHS 负责管理本地命名空间、定义本地命名空间的编码方式，其前缀和地址必须在 GHR 中注册。

Handle 体系独立且兼容 DNS 解析系统，DNS 解析系统只面向设备解析，而 Handle 体系是面向数字对象（将互联网上所有事物、流程、服务和各类数据抽象成数字对象）的解析，使信息的管理与共享独立于主机设备、独立于信息系统。同时，Handle 体系拥有比 DNS 解析系统更强大的数据管理功能及更完善的安全机制，能够实现异地、异主、异地系统之间的信息安全有效共享。

Handle 标识解析体系参考了数字对象架构的设计，将工业互联网中的实体抽象成数字对象，每一个数字对象都包含唯一身份识别，也就是 Handle 标识。Handle 标识解析体系具备分布式系统的特性，采用两段式命名空间设计和开放式协议，对标识解析系统的研究具有重要的里程碑式的意义，被后续的标识解析体系设计广泛借鉴。

Handle 的核心在于摒弃 DNS 提供的递归解析服务，完全自主地进行标识解析，相对于基于 DNS 路径的标识解析体系，Handle 标识解析体系具有更强的适用性。

但是 Handle 的缺点也是显而易见的。Handle 的部署要求全套特定的基础设施，一般企业是无法承受的，而且 Handle 的运维比较困难，前期工作量大，投入成本高，最重要的是 Handle 并没有从根本上解决单点问题，也没有对等解析的能力。

2.3.2 我国工业互联网标识解析体系架构

中国信息通信研究院基于 VAA 标识技术打造的国家工业互联网标识解析体系是我国工业互联网网络体系的重要组成部分，是支撑我国工业互联网互联互通的神经中枢。

目前全球范围内已存在 Handle、OID 等多种高速创新发展的标识体系，分布式身份等新型标识体系不断涌现。国家工业互联网标识解析体系建设采用融合技术路线，基于 VAA 标识编码体系并兼容 BID、GS1、Handle、OID、Ecode 等多种国际主流标识体系。

我国工业互联网标识解析体系的整体架构采用分层、分级模式，从逻辑上讲，是一个分布式信息系统，面向各行业、各类工业企业提供标识解析公共服务，主要包括根节点、国家顶级节点、二级节点、企业节点、公共递归节点等元素，如图 2-4 所示。

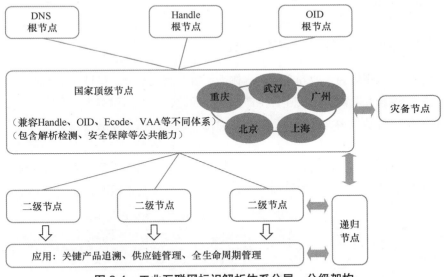

图 2-4　工业互联网标识解析体系分层、分级架构

- **根节点**。根节点是标识管理体系中最高等级的国际性标识服务节点，提供面向全球范围或者若干国家/地区的公共的根级别的标识服务。
- **国家顶级节点**。国家顶级节点是国家或地区内部顶级的标识服务节点，能够在全国或全地区范围内提供标识注册分配、标识解析、审核认证及数据托管等服务，并为行业节点和企业节点提供查询指引。国家顶级节点向上与支持各类标识体系的国际根节点保持连通，向下与国内或地区内各行业（或企业）二级节点保持连通。

- **二级节点**。二级节点是向特定行业平台、通用性平台或大型企业平台提供标识服务的公共节点，可以根据行业具体需求定义灵活的行业性标识数据格式。二级节点向上连接国家顶级节点，向下为工业企业分配标识资源、提供标识注册、解析、公共查询等数据服务，同时满足稳定性、安全性和可扩展性等多方面的要求。二级节点是推动工业互联网标识产业规模化发展和应用的重要抓手，对于树立有价值的行业标识应用标杆、开创可持续发展的业务模式至关重要。
- **企业节点**。企业节点是面向工业企业内部的标识服务节点，可以向特定企业提供标识内部注册、分配和标识解析服务，可以独立部署，也可以作为企业信息系统的一部分。根据企业规模，可以灵活定义工厂内标识解析系统组网形式及企业内部标识数据格式。企业节点的标识编码与标识解析服务不限定技术方案，可与国家顶级节点实现不同标识解析体系之间的互联互通。
- **公共递归节点**。公共递归节点是标识解析体系的关键入口设施，代替用户进行复杂的迭代查询。利用缓存技术，也可以将查询结果直接返回给用户，提升整体解析服务性能。当收到客户端的标识解析请求时，公共递归节点首先会在本地缓存进行查询，如果没有命中查询结果，则会查询标识解析服务器，按照其返回的应答查询路径进行查询，直至查询到标识对应的地址和关联信息，将其返回给用户，并将查询响应结果进行缓存。

2.4 工业互联网标识标准化现状

工业互联网标识作为工业互联网网络体系的重要组成部分，是域名系统向工业领域的延伸，其一头连着互联网，一头连着生产制造。因此，发展标识解析标准化应充分借鉴与使用原有通信、自动识别、物联网、工业自动化等领域的相关标准，在继承的基础上加以优化。

本节围绕自动识别、数据采集、域名、数据交换、中间件、分布式信息系统几大标识解析系统的核心技术，梳理了国际和国内已有的技术标准制定情况，如表 2-1 所示。

表 2-1 标识解析相关技术领域及其对应的标准化组织

标准化组织	自动识别	数据采集	域名	数据交换	中间件	分布式信息系统
ISO/IEC SC6			■	■	■	
ISO/IEC SC31	■	■		■		
IEC TC3				■		
IEC TC65				■		
ITU SG2			■			
ITU SG17			■			■
ITU SG20			■			■

续表

标准化组织	自动识别	数据采集	域名	数据交换	中间件	分布式信息系统
IETF DetNet				■		
IETF NWG			■	■	■	■
IETF LPWAN				■		
IETF LISP				■		
W3C	■			■	■	
TC 485	■	■		■	■	
TC 28	■	■		■		
TC 287	■	■				
TC 260			■			
TC 267	■			■		
TC 124		■		■		
TC 218	■					
TC 159		■		■		
CCSA	■	■		■	■	

2.4.1 国际标准化工作现状

国际相关标准化工作主要由 ISO/IEC JTC1/SC6 系统间远程通信和信息交换技术委员会，ISO/IEC JTC1/SC31 自动识别与数据采集技术委员会，IEC/TC 3 电气信息结构、文件编制和图形符号标准化技术委员会，IEC/TC 65 工业过程测量、控制和自动化技术委员会，ITU SG2 业务提供和电信管理运营工作组，ITU SG17 安全工作组，ITU SG20 智慧城市工作组，IETF DETNET 确定性网络工作组，IETFLPWAN 低功耗广域网工作组，IETF LISP 定位器/ID 分离协议工作组，以及 IETF NWG 网络工作组完成。

1. ISO/IEC

ISO/IEC 下辖 ISO/IEC JTC1/SC6 和 ISO/IEC JTC1/SC31 两个工作组，主要推进标识解析系统中唯一识别、数据采集及数据传输相关标准化工作。其中，ISO/IEC JTC1/SC6 主要负责开放信息系统之间信息交换标准化工作，旨在提高系统信息的共享程度；ISO/IEC JTC1/SC31 主要负责数据格式、数据语法、数据结构、数据编码、自动识别与采集技术标准化工作，致力于提高数据采集的自动化程度。

2011 年，ISO/IEC 发布 ISO/IEC 29168-1《信息技术 开放系统互连 第 1 部分：对象标识符解析系统》。该标准规定了对象标识解析系统的建设要求，包括标识解析系统的组成和整体架构、基于 DNS 的标识解析机制，以及标识解析系统客户端操作要求等。

2014 年，ISO/IEC 发布 ISO/IEC 15459《信息技术 自动识别和数据捕获技术 唯一识别符》。该系列标准定义了物流管理过程中的标识编码规则，以避免全球供应链管理过程中的在编码冲突，提高物流自动化水平，降低人工成本和误差率，进而提高供应链协同效率。表 2-2 列出了部分标准。

表 2-2 ISO/IEC 部分标准

序号	标准号	英文名称	中文名称
1	ISO/IEC 15418:2016	Information technology — Automatic identification and data capture techniques — GS1 Application Identifiers and ASC MH10 Data Identifiers and maintenance	信息技术 自动识别和数据捕获技术 GS1 应用标识符以及 ASC MH10 数据标识符和维护
2	ISO/IEC 15424:2008	Information technology — Automatic identification and data capture techniques — Unique identification for transport units	信息技术 自动识别和数据捕获技术 运输单元的唯一标识
3	ISO/IEC 15434:2019	Information technology — Automatic identification and data capture techniques — Syntax for high-capacity ADC media	信息技术 自动识别和数据捕获技术 高容量 ADC 介质的语法
4	ISO/IEC 15961-1:2013	Information technology — Data protocol for radio frequency identification (RFID) for item management — Part 1: Application interface	信息技术 项目管理用射频识别（RFID）数据协议 第1部分：应用接口
5	ISO/IEC 15961-2:2019	Information technology — Data protocol for radio frequency identification (RFID) for item management — Part 2: Registration of RFID data constructs	信息技术 项目管理用射频识别(RFID) 数据协议 第2部分：射频识别标签数据结构的登记
6	ISO/IEC 15961-3:2019	ISO/IEC 15961-3:2019 Information technology — Data protocol for radio frequency identification (RFID) for item management — Part 3: RFID data constructs	信息技术 项目管理用射频识别(RFID) 数据协议 第 3 部分：射频识别标签数据结构
7	ISO/IEC 15961-4:2016	Information technology — Radio frequency identification (RFID) for item management: Data protocol — Part 4: Application interface commands for battery assist and sensor functionality	信息技术 项目管理用射频识别(RFID) 数据协议 第4部分：用于电池辅助和传感器功能的应用程序接口命令
8	ISO/IEC 15459-1:2014	Information technology — Automatic identification and data capture techniques — Unique identification — Part 1: Individual transport units	信息技术 自动识别和数据捕获技术 唯一识别符 个体输送单元
9	ISO/IEC 15459-2:2015	Information technology — Automatic identification and data capture techniques — Unique identification — Part 2: Registration procedures	信息技术 自动识别和数据捕获技术 唯一识别符 登记规程
10	ISO/IEC 15459-3:2006	Information technology — Unique identifiers — Part 3: Common rules for unique identifiers	信息技术 自动识别和数据捕获技术 唯一标识符 通用规则
11	ISO/IEC 15459-4:2014	Information technology — Automatic identification and data capture techniques — Unique identification — Part 4: Individual products and product packages	信息技术 自动识别和数据捕获技术 唯一标识符 单个产品和产品包装
12	ISO/IEC 15459-5:2014	Information technology — Automatic identification and data capture techniques — Unique identification — Part 5: Individual returnable transport items (RTIs)	信息技术 自动识别和数据捕获技术 唯一标识符 可重复使用物流单元的唯一标识符
13	ISO/IEC 15459-6:2014	Information technology — Automatic identification and data capture techniques — Unique identification — Part 6: Groupings	信息技术 自动识别和数据捕获技术 唯一识别符 产品分组

续表

序号	标准号	英文名称	中文名称
14	ISO/IEC 15962:2013	Information technology — Radio frequency identification (RFID) for item management — Data protocol: data encoding rules and logical memory functions	信息技术 项目管理用射频识别(RFID) 数据协议-数据编码规则和逻辑存储功能
15	ISO/IEC 15963-1:2020	Information technology — Radio frequency identification for item management — Part 1: Unique identification for RF tags numbering systems	信息技术 项目管理的射频识别 第1部分：射频标签系统的唯一识别
16	ISO/IEC 15963-2:2020	Information technology — Radio frequency identification for item management — Part 2: Unique identification for RF tags registration procedures	信息技术 项目管理的射频识别 第2部分：射频标签的唯一标识的登记规程
17	ISO/IEC 17363-2007	Supply chain applications of RFID - Freight containers	RFID的供应链应用 货运集装箱
18	ISO/IEC 29161:2016	Information technology — Data structure — Unique identification for the Internet of Things	信息技术 数据结构 物联网的独特识别
19	ISO/IEC TR 29162:2012	Information technology — Guidelines for using data structures in AIDC media	信息技术 自动识别和数据采集(AIDC) 媒体用数据结构指南
20	ISO/IEC 29168-1: 2011	Information technology — Open systems interconnection — Part 1: Object identifier resolution system	信息技术 开放系统互连 第1部分：对象标识符解析系统
21	ISO 26324-2012	Information and documentation — Digital object identifier system	信息和文献 数字对象标识系统
22	ISO/IEC 9834-8:2014	Information technology — Procedures for the operation of object identifier registration authorities — Part 8: Generation of universally unique identifiers (UUIDs) and their use in object identifiers	信息技术 对象标识符登记当局的操作程序 第8部分：通用唯一标识符的生成及其在对象标识符中的使用

2. IEC

IEC 下辖 IEC TC3 工作组，IEC TC3 主要负责文献、图形符号和技术信息表示领域的标准化工作，包括机器感知信息表示的规则、原则和方法，以及人对信息的感性表征的规则、原则和方法。IEC TC65 主要负责研制工业过程测量和控制系统与元件的相关标准，协调影响测量或控制系统匹配的有关元件的标准化工作。

2006 年，IEC 发布 IEC 61987-1《工业过程测量和控制 处理设备目录中的数据结构和元素 第 1 部分：带模拟量和数字量输出的测量设备》。该标准适用于产品制造商提供的过程测量设备目录的编制，帮助用户制定其要求，同时作为未来所有与过程测量设备目录有关标准的参考文件。

2017 年，IEC 发布 IEC 61360-1《带有关联分类方案的标准数据元类型 第 1 部分：定义、原则和方法》。该标准规定了特性和相关属性的定义原则，以及从各领域中建立分类层次结构的原则。表 2-3 列出了部分 IEC 标准。

表 2-3 部分 IEC 标准

序号	标准号	英文名称	中文名称
1	IEC 61360-1:2017	Standard data element types with associated classification scheme — Part 1: Definitions - Principles and methods	带有关联分类方案的标准数据元类型 第 1 部分：定义、原则和方法
2	IEC 61360-2:2012	Standard data element types with associated classification scheme for electric components — Part 2: EXPRESS dictionary schema	电气元器件的标准数据元素类型和相关分类模式 第 2 部分：EXPRESS 字典模式
3	IEC 61360-6:2016	Standard data element types with associated classification scheme for electric components — Part 6: IEC Common Data Dictionary (IEC CDD) quality guidelines	电子元器件标准数据元素类型和相关分类模式 第 6 部分：IEC 通用数据字典(IEC CDD)质量指南
4	IEC 61987-1:2006	Industrial-process measurement and control — Data structures and elements in process equipment catalogues — Part 1:Measuring equipment with analogue and digital output	工业过程测量和控制 处理设备目录中的数据结构和元素 第 1 部分：带模拟量和数字量输出的测量设备
5	IEC 61987-11:2012	Industrial-Process Measurement and Control — Data Structures and Elements in Process Equipment Catalogues — Part 11: List of Properties (LOP) for Measuring Equipment for electronic data exchange — generic structures	工业过程测量与控制 过程设备目录的数据结构和元素 第 11 部分：电子数据交换用测量设备的属性列表(LOP) 基础结构
6	IEC 61987-15:2016	Industrial-process measurement and control — Data structures and elements in process equipment catalogues — Part 15: Lists of properties (LOPs) for level measuring equipment for electronic data exchange	工业过程测量和控制 过程设备目录中的数据结构和元素 第 15 部分：电子数据交换电平测量装置的属性目录(LOP)

3. ITU

ITU-T SG17 负责网络安全架构、数字身份安全管理、物联网应用等安全标准的制定，旨在提高网络安全性。ITU-T SG20 负责物联网和智慧城市标准的制定，包括架构、安全、互操作性等，旨在提高城市智能化水平。

2013 年 9 月，ITU 发布 ITU-T X.1255 建议书《发现身份管理的信息框架》。该建议书支持提供开放架构框架，包括数字实体模型、数据接口协议、标识注册和解析系统，以及元数据注册表等。

2017 年 9 月，ITU 发布 ITU-T Y.4805《智慧城市应用中互操作性对标识服务的需求》。该标准规定了智慧城市应用中标识服务的系列需求，以确保应用是可互操作和安全的。标准中的需求也可以作为智慧城市领域开发新标识服务的指导原则，包括服务完整性、数据保密性等特征。

2020 年 1 月，ITU 发布 ITU-T X.4459 建议书《物联网互操作的数字实体架构》。该建议书规定了面向信息的服务体系框架，包括数字对象标识注册、发现、解析和传播机制，旨在促进跨域数据的共享。表 2-4 列出了部分标准。

表 2-4　ITU 部分标准

序号	标准号	英文名称	中文名称
1	ITU-TY.4459(2020)	Digital entity architecture framework for Internet of things interoperability	物联网互操作的数字实体架构
2	ITU-TX.1255(2013)	Framework for discovery of identity management information	身份管理信息发现框架
3	ITU-TX.4405(2017)	Identifier service requirements for the interoperability of smart city applications	智慧城市应用的互操作性对标识服务的需求
4	ITU-TY.4462(2020)	Requirements and functional architecture of open IoT identity correlation service	开放式物联网身份关联服务的需求和功能架构

4. W3C

W3C（万维网联盟）是 Web 技术领域最具权威和影响力的国际中立性技术标准机构，其下设分布式标识工作组起草了《分布式标识规范》《分布式标识数据模型和语法》《分布式标识应用案例》等标准，凭证社区工作组起草了《分布式标识符解析规范》《可验证数据凭证模型》等标准，旨在基于区块链技术实现标识的分布式管理和数字身份的安全可控。表 2-5 列出了部分标准。

表 2-5　W3C 部分标准

序号	英文名称	中文名称
1	Use Cases and Requirements for Decentralized Identifiers	分布式标识符的用例和需求
2	Decentralized Identifiers	分布式标识符
3	Decentralized Identifier Resolution	分布式标识符的解析
4	Verifiable Credentials Data Model	可验证数据模型

5. IETF

IETF 下辖 IETF DETNET、IETF LPWAN、IETF LISP 和 IETF NWG 四个工作组，主要开展工业互联网标识数据查询格式、安全、标识映射、域名映射、数据托管、数据采集、数据标签等方面的标准研制工作。

2003 年 11 月，IETF 发布 RFC3650、RFC3651 和 RFC3652，提供了 Handle 系统概述，包括名称空间、服务体系架构等。2018 年，IETF 推进工业互联网标识解析相关技术草案的讨论，旨在推动工业互联网标识解析发展；2020 年，IETF 推进制定分布式标识在 DNS 中应用的草案，旨在发展分布式标识在 DNS 中的应用。表 2-6 列出了部分标准。

表 2-6　IETF 部分标准

序号	标准号	英文名称	中文名称
1	RFC 3061	A URN Namespace of Object Identifiers	对象标识符的 URN 名称空间
2	RFC 3151	A URN Namespace for Public Identifiers	用于公共标识符的 URN 名称空间
3	RFC 6374	Synonymous Flow Labels	同义流标签
4	RFC 7968	Transparent Interconnection of Lots of Links (TRILL): Using Data Labels for Tree Selection for Multi-Destination Data	大量链接的透明互连(TRILL)：使用数据标签选择多目标数据的树

续表

序号	标准号	英文名称	中文名称
5	RFC 3650	Handle System Overview	Handle 系统概述
6	RFC 3651	Handle System Namespace and Service Definition	Handle 系统命名空间和服务定义
7	制定中	Finding the Authoritative Registration Data Service	查找权威的注册数据服务
8	制定中	HTTP Usage in the Industrial Internet Identifier Data Access Protocol	HTTP 在工业互联网标识符数据访问协议中的使用
9	制定中	Industrial Internet Identifier Data Access Protocol (IIIDAP) Query Format	工业互联网标识符数据访问协议(IIIDAP)查询格式
10	制定中	JSON Responses for the Industrial Internet Identifier Data Access Protocol (IIIDAP)	工业互联网标识符数据访问协议(IIIDAP)的 JSON 响应
11	制定中	Security Services for the Industrial Internet Identifier Data Access Protocol (IIIDAP)	工业互联网标识符数据访问协议(IIIDAP)的安全服务
12	制定中	Extensible Provisioning Protocol (EPP) Industrial Internet Identifier Mapping	可扩展供应协议(EPP)工业互联网标识符映射
13	制定中	Industrial Internet Identifier Data Escrow Interface	工业互联网标识符数据托管接口
14	制定中	The Decentralized Identifier (DID) in the DNS	DNS 中的分布式标识符(DID)
15	制定中	Uniform Resource Names for Device Identifiers	设备标识符的统一资源名称

2.4.2 国内标准化工作现状

国内从国家、行业、地方、团体和企业 5 个层面开展标准化工作，其中国家标准制修订工作主要集中在全国物品编码标准化技术委员会（SAC/TC287）、全国信息技术标准化技术委员会（SAC/TC28）、全国通信标准化技术委员会（SAC/TC485）、全国信息安全标准化技术委员会（SAC/TC260）、全国物流信息管理标准化技术委员会（SAC/TC267）、全国工业过程测量控制和自动化标准化技术委员会（SAC/TC124）、全国防伪标准化技术委员会（SAC/TC218）、全国自动化系统与集成标准化技术委员会（SAC/TC159）等。行业和团体标准制修订工作主要集中在中国通信标准化协会（CCSA）。

1. TC485

全国通信标准化技术委员会（TC485）主要侧重于通信网络、系统和设备的性能要求、通信基本协议和相关测试方法等方面的标准化工作。当前 TC485 针对编码、智能终端、物联网、信息系统交互等方面制定了相关国家标准，表 2-7 列出了部分标准。

表 2-7 TC485 部分标准

序号	标准号	中文名称
1	GB/T 33739—2017	基于 13.56MHz 和 2.45GHz 双频技术的非接触式读写器射频接口测试方法
2	GB/T 33742—2017	基于 13.56MHz 和 2.45GHz 双频技术的非接触式读写器射频接口技术要求
3	GB/T 34079.1—2021	基于云计算的电子政务公共平台服务规范 第 1 部分：服务分类与编码
4	GB/T 36625.3—2021	智慧城市 数据融合 第 3 部分：数据采集规范
5	GB/T 36625.4—2021	智慧城市 数据融合 第 4 部分：开放共享要求

续表

序号	标准号	中文名称
6	20152347-T-339	智慧城市 跨系统交互 第2部分：技术要求及测试规范
7	20152348-T-339	智慧城市 跨系统交互 第1部分：总体框架
8	20152345-T-339	智慧城市 跨系统交互 第3部分：接口协议及测试规范
9	20161685-T-339	物联网 网关 第2部分：面向公共电信网接入的网关技术要求
10	20160063-T-339	智能终端内容过滤技术要求
11	20170054-T-339	智能制造 标识解析体系要求
12	20213190-T-339	中文域名解析技术要求
13	20213193-T-339	中文域名编码技术要求
14	20214466-T-339	工业互联网企业网络安全 第3部分：标识解析企业防护要求

2. TC28

全国信息技术标准化技术委员会（TC28）主要侧重于信息采集、表示、处理、传输、交换、表述、管理、组织、存储和检索的系统与工具的规范、设计及研制等领域的标准化工作，主要对口 ISO/IEC JTC1。

全国信息技术标准化技术委员会物联网分技术委员会（TC28/SC41）主要负责物联网体系架构、术语、数据处理、互操作、传感器网络、测试与评估等物联网基础和共性技术，表 2-8 列出了部分标准。

表 2-8 TC28 部分标准

序号	标准号	中文名称
1	GB/T 38633—2020	信息技术 大数据 系统运维和管理功能要求
2	GB/T 30269.809—2020	信息技术 传感器网络 第809部分：测试：基于IP的无线传感器网络网络层协议一致性测试
3	GB/T 26231—2010	信息技术 开放系统互连 OID 的国家编号体系和注册规程
4	GB/T 30269.501—2014	信息技术 传感器网络 第501部分：标识：传感节点标识符编制规则
5	GB/T 33848.1—2017	信息技术 射频识别 第1部分：参考结构和标准化参数定义
6	SJ/T 11651—2016	离散制造业生产管理用射频识别读写设备管理接口规范
7	GB/T 35299—2017	信息技术 开放系统互连 对象标识符解析系统规范
8	GB/T 16656.203—1997	工业自动化系统与集成产品数据的表达与交换 第203部分：应用协议：配置控制设计
9	GB/T 34047—2017	制造过程物联信息集成中间件平台参考体系
10	GB/T 16656.32—1999	工业自动化系统与集成 产品数据的表达与交换 第32部分：一致性测试方法论与框架：对测试实验室和客户的要求
11	2016-0413T-SJ	供应链二维码追溯系统数据接口要求
12	2016-0412T-SJ	供应链二维码追溯系统数据格式要求

3. TC287

全国物品编码标准化技术委员会（TC287）主要侧重于商品、产品、服务、资产、物资等物品的分类编码、标识编码和属性编码、物品品种编码、单件物品编码及物品编码相关载体等方面的标准化工作。

当前 TC287 针对物品编码、物联网标识、Ecode 标识体系的注册、解析等制定了相关国家标准，表 2-9 列出了部分标准。

表 2-9 TC287 部分标准

序号	标准号	中文名称
1	GB/T 31866—2015	物联网标识体系 物品编码 Ecode
2	GB/T 32007—2015	汽车零部件统一编码与标识
3	GB/T 36605—2018	物联网标识体系 Ecode 解析规范
4	GB/T 35422—2017	物联网标识体系 Ecode 的注册与管理
5	GB/T 35420—2017	物联网标识体系 Ecode 在二维码中的存储
6	GB/T 38663—2020	物联网标识体系 Ecode 标识体系中间件规范
7	GB/T 38606—2020	物联网标识体系 数据内容标识符
8	GB/T 38656—2020	特种设备物联网系统数据交换技术规范
9	GB/T 38700—2020	特种设备追溯系统数据元
10	GB/T 35403.1—2017	国家物品编码与基础信息通用规范 第 1 部分：总体框架
11	GB/T 35403.3—2018	国家物品编码与基础信息通用规范 第 3 部分：生产资料
12	GB/T 37004—2018	国家物品编码通用导则
13	GB/T 37056—2018	物品编码术语

4. TC260

全国信息安全标准化技术委员会（TC260）主要侧重于信息安全标准化工作，对口 ISO/IEC/JTC1/SC27。当前 TC260 针对域名标识安全制定了 GB/T 33134—2016《信息安全技术 公共域名服务系统安全要求》、GB/T 33562—2017《信息安全技术 安全域名系统实施指南》等国家标准。

5. TC267

全国物流信息管理标准化技术委员会（TC267）主要侧重于物流信息基础、物流信息系统、物流信息安全、物流信息应用等方面的标准化工作。当前 TC267 针对标识编码、数据交互模型和交互接口等制定了相关国家标准，表 2-10 列出了部分标准。

表 2-10 TC267 部分标准

序号	标准号	中文名称
1	GB 12904—2008	商品条码 零售商品编码与条码表示
2	GB/T 16986—2009	商品条码 应用标识符
3	GB/T 23833—2009	商品条码 资产编码与条码表示

续表

序号	标准号	中文名称
4	GB/T 33993—2017	商品二维码
5	GB/T 31865—2015	基于 ebXML 的运输路线指令
6	GB/T 31876—2015	基于 ebXML 的销售数据报告
7	GB/Z 19257—2003	供应链数据传输与交换
8	GB/T 37029—2018	食品追溯 信息记录要求
9	20182113-T-469	电子商务交易平台追溯数据接口技术要求
10	20182116-T-469	电子商务中药产品可追溯性评价要求

6. TC124

全国工业过程测量控制和自动化标准化技术委员会（TC124）主要侧重于全国工业过程测量和控制（工业自动化仪表）等专业领域的标准化工作，制定了 GB/T 33901—2017《工业物联网仪表身份标识协议》、20173704-T-604《智能制造 系统架构》、20173981-T-604《智能仪器仪表的数据描述 属性数据库通用要求》等标准。

7. TC218

全国防伪标准化技术委员会（TC218）主要侧重于全国防伪等专业领域的标准化工作，制定了 GB/T 34062—2017《防伪溯源编码技术条件》、GB/T 38566—2020《军民通用资源 信息代码的安全转换与防伪技术规范》等标准。

8. TC218

全国自动化系统与集成标准化技术委员会（TC159）主要侧重于面向产品设计、采购、制造和运输、支持、维护、销售过程及相关服务的自动化系统与集成领域的标准化工作。当前 TC259 针对射频识别、工业系统数据管理制定了 GB/T 32829—2016《装备检维修过程射频识别技术应用规范》、GB/T 32830.1—2016《装备制造业 制造过程射频识别 第 1 部分：电子标签技术要求及应用规范》、GB/T 19114.1—2003《工业自动化系统与集成 工业制造管理数据 第 1 部分：综述》等标准。

9. CCSA

中国通信标准化协会（CCSA）主要侧重于信息通信技术领域行标和国标的制定，下设互联网与应用、网络管理与运营支撑、物联网等标准技术工作委员会、工业互联网等特设任务组及标准推进工作委员会。当前 CCSA 针对域名、信息交互、二维码识读、数据搜索、解析服务器等制定了相关行业标准，表 2-11 列出了部分标准。

表 2-11 CCSA 部分标准

序号	标准号	中文名称
1	YDB 145—2014	智慧城市信息交互技术要求
2	YD/T 3238—2017	域名注册数据存储技术要求
3	YD/T 3237—2017	域名注册系统服务水平要求

续表

序号	标准号	中文名称
4	YD/T 2924—2015	移动分组核心网 DNS 域名服务器设备测试方法
5	YD/T 2907—2015	基于域名系统（DNS）的网站可信标识服务应用技术要求
6	YD/T 2644—2013	域名注册协议的传输技术要求
7	YD/T 2586—2013	域名服务系统安全扩展（DNSSec）协议和实现要求
8	YD/T 2420—2012	域名注册协议域名供应技术要求
9	YD/T 2332—2011	移动网络二维码识读业务技术要求
10	YD/T 2270—2011	基于关键词的互联网寻址解析技术要求
11	YD/T 2136—2010	域名系统授权体系技术要求
12	YD/T 2028—2009	基于关键词的互联网寻址总体技术要求
13	YD/T 2923—2015	移动分组核心网 DNS 域名服务器设备技术要求
14	YD/T 2421—2012	域名注册协议主机供应技术要求
15	YD/T 2143—2010	基于国际多语种域名体系的中文域名的编码处理规范
16	YD/T 2141—2010	WAP 中无线域名系统的技术要求
17	YD/T 2139—2010	IPv6 网络域名服务器技术要求
18	YD/T 2138—2010	域名系统权威服务器运行技术要求
19	YD/T 2137—2010	域名系统递归服务器运行技术要求
20	YD/T 2135—2010	域名系统运行总体技术要求
21	2009-1683T-SJ	基于互联网的射频识别标签信息查询与发现服务

2.5 工业互联网标识的工作原理

为满足工业互联网的要求，多项关键技术可为工业互联网标识解析体系提供技术支持，包括标识方案、标识分配机制、注册机制、解析机制、数据管理机制与安全防护方案等。然而，工业互联网标识解析体系尚不成熟，部分关键技术有待进一步研究。

根据该领域服务需求与研究现状，本节将着重对编码方案、解析机制与安全防护 3 个方面进行介绍，并对其支撑作用进行讨论。

1. 编码方案

工业互联网标识通过定义编码格式对工业生产中的人、物、料、工业设备进行唯一、无歧义命名，为感知物理世界、信息检索提供支持，助力开展各类相关应用。

现有编码方案分为层次化标识与扁平标识两种。

● 层次化标识往往由多个包含语义信息的字符串级联而成，具备全局性、可记忆性，但缺乏安全性，如域名方案。层次化标识自动支持内容分配、多播、移动性等，并且可充分利用长尾效应，实现请求聚合，从而减轻路由器负担。然而，层次化标识的语义性在一定程度上限制了标识的生命周期。例如，现存的多个方案将资源所有者信息纳入其层次化标识，导致资源所有者更改时该标识失效。

- 扁平标识通常通过散列运算得到，由一系列无规律的数字或字符串组成，具备全局性、安全性，但缺乏语义信息。扁平标识具有较好的稳定性与唯一性，支持自我认证，且相对于层次化变长标识，该方案利用散列运算结果，其标识往往具有固定长度，在条目匹配时查询速度更快。扁平标识的缺陷在于命名空间有界，且难以实现名称聚合，映射表规模较大，从而制约可扩展性。此外，扁平标识不具有可读性，不利于获取其背后的信息，且资源内容改变或散列算法升级均会导致原标识失效，进而影响内容的检索与查询。

2. 解析机制

解析机制负责定义资源的检索过程。根据解析架构的不同，现有解析方案可分为层次解析与扁平解析。

- 层次解析采用树状结构，每个解析节点负责一个域。该结构简单，可扩展性强，利于部署；缺陷在于各节点权力不同，根节点权限最高，父节点权限高于子节点权限，父节点可屏蔽所有子节点服务。
- 扁平解析往往采用分布式散列表（distributed hash table，DHT）技术实现，各解析节点进行 P2P 组网，解析条目根据 DHT 算法存储检索。该架构中每个解析节点的管理权限相同，各解析节点无权篡改和丢弃其他节点的解析请求，避免解析服务被非法控制，便于构建分权、对等的解析生态。

扁平解析的效率显著低于层次解析，且其分布式解析架构不存在中心节点，不利于数据收集，难以对解析数据进行挖掘和分析。

3. 安全防护

安全防护负责解析过程中的隐私保护与安全保障，主要包括身份安全、数据安全与行为安全。

- 身份安全用于保证用户侧与服务侧身份真实性。
- 数据安全一方面用于保证大量数据在公共网络的传输过程中不被窃取与篡改，另一方面用于保证数据存储安全，即数据不被暴露。
- 行为安全通过各种访问控制技术保证对数据进行合法操作。

从标识主体与解析结果来看，DNS 服务僵硬，无法满足工业互联网的需求。OID、Ecode 这两种体系均依托 DNS 服务，虽然对其标识主体和解析结果做了扩充，但仍无法满足工业互联网差异化需求。相较之下，革新路径的体系服务更为灵活，支持用户自定义与环境描述，可以更好地运用在工业网络中。

从标识特点看，除 UID 外，其他体系均提供不定长编码，这意味着 UID 系统能对标识进行更快速的查询和匹配，但其有界命名空间将会成为发展的瓶颈。

从解析架构看，上述体系均采用层次结构，存在服务绑架风险，不过 Handle 在其顶层做了平行化处理，可解决部分层次结构的问题。

从安全防护方案看，Handle 体系的安全与隐私保护设计最为全面，该体系通过公私钥技术、质询响应协议等，可较好地实现身份安全、数据安全与行为安全。

本节将介绍 5 个典型体系，包括改良路径的 VAA、OID 与 Ecode 体系，以及革新路径的 Handle 与 UID 体系，每个体系分别从编码方案、解析机制、安全防护等方面的工作原理进行详细探讨。

2.5.1 VAA 标识技术原理

ISO/IEC 15459 标识体系是当今国际工业生产、产业供应链和物资处置领域普遍采用的标识体系。该标识体系由 ISO/IEC JTC1/SC31 制定，同时由该机构负责标识的分配与管理，适用于全球所有 ISO 成员国。该编码标识体系的现有注册机构为国际自动识别与移动技术协会。

2020 年 6 月 23 日，中国信息通信研究院向 AIM 递交的申请获得通过，并最终获得 ISO/IEC JTC1/SC31 的批准和授权，成为 ISO/IEC 15459 标识体系的国际发码机构，代码为 VAA。在此基础上，中国信息通信研究院参照 ISO/IEC 15459 相关标准，设计了 VAA 编码规则，并正式向全球分配标识编码，同时履行标识管理义务。

VAA 方案的设计目的是利用智能合约实现标识的分配、生成过程，同时借助去中心化的分布式账户或区块链技术存储数据，以保障信息的公开透明、可追溯性。

VAA 方案基于"星火·链网"区块链新型基础设施，提供了一种新的标识分配思路。与传统标识不同的是，VAA 方案融合了互联网域名、工业互联网标识等不同的编码结构与编码方案，将复杂的编码注册、分配等过程通过智能合约统一实现并服务于大众。

下面从 VAA 的编码方案、解析机制、安全防护等方面对 VAA 标识技术进行介绍。

1. 编码方案

VAA 的基本编码结构如图 2-5 所示。

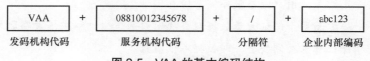

图 2-5 VAA 的基本编码结构

让我们看一个基于 VAA 基本编码结构的 VAA 编码示例：VAA08810012345678/abc123。其中，VAA 为发码机构代码，08810012345678 为服务机构代码（088 为国家代码，100 为行业代码，12345678 为企业代码），abc123 为企业内部编码。服务机构代码和企业内部编码之间由分隔符"/"分开。

行业可以根据实际需要设计企业代码长度，总体编码长度越短越好。具体编码结构说明如表 2-12 所示。

2.5 工业互联网标识的工作原理

表 2-12 VAA 编码结构说明

代码段		长度	数据类型	说明
发码机构代码		3 位	VAA（固定）	由 ISO 授权中国信通院，代码为"VAA"
服务机构代码	国家代码	3 位	A～Z、0～9	原则上采用 3 位定长，不足位时采用前置补 0 方式。国家代码需要遵从标识发码机构的相关要求，其中 80～89、156 等预留给中国
	行业代码	3 位	A～Z、0～9	由 VAA 标识注册管理机构分配
	企业代码	小于或等于 20 位	A～Z、0～9	由获得行业代码的机构分配
企业内部编码		不定长	A～Z、a～z、0～9、*、+、-、/、(、)、!	由企业定义

根据标识应用场景，VAA 标识编码暂定 5 种形式，具体见表 2-13。

表 2-13 VAA 标识编码的 5 种形式

编号	形式	应用场景
格式 1	VAA08810012345678/abc123	较严格地遵从 ISO/IEC 15459 标准编码格式的要求
格式 2	(DI)VAA08810012345678/abc123	遵循 ISO/IEC 15418 编码格式的要求
格式 3	二进制形式	VAA 标识编码的二进制形式，适宜存储在 RFID 等载体中，VAA 基本编码格式与二进制格式之间的转换需要遵从相应载体的要求
格式 4	URP://88.100.12345678/abc123	URI 格式，采用 VAA 的 URP 解析机制，可直接存储于二维码，以条码和 RFID 等为载体时，可能需要进行变换
格式 5	http://公司网址/88.100.12345678/abc123	URI 格式，采用 DNS 解析机制，可直接存储于二维码，以条码和 RFID 等为载体时，可能需要进行变换

原则上，VAA 的 5 种编码形式都可在全球使用，相互之间可映射转化。

- 格式 1 为基本编码结构的形式，应尽量遵从 ISO/IEC 15459 标准编码格式的要求。
- 格式 2 中的 DI 是指数据标识符（data identifier），国际上由数据标识符管理委员会（Data Identifier Maintenance Committee，DIMC）维护，主要用于表示标识编码的应用场景。例如，9N 表示欧洲药品编码，25S 是追溯领域的单品标识，15N 是工业互联网标识专属数据标识符。建议企业使用 15N 作为 VAA 数据标识符，如需要使用其他数据标识符，请参考 ANS MH10.8.2—2016。
- 格式 3 是 VAA 标识编码的二进制形式，适宜存储在 RFID 等载体中。
- 格式 4 和格式 5 为 URI 编码格式。建议优先选格式 4，不同格式的标识编码形态之间可相互映射、转化，企业可根据自身需要选择所使用的格式。

2. 解析机制

工业互联网标识编码在一定范围内应具有唯一性，以便毫无歧义地区分和识别相应范围内不同的标识对象，保证标识编码能够被精确识别、快速定位。因此，每个 VAA 编码都应该是唯一的，不同的产品或服务不会共享相同的编码。同时，VAA 编码是全球性的，可以在国际范围内识别和使用。

根据 VAA 编码的唯一性及编码结构，VAA 编码解析过程描述如下：

- VAA 编码可以通过手动输入、扫描条形码或二维码等方式获取。
- 解析引擎根据 VAA 编码的唯一性及编码结构，将编码分割为不同的部分。
- 国家/地区代码解析器将国家/地区代码映射到具体的地理位置，以识别国家/地区代码，进一步确定 VAA 编码所属的地理位置。
- 组织/企业代码解析器将组织/企业代码映射到特定的组织或企业信息，以识别组织/企业代码，进一步确定 VAA 编码所属的具体组织或企业。
- 产品/服务代码解析器连接到相应的产品或服务数据库，将产品/服务代码映射到具体的产品或服务信息，以识别产品/服务代码，进一步确定 VAA 编码所标识的具体产品或服务。
- 解析后的 VAA 编码可以用于查询相关信息，比如产品的制造商、生产地点、产品类型等；可以支持多种查询方式，包括基于 Web 的查询界面、API 接口等。

3. 安全防护

确保 VAA 编码的安全性对于保护产品和服务的唯一标识符至关重要。以数字身份能力为基础的可信解析保障创新安全，中国信息通信研究院基于区块链技术，在 VAA 编码导则及解析机制的基础上打造了 VAA 可信解析追溯系统，以加强 VAA 编码的安全性，增加对产品和服务的安全防护级别。

VAA 可信解析追溯系统如图 2-6 所示，生产企业、稽查部门、打假部门、经销商、消费者等所有参与者产生的所有数据将进行加密处理以保护数据的机密性，所有数据传输采用加密通信协议。采用数字签名或哈希算法等技术对 VAA 编码进行签名或摘要，以确保编码的完整性和真实性。同时，建立定期安全审查制度，对系统进行渗透测试，模拟攻击行为，评估系统的安全性和抵抗能力。

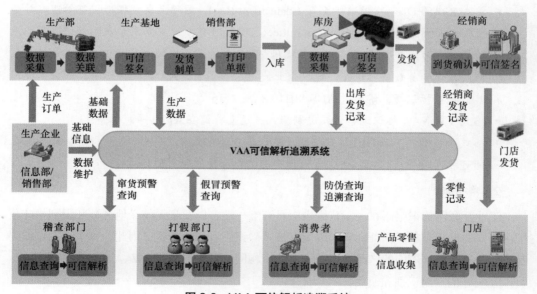

图 2-6　VAA 可信解析追溯系统

以下是 VAA 编码的主要安全防护技术。

- **加密传输**。在 VAA 编码的传输过程中，采用加密通信协议，如 SSL/TLS，以确保编码的安全传输，防止被中间人攻击截取或篡改。
- **访问控制**。建立严格的访问控制机制，限制对 VAA 编码系统的访问权限。同时使用身份验证和授权机制，确保只有经过授权的用户或系统可以访问 VAA 编码系统的相关功能和数据。
- **数据加密**。对存储在数据库中的 VAA 编码和相关信息进行加密，以防未经授权的访问者获取敏感数据。使用强大的加密算法和安全的密钥管理方案保护数据的机密性。
- **完整性保护**。采用数字签名或哈希算法等技术对 VAA 编码进行签名或摘要，以确保编码的完整性和真实性。在解析 VAA 编码时，验证签名或摘要，防止编码被篡改或伪造。
- **物理安全措施**。对存储 VAA 编码和相关数据的服务器与设备实施物理安全措施，如访问控制、监控和防盗系统等，以防止未经授权的物理访问。

2.5.2 Ecode 标识技术原理

Ecode 标识体系于 2011 年正式形成，是由我国物品编码中心自主研发的物联网编码方案。该体系由 Ecode 编码、数据标识、中间件、解析系统、信息查询和发现服务、安全机制等部分组成，是符合当前国情，并能够满足工业互联网发展需求的完整编码方案。该技术体系的提出对于物品标识解析实现自主可控有着很大帮助，对于促进我国物联网产业发展具有重大意义。

Ecode 标识体系作为我国自主提出的体系结构，在国内的工业企业应用中也具有较明显的优势，且已经广泛应用于我国工业生产的各个领域，并建立了一整套较为成熟的企业产品与装备信息识别和售后服务管理的运营体系。

截至目前，Ecode 编码注册量已超过 800 亿，在近 5000 家企业投入使用，并成为如今主流的标识之一。

下面从 Ecode 的编码方案、解析机制、安全防护等方面对 Ecode 标识技术进行介绍。

1. 编码方案

Ecode 编码为三段式结构，由版本（version，V）、编码体系标识（numbering system identifier，NSI）及主码（master data code，MD）三部分组成。

- V 用于区分 Ecode 编码所属版本，当编码所属版本不同时，编码长度不同。
- NSI 用于表示 Ecode 的注册体系，由编码管理机构统一分配，其长度由编码所属版本决定。
- MD 用于表示某体系管理机构为对象分配的具体代码，由管理机构自行定义及维护，其编码结构和长度由 NSI 决定。

再来看一个 Ecode 编码示例：30000163012345678l2。其中，V 为 3，表示某对象标识所属版本；NSI 为 00001，表示该对象标识体系代码号；MD 为 6301234567812，表示管理机构为该对象分配的具体编码，包含厂商识别代码、项目代码等信息。

编码中的 MD 部分包含厂商识别代码、项目代码等关键信息，当厂商、项目等信息发生变动时，就会出现原编码不可读现象，导致编码不具备永久性。

2. 解析机制

Ecode 编码的解析方式为迭代解析，其解析系统架构主要由编码体系解析服务器、编码数据结构解析服务器、主码解析服务器和应用客户端四部分组成，如图 2-7 所示。Ecode 解析系统通过 DNS 中不同类型的资源记录完成编码到域名的转换，提供解析服务。

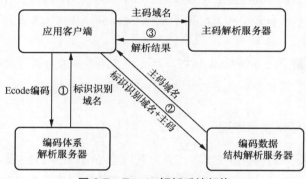

图 2-7　Ecode 解析系统架构

- **编码体系解析服务器**。负责处理客户端发送的 Ecode 编码解析请求。将 Ecode 编码进行分离处理，分为 V、NSI 及 MD 三部分，并基于具体转换规则，将 V、NSI 转换为标识识别域名，返回给客户端。
- **编码数据结构解析服务器**。负责处理客户端发送的标识识别域名转换请求。通过查询 NAPTR 资源记录，获取其对应主码域名转换规则，并基于转换规则，实现标识识别域名到主码域名的转换，最终将转换后的主码域名返回给客户端。
- **主码解析服务器**。负责处理客户端发送的主码域名解析请求。通过查询 A（或 AAAA）或 NAPTR 资源记录，获取主码域名对应的信息服务器地址，完成解析后，将结果返回给客户端。
- **应用客户端**。负责向三种服务器发送不同的解析请求，并接收解析结果。

3. 安全防护

Ecode 体系除使用传统安全技术与 DNS 防护方案外，其编码具备自认证功能，通过若干位校验码确保编码的准确性、完整性与真实性。

近年来，Ecode 安全防护方案逐步完善。2019 年 4 月，物品编码中心推出《物联网标识体系 Ecode 标识系统安全机制》标准征求意见稿，用来规定物联网标识体系中 Ecode 系统的一般要求、编码数据安全、鉴别与授权、访问控制、交互安全、安全评估和管理要求等内容。

2.5.3 OID 标识技术原理

ITU-T、ISO/IEC 组织联合推出了对象标识符 OID 体系，旨在为各类信息资源对象提供标识服务。2007 年，我国建立了 OID 注册中心，负责 1.2.156（ISO.member.china）和 2.16.156（ISO-ITU.china）两个分支的管理工作，并提供 OID 标识的注册、查询、管理和备案等服务。

OID 标识具有唯一性、兼容性及自主可控性等优势，已广泛应用于各个领域，例如物流运输领域、家用电器领域、监察管理领域等。从地域分布来看，OID 标识已在全球 202 个国家中使用，由各个国家自主进行管理，且目前在 OID 数据库中的标识注册量已破百万。

下面从 OID 的编码方案、解析机制、安全防护等方面对 OID 标识技术进行介绍。

1. 编码方案

OID 编码为树状的分层结构，无层数限制，编码的层次通过"."进行分隔。在 OID 树中，每一个标识分配机构可以对其分配的对象节点进行控制，并在该节点下建立子节点，从树根到标识对象节点间的所有节点，依次组合而成的字符串即为标识对象的 OID 编码。

OID 编码结构如图 2-8 所示。OID 编码主要由六部分组成，分别为国家 OID 节点、行业/管理机构码、第三方平台码、企业码、内部编码及对象标识码。其中，前四部分为注册主体编码，由企业向国家 OID 注册中心提交申请进行统一分配；后两部分由企业内部自主定义，内部编码可设计为产品类别、批次、流水线等重要信息，对象标识码为产品码。

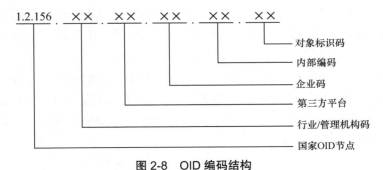

图 2-8 OID 编码结构

2. 解析机制

OID 编码的解析方式为递归解析，其解析系统架构主要由应用程序、ORS 客户端、DNS 客户端和 DNS 服务器四部分组成，如图 2-9 所示。OID 解析系统利用 DNS 中的 NAPTR 资源记录和 FQDN 完成解析，提供解析服务。

- **应用程序**。负责向 ORS 客户端发送解析请求，并接收 ORS 客户端返回的解析结果。
- **ORS 客户端**。负责与应用程序和 DNS 客户端通信。在接收应用程序发送的解析请求后，将其转换为 FQDN 格式，发送给 DNS 客户端，以获取匹配后的 NAPTR 资源记录。

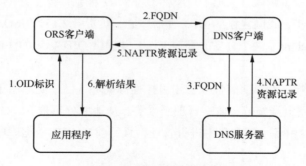

图 2-9　OID 解析系统架构

- **DNS 客户端**。负责接收 ORS 客户端发送的 FQDN 解析请求，并转发给 DNS 服务器，以获取匹配后的 NAPTR 资源记录。
- **DNS 服务器**。负责接收 DNS 客户端发送的 FQDN 解析请求。通过查询后，返回该 FQDN 匹配的 NAPTR 资源记录。

3. 安全防护

OID 体系的安全防护主要依托 DNS 的安全保障机制，ORS 客户端根据 ORS 请求中的安全标志决定 DNS 安全扩展（domain name system security extension，DNSSEC）是否使用，除此之外并无其他安全机制。

DNSSEC 是 IETF 提供的一系列 DNS 安全认证机制，通过散列运算和公钥技术形成信息摘要和数字签名，从而提供来源鉴定和信息完整性检验功能。当安全标志为 1 时，OID 解析过程支持 DNSSEC，要求 DNS 服务器对返回的 NAPTR 资源记录签名，若无签名，DNS 客户端将返回 ORS 客户端一个错误代码，并且没有任何信息返回应用程序。

OID 体系未提出额外的安全保障机制，仅允许用户有选择性地使用 DNSSEC 提供安全防护。该防护机制中的数字签名验证可保证解析参与者身份安全，信息摘要校验可保证数据不被篡改，但无法保证数据在传输过程中不被泄露，且该机制未提供行为安全防护，无法保证用户对数据操作的合法性。

2.5.4　Handle 标识技术原理

Handle 系统是由"互联网之父"罗伯特·卡恩博士带领其团队开发的一个用于分配、管理和解析互联网上数字对象和其他资源永久标识符的综合系统，目前由 DONA 基金会进行运营及管理。Handle 标识作为数字对象的唯一标识符，为数字对象提供永久标识、动态解析和安全管理等服务。

我国互联网中心（CNNIC）与 CNRI 进行合作，将 Handle 系统作为互联网资源的标识技术，合作建立 Handle-DNS 名字服务系统。我国国家图书馆将 Handle 标识作为全球数字资源唯一标识符，联合多家机构，实现了分布式数字资源的统一注册和管理的原型系统。

由于 Handle 标识具有很强的可扩展性和兼容性，自发明以来，就已受到各界人士关注，其可应用领域与日俱增，目前已经在制造业、车联网、产品溯源等领域中广泛应用。

下面从 Handle 的编码方案、解析机制、安全防护等方面对 Handle 标识技术进行介绍。

1. 编码方案

Handle 标识为层次化编码结构，采用前、后缀框架。每一条 Handle 标识都由两部分构成，分别为标识前缀（权威域）及标识后缀（本地命名空间），两部分编码均为 UTF-8 类型的字符串。标识前缀由企业向国家标识解析二级节点自行申请注册，标识后缀由企业内部自行定义。标识前缀和后缀之间用 ASCII 字符 "/"（0x2F）分隔。

Handle 标识结构的定义如下所示：

<Handle>::=<Prefix>"/"<Handle Local Name>。

标识前缀可由若干个子权威域组成，每个子权威域中间用 "." 隔开；标识后缀与前缀形式相同，可由企业自行定义，但需要保持所定义后缀的唯一性，以保证生成标识编码的唯一性。例如 Handle 标识编码 86.117.2/02010101030412230001，其中 86.117.2 表示其标识前缀（86 代表中国，117 代表青海，2 代表青海某企业编号），用于唯一标识企业主体；02010101030412230001 表示企业自行定义的标识后缀，代表该企业赋予某标识对象的具体编号，用于唯一定义该对象。

Handle 标识前缀与后缀为一对多的映射关系。每个 Handle 标识前缀都可管理多个后缀的接入，且每个前缀具有唯一性，一个后缀只能接入一个前缀中，生成的 Handle 标识即为标识前缀和标识后缀的组合，通过标识前缀+标识后缀结构就可以形成唯一的对象标识。企业通过赋予对象统一的标识能够形成信息共享的局面，便于对象的统一化管理。

2. 解析机制

Handle 标识的解析方式为迭代解析。

Handle 系统采用分层解析模式，包括全局注册服务（global handle registry，GHR）和本地注册服务（local handle server，LHS）两层。GHR 和 LHS 相同，均由多个服务站点组成。

- GHR 服务站点主要提供权威域的查询功能，拥有最高服务权限，不仅能够对所有的 Handle 标识进行注册及管理并提供相应的标识服务，而且能够为每一个 LHS 提供命名授权服务。
- LHS 服务站点主要提供本地命名空间的查询功能，负责管理本地服务范围内的所有 Handle 标识。

Handle 解析系统由 Handle 客户端、GHR 和 LHS 这三部分组成，如图 2-10 所示。

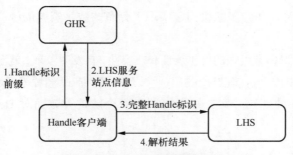

图 2-10 Handle 解析系统架构

- **Handle 客户端**。负责向 GHR 服务站点发送 Handle 前缀解析请求，并接收 GHR 返回的 LHS 服务站点信息；负责向 LHS 服务站点发送完整 Handle 标识解析请求，并接收 LHS 返回的解析结果。
- **GHR**。负责处理 Handle 客户端发送的 Handle 标识前缀解析请求。通过查询 GHR 服务站点中的 LHS 注册信息，获取该前缀对应的 LHS 服务站点信息，并返回 Handle 客户端。
- **LHS**。负责处理 Handle 客户端发送的完整 Handle 标识解析请求。通过查询该标识对应的 LHS 服务站点，获取标识所关联的结果值集，并返回 Handle 客户端。

3. 安全防护

Handle 体系不依托 DNS 服务，设计了一套全新的应用层解析系统与原生安全防护方案，其主要工作包含以下三部分。

（1）管理员与权限设计。Handle 体系为每个 Handle 标识设置一个或多个管理员，任何管理操作只能由拥有权限的 Handle 管理员执行，在响应任何 Handle 管理请求之前都需要对管理员进行身份验证与权限认证。Handle 管理员可拥有添加、删除或修改 Handle 值等权限。

（2）客户端身份安全与操作合法。客户端可发起解析和管理这两类请求，均需要进行客户端身份验证。若客户端发起解析请求，Handle 服务器则根据权限对客户端进行差异化解析；若客户端发起管理请求，Handle 系统则根据质询响应协议对客户端进行身份验证。质询响应流程（见图 2-11）具体如下。

- 客户端向 Handle 服务器发送一个管理请求。
- 服务器向客户端发送质询请求，对客户端进行身份验证。
- 客户端应答质询响应，并用其管理员私钥进行签名。
- 服务器验证其签名，保证客户端身份合法。若验证失败，则通知客户端；否则，服务器将进一步检查该管理员是否具有相应管理权限，若有相应权限，服务器执行该管理操作并向客户端报告成功，否则返回拒绝信息。

（3）服务器身份安全。客户端可以要求 Handle 服务器使用私钥对其响应进行签名，从而对服务器进行身份验证。

2.5 工业互联网标识的工作原理

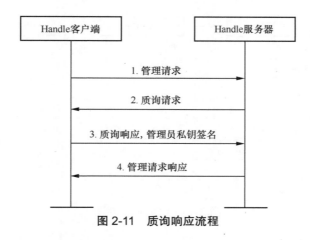

图 2-11 质询响应流程

此外，Handle 系统提供分布式数据管理能力，兼容分布式、集中式、云存储等不同存储方式，保证用户数据主权，具备比 DNS 更强的内容保护机制和抗攻击能力。Handle 系统定义权限认证机制，支持数据、访问权限、用户身份等自主管理，保证身份安全、数据安全与行为安全，具备较高的安全性与可靠性。

2.5.5 UID 标识技术原理

UID 是一种用于泛在计算的环境感知技术，支持对象及对象间关系描述。UID 中心于 2003 年在东京大学建立，得到了日本政府及企业的大力支持。

UID 通过泛在标识编码（ubiquitous code，UCode）标识客观实体、空间、地址、概念等物理或逻辑对象，并通过 UCode 关系模型为 UCode 间建立关联。UCode 关系模型由 UCode 关系单元组成，图 2-12 所示为 UCode 关系单元结构，每个 UCode 关系单元由主体 UCode、关系 UCode 和客体 UCode 这三部分组成，用于指明两个 UCode 或 UCode 与某未分配标识对象之间的关系。为描述多实体、复杂环境信息，UID 进一步将多个 UCode 关系单元拼接成 UCode 关系图，如图 2-13 所示。

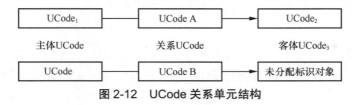

图 2-12 UCode 关系单元结构

1. 编码方案

UCode 为层次、固定长度编码，由一系列无意义数字串拼接而成，其基本长度为 128b（bit，也称为比特），并且支持长度扩展。UCode 编码长度可以扩展为 128 的整数倍，如 256b、384b、512b 等。UCode 命名空间采用分层结构进行管理，由顶级域和二级域两层组成。每个 UCode 编码由版本、顶级域代码、类代码、二级域代码和标识码 5 个字段组成，图 2-14 展示了 128 b UCode 的编码结构。

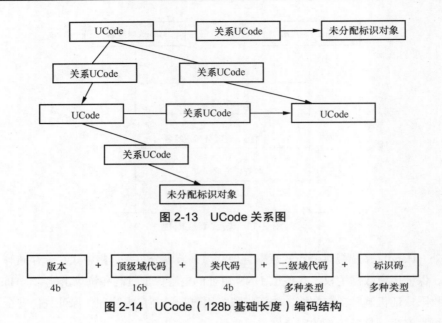

图 2-13 UCode 关系图

图 2-14 UCode（128b 基础长度）编码结构

其中：
- 版本占 4 位，用于指明 UCode 版本；
- 顶级域代码占 16 位，用于指明该 UCode 的顶级域管理者；
- 类代码占 4 位，其最高位用于指明该 UCode 是否对编码长度进行了扩展，后 3 位用于指明二级域代码和标识码之间的边界；二级域代码长度存在多种类型，由类代码指定，用于指明该 UCode 的二级域管理者，二级域管理者由顶级域管理者分配；标识码长度存在多种类型，由类代码指定，负责对对象进行唯一标识。

相比其他标识方案，UCode 标识主体多样，涉及实体、概念、地点、关系等对象，可满足工业场景多样化需求。而且，UCode 由一系列人类不可读的数字组成，更为安全。然而，UCode 并未提供兼容其他标识体系的方案，不具备兼容性。此外，UCode 采用固定长度编码方式，其命名空间受限，难以满足海量数据标识需求。

2. 解析机制

UCode 关系图用于描述多个对象间关系，存储于 UCode 关系数据库内。UCode 采用递归解析方式，其解析系统负责接收 UCode，并根据该编码在 UCode 关系数据库内检索 UCode 关系图，实现环境识别。UCode 解析系统的结构由 UCode 关系数据库节点、UCode 关系数据库前端、UCode 关系词汇引擎和 UCode 信息服务 4 个核心组件组成，如图 2-15 所示。

- **UCode 关系数据库前端**。该组件部署在 UCode 基础设施系统内，负责接收 UCode 编码解析请求，然后向分布式 UCode 关系数据库节点请求相关的 UCode 关系单元，并基于这些关系单元构建 UCode 关系图，之后基于 UCode 关系词汇引擎对该 UCode 环境信息进行描述。

2.5 工业互联网标识的工作原理

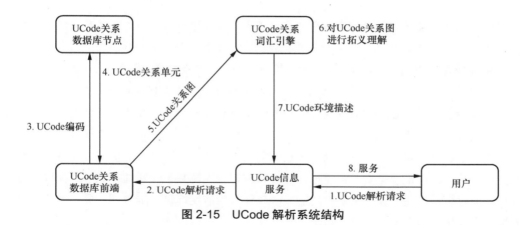

图 2-15　UCode 解析系统结构

- **UCode 关系数据库节点**。该组件部署在 UCode 基础设施系统内，是 UCode 关系数据库中的一个独立节点，负责参与 UCode 关系单元的分布式存储。
- **UCode 关系词汇引擎**。该组件部署在应用程序内，不同的应用程序拥有不同的 UCode 关系词汇引擎。该组件负责对 UCode 关系数据库前端生成的 UCode 关系图提供语义理解和搜索逻辑。例如，从 UCode 关系图中提取位置信息就是一种特定于应用程序的 UCode 关系词汇引擎。
- **UCode 信息服务**。该组件部署在应用程序内，根据 UCode 关系图的搜索结果为用户提供服务。

与其他解析方案不同，UCode 解析结果为所有相关环境信息，然后应用程序根据其特定需求和搜索逻辑在环境信息中筛选出需要的内容，对象描述更为全面。不过，该体系在解析过程中需要向多个分布式节点收集 UCode 关系单元，解析效率较低。

3．安全防护

除使用传统安全防护技术外，为满足不同应用对安全的差异化需求，UID 系统根据安全及隐私保护程度将安全功能从低到高划分为数据损坏探测功能、抗物理复制及伪造功能、接入控制功能、防篡改功能、支持与未知节点进行安全通信、支持基于时间的资源管理、支持内部程序和安全信息更新 7 个等级。

- **数据损坏探测功能**。如果 UCode 标签由于物理损坏或干扰等导致部分数据采集时数据缺失或损坏，UID 系统可以立刻检测到，以保证数据的准确性与完整性。
- **抗物理复制及伪造功能**。该功能保证 UCode 编码在物理上难以复制或伪造，实现数据安全。
- **接入控制功能**。该功能通过权限定义、接入控制等技术，禁止未经授权的第三方应用识别 UCode，同时禁止其访问 UCode 相关的环境信息、状态和方法，保证行为安全。
- **防篡改功能**。该功能负责将 UCode 的访问控制管理信息存储在标签内，且保证不能被非法读取或篡改，实现数据安全。

- **支持与未知节点进行安全通信**。该功能负责保证即使与未预先共享私钥的未知节点通信，也可以建立安全的数据交换通道，保证数据传输安全。
- **支持基于时间的资源管理**。该功能负责对数据、安全信息、操作等设置时间有效期，超出有效期后，所有相关的数据访问和操作都将停止，保证行为安全。
- **支持内部程序和安全信息更新**。该功能负责保证防护系统处于最佳状态，对软件进行定时更新和安装安全补丁。

该体系通过实现数据损坏探测、抗物理复制及伪造、防篡改、支持与未知节点进行安全通信等功能，保证数据安全；通过设计接入控制、支持基于时间的资源管理等保证行为安全。通过设计上述 7 项安全防护功能，UID 体系为应用提供了细粒度、灵活的安全保护方案，满足用户对安全的差异化需求。

2.6 小结

工业互联网标识解析体系是工业互联网网络架构重要的组成部分，既是支撑工业互联网网络互联互通的基础设施，也是实现工业互联网数据共享共用的核心关键。

本章内容为后续章节的内容提供了坚实的理论支撑。

第3章 工业互联网标识应用新模式

工业互联网技术的应用和发展，正在引发第四次工业革命浪潮，不断推动以智能化、网络化、服务化、个性化、数字化为特征的先进制造技术与制造模式的变革，促进制造业转型升级。

目前，智能化生产、网络化协同、服务化延伸、个性化定制和数字化管理是当前制造业关注与发展的重要方向，也是工业互联网应用的 5 个主要方向。

3.1 智能化生产

智能化生产是在生产、加工、运输、检测产品等环节中，通过扫描原材料、在制品、产品的标识编码，自动获取相关信息，从而实现更加高效、灵活、智能、精准的参数配置、设备操控、工艺关联、问题分析等应用。

3.1.1 生产工艺智能匹配

目前，就大部分实现工业自动化的行业而言，在其生产流程中，智能化生产设备的使用占比越来越高，但大多需要生产人员预先将各项生产参数设置好，并凭借经验做好调试，这对生产人员的工作经验提出了非常高的要求。

通过标识解析，可以在智能生产场景中实现生产工艺的智能匹配，降低生产过程中对生产人员经验的依赖，提升生产效率，实现标准化生产和防呆防错。

例如，在 PCB 的生产流程中，首先在同类型机台上对加工各类原材料所需设置的生产参数组合进行大量前置测试，得出标准化的生产参数组合后加以存储，最终生成数字化的作业指导书。生产人员上机台生产不再需要凭经验设置新原料的生产参数并花费 1～2h 进行调测，仅需要通过机台设备自带的扫码设备读取原材料标识，通过标识解析接入原材料（如覆盖膜）生产企业，自动获得 PI 厚度、离型纸厚度等信息后，再与数字化的作业指导书智能匹配形成推荐参数组合，15min 内即能完成调试并开始正式生产，从而降低生产过程中对工人经验的依赖，规避人员操作风险，有效提升生产过程的信息化管理和工艺标准化管理水平。

图 3-1 所示为裕申科技工艺参数智能管理场景。可以看出，裕申科技工艺参数智能管理场景支持本地机台对推荐参数进行优化，优化后的参数可上传至云端并作为对应机台的专用参数组合，后续再加工同类型材料时可以直接调用专用参数组合，为工业智能应用并实现自我学习、自我完善提供丰富的数据样本。

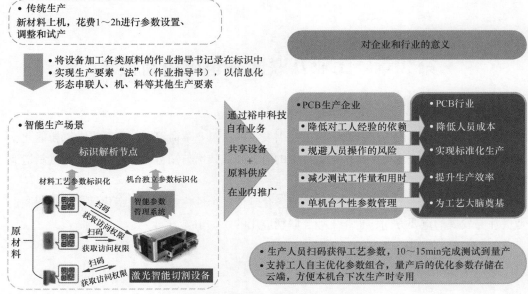

图 3-1 裕申科技工艺参数智能管理场景

总体来说，从试产到量产的时长从原来的 1～2 h 缩短至 15 min 左右，且用于测试的覆盖膜材料损耗量从原来平均每次耗费 12 500 cm²、10 片左右下降为 3750 cm² 以内、3 片以内（注：按常态每片覆盖膜面积 250 mm×500 mm 计算，1250 cm² 覆盖膜单价平均大约 1.8 元）。同时，良品率从原来的 96%提升到 98%。

此外，PCB 线路板行业在珠三角聚集的企业比较多，广州兴森快捷电路科技有限公司作为知名 PCB 制造企业，同样将标识应用在了生产过程中，在线路板品控追溯、工艺数据管理等方面做了许多基于标识的改进。

3.1.2 质量信息可信监造

我国制造业面临管理模式相对传统、产品质量对实操员依赖程度高、从配件到整机企业全流程信息不透明等问题，导致生产过程重复检测，产品质量难以全面管控，生产厂家与产品消费使用脱节，难以提供产品升级改造等延伸服务。

基于质量信息的可信监造充分发挥标识解析体系的作用，利用标识打通行业全链条制造监控，实现产品制造过程中各个环节异构、异主、异地信息交互，解决因信息孤岛而导致的行业链条不可控、不可管的问题，从而提升产品质量、客户满意度及市场表现。

铧禧科技把工业互联网标识作为全流程质量监控的"神经系统"，上下游企业通过标识解析二级节点，实现供应链管理与质量数据协同。图 3-2 所示是该公司产品的品质检验协同流程。

通过对企业生产的产品、上游的原配件进行赋码，并利用标识解析实现原料管控、设备监测、零部件监测、制造过程监测、品控监测、维护保养等全流程过程数据关联，从而形成产品多维度、透明化管控，建立相应的认证体系，不仅让不良品进不来，也让不良品出不去。消费者只要识别产品上的标识编码，通过标识解析，就可以从产品生产企业、上游零部件企业获取产品零部件检测、产品生产过程检测、产品出厂质量在线检测等质量检测信息，并提供质量反馈渠道，形成从生产到使用的质量监测闭环，打造可信制造生态体系，让消费者用得放心、用得安心。

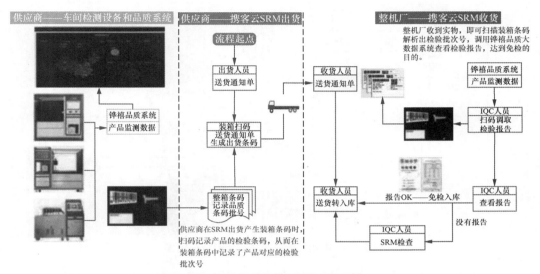

图 3-2　铧禧科技产品品质检验协同流程

总体来说，质量信息可信监造将产品生产产量提高 16%，产品合格率提高 23%，使得部门人员沟通效率提升 15%，为企业节省 12%的能源消耗。

3.1.3　生产物料智能管控

船舶制造行业的产业链条复杂、参与主体多、信息同步难、工人水平差异大、物资物料标准化程度低、上下游信息不对称，导致数据分散在不同环节、不同主体、不同位置，难以实现物料统一调度管理。

通过基于标识解析体系的智能化物料管控系统，面向行业及产业链上下游企业提供标识服务，实现追踪物料、物料量预警、库存量可视化等应用服务，同时提供更加稳定、灵活、高效、智能的优质数据服务。

中船黄埔在船东、设计、总装、供应、材料、物流、维保等不同环节部署"企业节点"，连通中船黄埔内部各系统与外部制造商的系统，采用编码统一管理的方式，为每艘船上游供应的设备、物料等赋予唯一标识，实现基础数据的公共管理，面向船东、船厂、质量监管机构提供统一的标识解析服务，并开放接口标准协议供其他企业调用，从而快速、准确地对船舶建造质量问题进行溯源，实现整船的智能化物料管控。

图 3-3 所示是中船黄埔的智能化物料管控流程。中船黄埔总装厂组装部门扫描舾装件上的编码标识，经标识解析体系接入外协厂的系统，以获取绞机、锚机、导览孔等备品、

备件的最新参数信息，并与库存的舾装件进行比对，避免由使用过时产品安装造成的返工损耗、反复沟通或操作不当等问题。

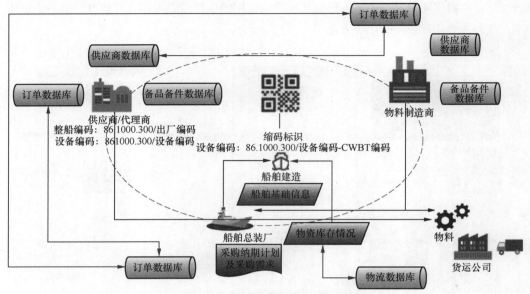

图 3-3　中船黄埔的智能化物料管控流程

总体来说，中船黄埔通过智能化物料管控将船舶的各重要零部件、工艺等赋予标识，通过数字化统一交付，实现无纸化非标件管理模式，节约 8000 人工时、4 名人工、约 40 万元/年人工成本。全年共节约 600 吨非标件实际用量，价值约 600 万元/年。平均为每家上游企业节约了 1 名信息记录员。

3.1.4　生产管理智能云化

传统工艺设置主要采用尝试法，经验依赖性强，产品稳定性差。在注塑行业，大部分企业依赖传统本地化部署的生产管理系统，生产过程中的数据收集、统计、存储难度大，现场异常情况无法预测和管控，工艺数据、质量数据、管理数据难以追溯。结合工业互联网标识解析和云服务技术，可有效实现资源整合和数据互通，开展大数据分析，完善企业管理，促进企业信息化转型及产业升级，降低开发成本，完善供需对接。

博创在注塑云化智能生产管理（云 MES）中，将标识与供应链系统结合，在供应商出货时对产品进行标识赋码，收货时通过扫码实现快速入货。博创还将标识与注塑机生产工序结合，博创的云 MES 用户可以为新订单赋予标识，并在生产过程中收集工单信息、原料信息、工艺参数、作业员及操作记录等信息。通过标识解析，企业可以实现生产进程监控和质量溯源，通过即时控制来降低不良率，并采用实时监控物料、实时看板的方式，帮助客户提高管控效率，监控机台的生产强度，引导计划保养，减少由故障维修导致的浪费。

截至 2021 年，接入 MES 系统的企业累计有 198 家，注塑机数量有 6198 台，对企业管理起到了很大的降本、增效、提质作用。以注塑车间 30 台设备为例，提升了设备综合利用率，效益如下：减少换模调机时间 30%，减少停机消息推送与看板监督损耗 50%，减少故障维修时间 12%，总体节省约 47 万元/年，减少工艺调试时间 50%。

3.2 网络化协同

网络化协同是在产品的工艺设计、生产加工、供应链等环节中，通过与标识解析体系建立信息关联，企业间可实时共享设计图纸、工艺参数、产能库存、物流运力等信息，实现设计与（外部）生产的联动、制造能力的在线共享和供应链的精准管理，并提供多样的创新应用模式。

3.2.1 供应链优化管理

在传统的供应链管理中，参与主体多、信息同步难、环节流程多、覆盖域广，企业间技术标准、规范、编码不统一，造成上下游企业间缺乏信息共享，供应链全流程数据难以监控，无法高效协同。通过标识解析连接机器、物料、人、信息系统，实现供应链相关数据的全面感知、动态传输、实时分析和优化管理，改善上、下游供应链关系，提高制造资源配置效率。

欣旺达在工业互联网平台的基础上，集成标识解析二级节点，为供应链上的各合作伙伴提供标准的企业接入服务。对供应链企业的物料及物料相关的供应商代码、物流单号、产品编号、票据信息等进行统一编码，下游企业通过扫描这些编码获取物料的相关信息，从而实现对不同企业、不同环节原材料、生产、运输、销售等关键环节数据的自动、安全采集，进而快速整合产品的信息流、资金流、商流、物流，实现四流合一，为企业提供高效、低成本的供应链协同管理服务，满足离散型生产模式运营效率、成本控制管理的需要。

图 3-4 所示为欣旺达供应链管理流程。该管理办法使得该公司供应链内各环节交易时间平均缩短 20%，且减少了采购管理人员投入，同时，供应商库存周转率提升 30%。

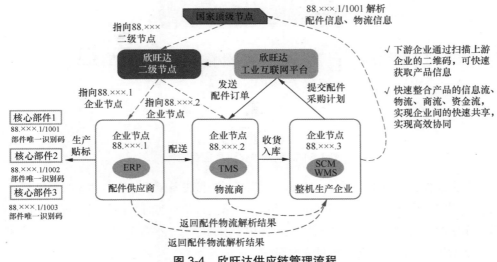

图 3-4 欣旺达供应链管理流程

3.2.2 网络化运营联动

近年来,我国城市运营车辆发展迅猛,与过去的单线、多线运营相比,城市运营车辆的管理面临管理服务对象多元、车辆运行环境复杂、安全防控态势严峻等问题。

网络化运营联动指在交通运输涉及的车辆运行、管理、服务等环节的各种前端智能终端设备中嵌入标识,实现对终端设备的管理和信息采集,实时监测人、车、路、环境的运行状态,并通过多种数据的关联分析挖掘,实现基于标识的客流信息追溯、车辆智能调度、主动安全防控、综合信息服务等数字化应用。

广州交信投科技股份有限公司的车辆网络化调度运营流程如图 3-5 所示。通过标识解析二级节点,在车载终端、视频监控、刷卡终端、手机终端、站台安全门、闸机等智能终端设备中嵌入工业互联网标识,为智能终端赋予数字身份,采用主动标识载体技术,定时向标识解析体系发送解析请求,通过终端设备标识,解析获取目标平台 IP 地址,从而向目标平台传输数据。智能终端可与多个目标平台连接,满足多目标平台的多源信息感知、综合运行调控等需求,有效提高交通运输企业、交通管理部门、应急指挥部门的管理效率和信息联动能力。

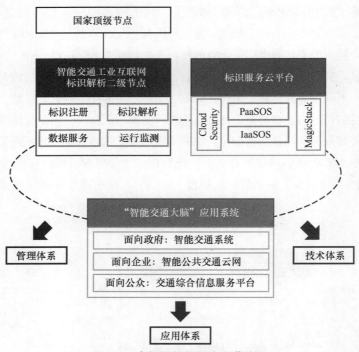

图 3-5 车辆网络化调度运营流程

广州交信投科技股份有限公司通过为车载视频监控设备赋予标识,并关联司机安全驾驶行为、司机健康状况、车身周围行车环境、道路运行状态实时监控数据,通过标识实现对营运车辆的实时数字化、可视化管理,实现"一张图、一个平台",为车辆运营综合管理、应急调度指挥、主动安全防控提供支撑服务。

综合应用基于标识解析的智能排班动态调度后，减少调度人工成本约 40%，配车数在 10 台及以上的线路，平均线路配车可节约 2/3 的车辆数。综合应用基于标识的车载视频监控主动安全防控，总体事故率预计可同比下降 27.36%，违章率预计可同比下降 22.79%。

3.3 服务化延伸

服务化延伸是在生产、物流、维修等环节，通过扫描产品的标识编码从上下游企业自动获取原材料、在制品和产品的相关信息，结合数据治理，实现产品追溯、预测性维护、备品备件管理等标识应用。

3.3.1 设备精细化管理

目前工业企业采用的大量设备未网络化，因此对设备的运行状态、健康指数、用能信息等情况缺乏详细数据，难以实现精准控制和管理。

在设备网络化改造过程中，可以基于标识解析实现各种智能化管理和服务，如电力行业，通过将发、输、变、储、用及交易等各个环节的设备进行联网和赋码，可以打通各环节的信息隔阂，实现精细化管理。

华润智慧能源有限公司基于标识解析体系开发灵犀智慧用能系统（见图 3-6），在用户用能关口安装采集设备且赋予标识，并关联设备采集的信息。企业用户通过扫描采集设备上的标识编码，经标识解析可以获取设备的状态信息、用能信息，实现用能费用的结算和用能设备的管理与维护。对于工业企业而言，智慧用能应用上线之后，通过自动识读，可减轻用能维护系统班组工作量，通过基于标识的批量线及自动派单、批量智能维护等模块，实现能源设备精细化、智慧化管理服务增值。

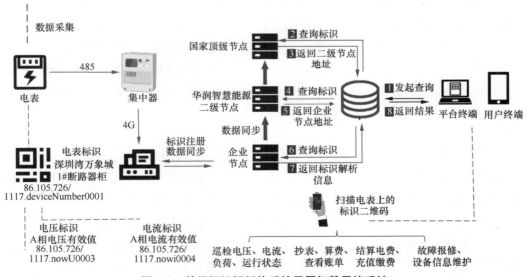

图 3-6 基于标识解析体系的灵犀智慧用能系统

总体来说，该系统通过定期线上巡查，检查各关键节点的设备状态和用能信息，在极大范围内代替原有的人工巡查工作。企业能源系统运维人员费用支出下降40%，能源系统导致的生产非计划停机时间减少30%左右。

3.3.2 产品追溯

传统的产品追溯缺乏统一标准和信息关联手段，影响不同企业间的产品信息交换与共享，数据孤岛普遍存在，难以满足日益复杂的企业管理需求。例如医药行业，药品种类繁多，经营方式多样，各经营主体间相对独立，信息脱节，药品安全事件频发，严重威胁消费者的身体健康和生命安全。通过赋予产品唯一标识精准记录产品全环节信息，通过解析系统实现跨主体信息互通，进而实现产品的正向、逆向或不定向追踪，达到来源可查、去向可追、责任可究的目的。

香雪制药通过激光打码对药品赋码，把原有的医药编码加入标识前缀做映射关联，与订单、生产流程进行绑定。药品检验合格后，医疗机构将药品检测信息与药品标识绑定，在药品出库时，将订单信息与药品标识绑定，消费者可以通过扫描药品标识获取这些信息来验证产品真伪，同时可以获取衍生服务，包括企业品牌、产品知识、用药常识、会员推广等一站式服务。

香雪制药已建立基于大数据、人工智能和物联网的香雪智慧中医体系，在广州、武汉、济南布局了三大智能物联中药配置中心，拥有自动数字煎药设备1000多台，自动实时接收医院电子处方信息，日产能最高达30万方剂。结合互联网医生小程序，产生线上处方，每张处方对应一个标识，并关联煎药流程、物流及贵重药材煎煮视频，病人可以通过处方上的标识了解煎药情况及物流进度，实现对"互联网+医疗健康"服务产生的数据进行全程留痕、可查询、可追溯，在满足行业监管需求的同时，提升消费者对互联网医疗的信任度。

广州白云山医药集团股份有限公司作为华南地区龙头企业，在2019年积极参与建设标识解析二级节点，在中成药的全生命周期管理、生产过程追溯等环节实现了标识的应用，并且将这些应用复制到集团旗下多个企业，为集团整体的数字化转型提供了有力的支撑。

总体来说，产品追溯可以提升医保监控、问题药品召回等监管能力，助力医疗机构实现透明化管理，提升管理效率；实现一体化服务，改善医患关系，促进医药行业质量追溯体系的建设和完善。

3.3.3 备品备件智能化管理

在传统的备品备件管理过程中，以人工维护纸质单据为主，参与人员多，且存在信息数据传递滞后、操作烦琐等弊端，直接导致备品备件出入库业务运转效率低下、系统库存与实际库存差异大等问题，很难快速、精准地管理备品备件。

备品备件智能化管理通过标识解析体系，打通备品备件采购、使用、仓储、使用、维修等数据通路，可以追溯从前期生产过程到售后服务各环节的信息，及时满足维保服务时发生的备件更换业务需求，具体流程如图3-7所示。

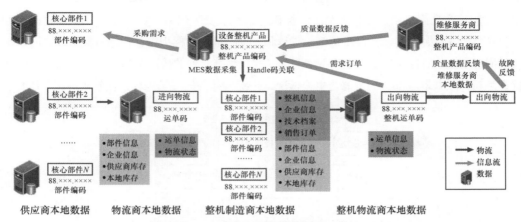

图 3-7 备品备件智能化管理流程

广智集团基于工业互联网标识解析体系构建装备制造行业服务平台，将核心零部件和对应备品备件进行统一赋码管理。出入库时，业务人员可直接扫描标识，对备品备件的出入库信息、库存信息等内容进行实时更新，并与备品备件供应商物资管理系统打通，实现物资调配协同。售后服务时，如果需要对零部件进行维修或备件更换，则可利用标识解析技术快速、精准确定备品备件信息（名称、图纸、型号规格等）及库存信息，实现即时对应，快速响应维护与更换需求。同时，将物料的流转和出入库信息实时更新到后台数据库，并对不同区域的备件仓和备件种类进行分析，进而快速分析出备品备件的合理库存数量和需求量，从而对库存成本进行预测，大幅降低物流费用和库存量，合理对备品备件进行库存管理，显著降低企业库存成本。

总体来说，备品备件智能化管理可以使领料时间从每单 30min 降低至每单 5min 以下，效率提升了 6 倍。备品备件的维护成本降低 20%，维护及时率提升 35%，售后满意度提升 20%，库存降低 10% 以上，对有时间周期限制的物料（如橡胶件、易老化品）进行先进先出的管理，库存周转率显著提升。

3.3.4 产品智能售后管理

在产品的售后管理服务过程中，存在终端消费者信息割裂，消费者端远离生产企业，消费信息沟通渠道落后等问题，导致生产厂商无法直接、有效地获取消费者的直接反馈，难以快速响应消费者的需求，无法对产品优化提供参考依据，降低了消费者对品牌的信任度。

产品智能售后管理是通过工业互联网标识解析体系将产品生产环节与售后环节的信息串联起来，在售后、使用、维修过程中提供在线验真、更换件查询、用户保障、售后质量统计等增值服务，有效组织生产资源，实现从卖产品到卖"产品+服务"业务模式的转变，提升产品品牌价值。

美的集团通过构建家电行业标识解析服务平台（见图 3-8），不仅打通了供应、生产环节，实现了零部件、产品全生命周期管理，更实现了终端用户使用信息、维修信息的有效触达。购买产品后,用户扫描产品唯一标识可以获取安装档案、购买记录、发票凭证、生产日期等电子保修信息。产品维修时,工程师现场扫描产品标识可以快速、准确地查询该设备的服务 BOM 信息及需要申请的备件明细,实现维修配件的快速调拨。供应商也可以通过标识解析体系获取零部件的维修与更换情况,跟踪零部件的市场表现,提升售后服务质量。

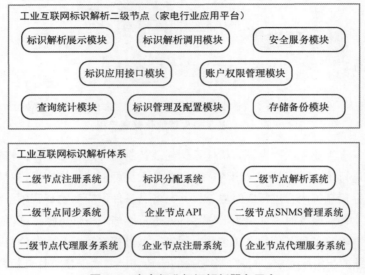

图 3-8 家电行业标识解析服务平台

总体来说,产品智能售后管理可以降低售后服务响应时间,提升用户满意度。用户可通过平台自助查询产品真伪,进而打击市场假冒产品。

3.4 个性化定制

个性化定制是在产品设计、生产加工、运输安装等环节,通过扫描订单标识获取个性化需求,按需动态匹配参数、资源和操作,将用户需求快速转化为生产排单,从而提升生产柔性,实现产销动态平衡,有效减小库存压力,提升产品价值,增加用户黏性。

3.4.1 企业个性化定制生产

随着定制需求的不断增长,上游供应链的采购变得越来越庞大和复杂,定制需求不一,生产企业通常需要调试设备,重新下料,制造新的样板,耗时、耗力,生产周期会加长,原材料利用率也会降低。

通过标识解析,企业可以实现个性化定制中物料的灵活调度、工艺的柔性关联,终端消费者可以通过标识获取产品全流程信息。企业个性化定制生产流程如图 3-9 所示。

例如,在定制家具的过程中,鑫兴需要与不同加工企业频繁沟通,通过电话、邮件、书面等方式沟通的效率低且容易出现差错,甚至会直接影响订单交付。通过实施标识解析,鑫兴将个性化现场测量尺寸、设计信息等写入订单,分配订单标识,将订单分发给合作加工企业。加工企业扫描订单标识，经标识解析接入鑫兴的系统获取详细设计要求，并自动与切割、剪裁等工序匹配完成智能生产。安装工人扫描订单标识，经标识解析接入加工企业获取订单信息、生产信息和组装信息，完成智能安装等任务。在实现智能生产和智能安装的基础上，可以灵活调配个性化订单需求，整体产业链协作效率提升30%以上。

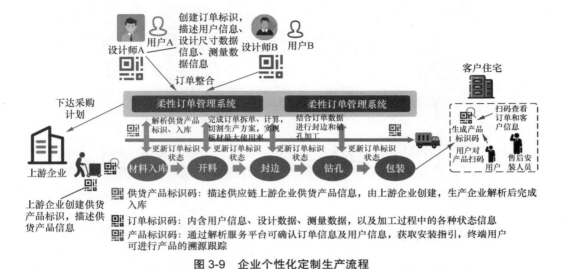

图 3-9　企业个性化定制生产流程

广州作为"全球定制之都"，除了鑫兴，广东省定制家居协会、索菲亚、百得胜等单位都在使用基于标识解析的个性化定制订单管理平台，有效解决了行业"飞单"、经销商规范管理等问题；降低了供应链企业出入库过程中20%的管理成本，实物产品的配送不再增加额外的打码成本，有效提升了供应链端产品出入库过程效率30%，提高了供应链管理的灵活性和可扩展性。

3.4.2　个性化定制产品全生命周期管理

个性化定制产品在其全生命周期过程中，每个产品的材质、工艺、工序、使用周期等都是独一无二的，尤其是那些高端、复杂、精密的产品，其设计复杂多变、制造流程较长、参与企业众多，产品数据难以互通共享。

基于标识解析体系覆盖个性化定制产品的全生命周期，帮助全生命周期链条中的企业进行信息对接与互通，将"信息孤岛"转变成基于统一标识的全流程信息自由流动，实现设计、生产、市场、售后信息的全面数字化与交互。

在定制化程度较高的模具行业，银宝山新通过标识解析为模具使用厂商及原始需求方提供产品全生命周期的定位与溯源。模具生产企业为模具产品赋予标识，并关联生产、物流、消费过程中的工艺、原材料、品质测试等相关数据，设计单位、生产制造商、外协厂商、设备维修服务商可以利用标识解析获取模具产品的全过程、全链条信息，从而实现个性化定制产品的全流程业务可视化。个性化定制产品全生命周期管理流程如图 3-10 所示。

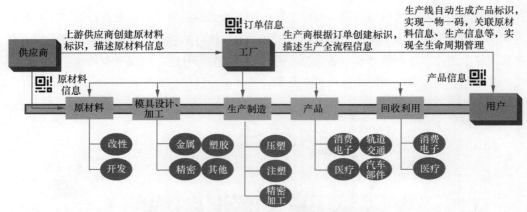

图 3-10　个性化定制产品全生命周期管理流程

总体来说，个性化定制产品的全生命周期管理实现了全流程数据可查询，售后服务效率提升 40%；通过标识解析形成全生命周期管理大数据分析系统，产品质量追溯的满意度提升 50%；通过应用标识，减少售后服务误判，使服务误判导致的沉没成本降低 30%。

3.5　数字化管理

数字化管理是指针对产品流通环节复杂、信息共享难度大等问题，将产品赋码环节和标识解析体系建立对接关系，打通产品流通上下游企业的数据链，实现覆盖生产制造、全生命周期管理、供应链的数据贯通，提升决策效率，实现更加精准与透明的管理。

3.5.1　主动式生产管理监测

对于生产管理监测，由于缺乏自动、全面的检测手段，经常出现监测数据无法准确获取、应急处理不及时等情况。例如企业环境治理，工业企业需要排污自证，第三方环保机构开展企业服务，监管部门对企业进行排污监测，采用数据驱动的新型管理模式，实现生态环境监测、应急、执法与污染控制。

通过对生产环境中的智能设备、仪器仪表、智能备品备件等对象嵌入标识，打通双向数据传输通道，完成图 3-11 所示的主动式生产管理监测，实现基于主动标识载体的创新应用。

长天思源对部署在环境监测现场的集成感知与控制终端设备赋予标识，关联采集的污水、废气、VOC 等固定污染源在线监测数据、仪器状态数据、运行参数、操作日志等信息。生产管理监测平台通过标识解析实现对不同级别、不同监管部门的污水检测、噪声检测、大气检测等现场排污情况的监控管理。同时，以嵌入标识的移动式环境感知控制终端为核心，建设环境监测智慧站房，对站房内的门锁、视频、温度等数据等进行全方位采集，并报送至生产管理监测平台，第三方服务机构、监管单位可通过标识获取生产管理监测平台的监测数据，从而建立数据共享通道。

3.5 数字化管理

图 3-11 主动式生产管理监测

在碳达峰、碳中和的背景下,广东埃文低碳科技股份有限公司作为提倡清洁生产、绿色低碳的服务企业,同样基于标识对企业生产的产品进行了追踪,在产品制造及交易的过程中贯彻环保理念。

总体来说,主动式生产管理监测提升了企业的环境管理效率 30%以上,第三方服务机构可直接使用相关信息,使便利度提升到 80%,监管单位与企业进行污染信息沟通的便利性也得到大幅提升。

3.5.2 智能产线实时监控

离散行业非标自动化生产过程中,小批量、多批次生产占比高,企业生产过程不透明、进度管控难、产能和效率把控不准,难以对产线的作业状态进行实时监控。

通过标识解析体系,对自动化生产过程中的图纸、设备、产品、配件进行标识,自动获取项目图纸、供应商加工/运输/入库情况、产线生产计划、实时进度过程参数等信息,实现更加高效、透明的产线实时监控。

明珞汽车在生产实时进度管理方面,对汽车零部件等实物对象及流程、工艺、算法等数字对象赋予标识,并关联汽车生产各工序、环节,结合一键排产、批次/序列号管理、快速排定工艺等功能,实时监控各工序、节点的生产进度。在采购供应管理方面,通过标识解析二级节点,明珞汽车未来会将 46 家汽车主机厂、37 家汽车零部件生产,以及 13 家电子生产企业作为企业节点接入标识解析体系,为相关企业加工、运输、质检等数据对象赋予标识,并与整车关联,从而实现汽车生产数据的全链条监控、全程管控、质检全程动态追踪,保证过程透明化,提升供应效率,降低采购及交付风险。

总体来说，通过自动识读技术实现生产场景的人、机、物、工时、质量等信息的智能采集，取代生产过程中对人员手工统计的依赖，10min内即可完成调试，提升了40%的工作效率；降低生产过程中对工人经验的依赖，减少人为的操作风险，有效地提升生产过程的信息化管理程度和工艺标准化管理水平。

3.5.3 区域产业化服务

目前，如果要发展区域工业互联网，需要对现有的产业规模和发展状况进行监测与分析，从而获取科学、准确的产业动态数据，为政府相关部门提供决策依据。

通过标识解析采集、整理、关联区域内工业互联网产业数据，建立供应商数据库、产品数据库、应用数据库，通过各个层面的指标分析，提供科学、准确、客观的产业监测数据，壮大工业互联网产业主体，促进新一代信息技术与制造业的深度融合。

宝建投通过建设标识解析二级节点，对企业基础信息、经营发展情况、人员团队情况、工业互联网供给能力、技术指标和供应商典型应用案例等数据对象赋予标识，对数据进行整理、清洗和维护，并建立数据对象与行业的关联关系，形成供应商数据库、产品数据库、应用数据库，融合自然语言处理及人工标注，实现对数据的标准化描述。

基于标识解析定位供给侧企业，自动获取企业信息，在此基础上进行多维度的组合检索和指标分析，从而实现供应商的产业地图分析，建立分类分级模型。根据供给侧企业和应用企业的数据，构建供需匹配模型，根据用户提出的供应商需求点（关键字、维度选择等）智能匹配合适的企业，并按匹配相似度排序推荐给用户，为用户提供精准化的推荐和个性化的服务。基于以上数据和功能，实现产业监测大屏的可视化建设，并从宏观（产业整体发展）、中观（子产业情况）、微观（供应商和产品、服务、解决方案的情况）3个层面展示产业的信息，直观、重点、监测产业信息。

总体来说，区域产业化服务实现了区域内信息智能化、自动化关联，并且基于标识的企业信息自动更新，提升了供需对接的精准度。

3.6 小结

本章详细介绍了工业互联网标识中的智能化生产、网络化协同、服务化延伸、个性化定制和数字化管理五大应用新模式。智能化生产涵盖生产工艺智能匹配、质量信息可信监造、生产物料智能管控和生产管理智能云化4个方面。网络化协同涵盖供应链优化管理和网络化运营联动两个方面。服务化延伸涵盖设备精细化管理、产品追溯、备品备件智能化管理和产品智能售后管理4个方面。个性化定制涵盖企业个性化定制生产和个性化定制产品全生命周期管理两个方面。数字化管理涵盖主动式生产管理监测、智能产线实时监控和区域产业化服务3个方面。

总体来说，这五大新模式的合理应用全方位提升了工业互联网标识的整体效益。

第4章 双碳园区的发展历程

本章将深入探讨双碳园区的发展历程,从概念、内涵、政策支持、建设意义及建设现状等多个角度进行分析。本章首先详细阐述双碳园区的基本概念,深入解读其内涵和在政策层面所得到的支持。随后强调双碳园区在全球气候变化挑战下的重要战略意义,以及其承担的关键使命。最后对双碳园区建设的总体现状进行概述,包括产业发展现状、碳交易市场发展现状等方面的具体情况。

4.1 双碳园区的兴起

我国工业园区的低碳化转型历程中主要经历了4种类型的工业园区:循环经济工业园、生态工业园区、低碳工业园区和近零碳排放示范区。

- 循环经济工业园通过模拟自然生态系统的生产者—消费者—分解者的循环途径,改造产业系统并建立产业链的工业共生网络,以实现资源的最优利用。
- 生态工业园区通过物质、能量、信息等的交流形成各成员均受益的网络,使园区对外界的废物排放趋于零,最终实现经济、社会和环境的协调与共同发展。
- 低碳工业园区以降低碳排放强度为目标,通过产业低碳化、能源低碳化、基础设施低碳化和管理低碳化的发展路径,以低碳技术创新、推广与应用为支撑,以增强园区碳管理能力为手段,实现可持续的园区发展模式。
- 近零碳排放示范区在经济高质量发展、生态文明高水平建设的同时,实现区域内碳排放趋于零。

自双碳目标提出以来,我国将双碳目标作为高质量发展的国家战略之一,制定了多方面的支持文件进行系统谋划和总体部署,并完成了17个省份双碳实施方案的衔接,有力、有序、有效推进双碳工作。

工业园区作为能源消耗和二氧化碳排放的重要空间载体,在国家双碳规划中有着重要的战略地位。2010年以来,我国已开展了51个低碳工业园区的试点建设工作,并逐步推动了国家生态工业示范园区循环化改造、低碳工业园区、绿色园区等一系列园区试点示范项目。

目前,我国已通过《中共中央、国务院关于完整准确全面贯彻新发展理念做好碳达峰碳中和工作的意见》《2030年前碳达峰行动方案》等顶层文件对双碳工作进行了系统谋划、总体部署,并制定了一系列政策文件鼓励园区推动能源系统优化和循环化改造,加快园区绿色低碳转型。

在一系列顶层文件和关键政策的强调下，园区零碳转型的战略地位不断加深，有着园区建筑绿色化、能源结构清洁化、能源利用高效化、资源利用循环化、园区管理智慧化和投融资绿色化的趋势。

4.1.1 园区建筑绿色化

园区在物理意义上是建筑的集群，因此有必要深入发展绿色建筑，实现低碳运营。在传统的园区建设中，建筑设计主要追求实用性和经济性，长远发展潜力不足，节能环保属性不明显。

目前，新型的园区建筑设计主要在用地集约性和设计整体性、功能通用性和实用专业性、建筑标准化和明晰识别性、生态低碳化和控制智能化等方面进行优化，追求建筑群整体的综合改进。

根据 2022 年住房和城乡建设部颁布的《"十四五"建筑节能与绿色建筑发展规划》，园区建筑将进一步向绿色低碳的方向发展，将提升绿色建筑发展质量、提高新建建筑节能水平、加强既有建筑节能绿色改造、推动可再生能源应用、实施建筑电气化工程、推广新型绿色建造方式、促进绿色建材推广与应用、推进区域建筑能源协同、推动绿色城市建设等作为重点发展方向。

4.1.2 能源结构清洁化

不同类型的园区在功能和用能特点上都存在一定差异，但都主要以电能驱动为主。随着工业电气化的推进，预计到 2050 年，全国工业生产电能占终端用能比重将达到 52%，各类建筑电能终端用能比重达到 65%。

根据国家发展和改革委员会发布的《关于完善能源绿色低碳转型体制机制和政策措施的意见》，绿色能源消费促进机制将鼓励绿色园区追求零碳、低碳，实现能源绿色低碳转型。国家发展和改革委员会早先发布的《关于开展全国煤电机组改造升级的通知》《关于加快推动新型储能发展的指导意见》和《关于推进电力源网荷储一体化和多能互补发展的指导意见》文件中，则对能源结构优化升级和能源体系高效转型的落实提出了具体路径，通过煤电机组改造升级、推动新型储能融合发展和源网荷储一体化绿色供电园区建设打造清洁电力体系。

同时，可再生能源发电也可作为园区实现用能绿色低碳的重要手段。《中共中央、国务院关于完整准确全面贯彻新发展理念做好碳达峰碳中和工作的意见》作为中国双碳工作的顶层指导文件，重点强调了风能、太阳能发电、氢能应用等技术在双碳工作中的重要战略地位。

在相关政策规划的强调下，氢能可充分发挥其清洁能源属性，提升园区内交通用能、分布式发电、储能系统、工业用能等领域清洁能源的比重，构建多元的清洁能源应用生态。风光电等可再生能源电力领域已受到了国家能源政策的多年调控，有更加坚实的应用基础。2021 年，工业和信息化部发布《"十四五"工业绿色发展规划》，鼓励园区发展绿色低碳微电网，推进屋顶光伏、分散式风电、多元储能等技术的应用，加快能源消费结构的低碳化转型。

4.1.3　能源利用高效化

进行能源结构优化、调整的同时，应持续提高园区的用能效率，在能源消费侧同步助推零碳转型。

国家发展和改革委员会在《关于严格能效约束推动重点领域节能降碳的若干意见》中指出，园区的零碳转型应关注园区内节能降碳技术的改造潜力，以系统观念推动绿色发展，重点提升园区内产业和公共设施的能效水平。

根据《高耗能行业重点领域能效标杆水平和基准水平（2021年版）》，高耗能项目应分类提效达标，能效水平应提尽提，科学有序开展节能降碳技术改造。在技术路径上，园区可结合主体具体情况，在既有的能效水平上合理确立减排目标，应用科学的节能改造技术，结合智慧化手段，从全局角度综合提升园区能源利用效率。

4.1.4　资源利用循环化

建立健全绿色低碳循环化发展经济体系是国家的重要决策部署。目前，园区循环化改造面临循环化理论认知不足和建设水平不高的双重难题，亟须强有力的引导推进园区循环化改造进程。

《"十四五"循环经济发展规划》鼓励园区推进绿色工厂建设，实现厂房集约化、原料无害化、生产洁净化、废物资源化、能源低碳化、建材绿色化，并制定园区循环化发展指南，推广循环经济发展典型模式。

2021年年底，国家发展和改革委员会、工业和信息化部办公厅发布《关于做好"十四五"园区循环化改造工作有关事项的通知》，明确建设循环化园区，加快推动产业园区绿色低碳循环发展，提高资源能源利用效率，助力实现碳达峰、碳中和目标。

4.1.5　园区管理智慧化

园区是多种功能单元的组合，为实现多单元的高效配合，应大力推进园区的智慧化管理。

在全球先进信息技术快速发展的背景下，园区的智慧化发展成为重要趋势。中国正处于数字化转型阶段，智慧城市、智慧政府、数字经济、工业互联网、新基建建设等领域的政策文件陆续发布，也为园区发展提出了指导性的智慧化方向。中国"十四五"开局之年，园区应加快数字化建设步伐，以智慧化手段链接产业单元，打造智慧城市基石。

目前，大量园区正积极探索智慧化转型建设，并着重强调推动信息基础设施和管理服务、产业智慧化高质量发展及园区-城市的智慧化融合。

根据2021年12月工业和信息化部发布的《"十四五"智能制造发展规划》，园区可考虑以工艺、装备为核心，以数据为基础，依托制造单元、车间、工厂、供应链等载体，构建虚实融合、知识驱动、动态优化、安全高效、绿色低碳的智能管理系统，推动数字化转型、网络化协同、智能化变革。

随着园区智慧化管理技术的不断发展，可通过 5G、物联网、云计算、大数据、人工智能等高效信息技术实现园区从基础建设、运营管理、综合服务到产业发展的全方位智慧化管理。

4.1.6　投融资绿色化

作为资本、技术、人才和产业等要素的集中区域，园区的发展需要较大的投资规模和较多资金的支持。

目前，创新发展投融资方式已成为园区可持续发展的一大瓶颈。通常园区的投融资可分为初期规划设计和土地征用、中期基础设施和项目建设、后期正常运营等三大阶段，融资规模大，由政府发挥主导作用，且逐渐难以满足园区发展的需要。

在双碳背景下，中国积极开拓绿色要素市场，为园区投融资开辟了新的途径。2021年12月，国务院和生态环境部分别发布《要素市场化配置综合改革试点总体方案》和《关于开展气候投融资试点工作的通知》，支持试点区域探索绿色要素交易机制，组织近零碳排放区等低碳试点开展资源环境权益融资和气候投融资活动，结合碳市场、绿色电力市场、基础设施 REITs 和绿色投融资市场开展生态文明建设与改革创新。

4.2　双碳园区概述

在全球应对气候变化的大背景下，碳达峰和碳中和成为各国政府实现高质量发展的重要抓手。对此，我国各地积极推进双碳园区的建设。本节将介绍双碳园区的概念、目标、政策支持等方面的内容。

4.2.1　双碳园区的概念

中国碳达峰、碳中和目标（以下简称双碳目标）的提出，在国内国际社会引发关注。

碳达峰指二氧化碳排放量在某一年达到最大值，之后进入下降阶段；碳中和则指一段时间内，通过植树造林、海洋吸收、工程封存等自然、人为手段将特定组织或整个社会活动产生的二氧化碳吸收和抵消掉，实现人类活动二氧化碳相对"零排放"。

双碳园区是指在园区的规划、建设、管理等方面系统性融入双碳理念，通过综合利用节能、减排、固碳、碳汇等多种手段，实现产业绿色化转型、设施集聚化共享、资源循环化利用，以在园区内部基本实现碳排放与吸收的自我平衡。

双碳园区有助于实现从高碳向低碳转型、从碳排放向碳中和转变、从碳消耗向碳循环转变，从而提升绿色发展水平、增强生态环境保护能力、提高资源利用效率。同时，双碳园区还能增强园区的竞争优势，吸引更多的低碳产业和企业入驻，创造更多的经济效益和社会效益。

双碳园区致力于实现碳达峰和碳中和的双重目标，推动园区内产业向更加绿色、高效的方向发展，为实现全面、可持续的低碳未来奠定坚实基础。

碳达峰、碳中和目标也是推动经济社会高质量发展的内在要求。工业制造业是我国国民经济的主导产业，也是我国能源消耗及温室气体排放的重要领域。工业园区作为工业企业集聚发展的核心单元，既是区域经济发展、产业调整升级的空间承载形式，也是我国构建工业绿色低碳转型产业格局、贯彻落实双碳目标的关键落脚点。

碳达峰的过程，是碳排放量达到历史最高值后逐步降低的过程。在碳中和的过程中，人类活动排放的二氧化碳与通过自然过程或技术手段吸收的二氧化碳逐渐达到平衡。实现碳中和的机理包括通过调整能源结构、提高资源利用效率等方式减少二氧化碳排放，并通过碳捕集、利用与封存技术，生物能源等技术，以及造林、再造林等方式增加二氧化碳吸收。

双碳园区建设是在园区层面上落实碳达峰、碳中和目标的重要举措。通过园区的规划和建设管理，系统性融入双碳理念，综合利用节能、减排、固碳、碳汇等多种手段，实现产业绿色化转型、设施集聚化共享、资源循环化利用。这可以帮助园区实现碳排放与吸收的自我平衡，提升园区的竞争力和可持续发展能力，为推动我国构建工业绿色低碳转型产业格局、贯彻落实双碳目标供有力支撑。

4.2.2 双碳园区的目标

双碳园区旨在以绿色高质量发展为愿景，充分利用工业互联网进行规划、建设、运营、提升，打造新型绿色园区。园区应以供给侧结构性改革为主线，以产品碳足迹、园区综合能源调控、园区双碳智能化管理三大模式为导向，构建网络、平台、安全三大体系和绿色融合新技术、新模式、新业态，指导新型园区建设及已有园区的绿色转型发展。

1. 产品碳足迹

园区应构建设备、车间、厂区、产品等所有组成要素的全生命周期的碳足迹跟踪，将绿色低碳理念贯穿于园区规划、建设、运营和维护全过程，降低全生命周期能耗和碳排放，助力园区内部企业实现绿色化物流、生产、经营、服务等。

2. 园区综合能源调控

园区应采用工业互联网技术等推动园区能源绿色化综合应用，采用可再生能源替代化石能源，推动清洁能源的使用，推进多能高效互补利用，并加强化石能源的节约与高效利用。园区应在公共设施共建共享的基础上，加强能源梯级利用，开展园区循环化改造，不断提升园区内部协同性，并加强园区内部和外部的协同，促进园区产业的持续调优。

3. 园区双碳智能化管理

园区应基于工业互联网、云计算、区块链等信息化手段，构建设备、车间、厂区、园区多层次的系统能源、资源与碳排放的优化及精益管控技术体系，以节能调度、资源动态配置为手段，综合采用大数据智能算法，赋能园区构建双碳数据采集、监测、核算、管控、预测等全流程智慧化治理体系，实现对园区碳数据全方位、多层次的透明化监测与管控的

4.2.3 双碳园区的政策支持

政府多部门相继发布文件，制定并实施了一系列政策、措施，以促进园区的绿色低碳发展。这些政策、措施将碳达峰、碳中和作为园区建设的核心目标，通过优化产业结构、提高能源资源利用效率、推动生产方式数字化转型、推广试点示范等方式，推动园区率先实现双碳目标，为社会全面绿色转型提供样板。

这些政策、措施从以下 6 个方面为园区实现双碳目标提供了坚实的支持和方向性的指导。

1. 试点示范方面

通过示范园区的先行先试，探索和推广有效的低碳发展模式。表 4-1 列出了试点示范相关文件的主要内容、发布部门及发布时间。

表 4-1 试点示范相关文件

文件名称	主要内容	发布部门	发布时间
《关于推进国家生态工业示范园区碳达峰碳中和相关工作的通知》	将碳达峰、碳中和作为示范园区建设的重要目标。分阶段、有步骤地推动示范园区先于全社会实现碳达峰、碳中和	生态环境部	2021年9月
《关于完整准确全面贯彻新发展理念做好碳达峰碳中和工作的意见》	开展碳达峰试点园区建设。推进园区节能降碳工程，选择 100 个城市和园区进行碳达峰试点建设，并提供政策、资金、技术等支持	国务院	2021年10月
《关于在产业园区规划环评中开展碳排放评价试点的通知》	在产业园区规划环评中开展碳排放评价的技术方法和工作路径。推动将气候变化因素纳入环境管理机制，形成可复制、可推广的案例经验	生态环境部	2021年10月
《"十四五"工业绿色发展规划》	建设 171 家绿色工业园区，完善评价标准体系。打造绿色低碳示范园区，探索有效模式和有益经验	工业和信息化部	2021年11月
《关于印发〈关于推进中央企业高质量发展做好碳达峰碳中和工作的指导意见〉的通知》	打造绿色低碳示范园区，探索有效模式和有益经验	国资委	2021年12月
《"十四五"节能减排综合工作方案的通知》	到 2025 年，建成一批节能环保示范园区。强化工业园区污染源监测	国务院	2022年1月
《绿色低碳先进技术示范工程实施方案》	提出将布局一批技术水平领先、减排效果突出、减污降碳协同、示范效应明显的项目，并明确了绿色低碳先进技术示范工程重点方向、保障措施、组织实施方式等	国家发展和改革委员会	2023年8月
《国家碳达峰试点建设方案》	将在全国范围内选择 100 个具有典型代表性的城市和园区开展碳达峰试点建设，聚焦破解绿色低碳发展面临的瓶颈制约，探索不同资源禀赋和发展基础的城市与园区碳达峰路径，为全国提供可操作、可复制、可推广的经验与做法	国家发展和改革委员会	2023年10月

2. 优化产业结构方面

调整和升级园区产业，促进其向低碳、环保方向转型。表 4-2 列出了优化产业结构相关文件的主要内容、发布部门及发布时间。

表 4-2 优化产业结构相关文件

文件名称	主要内容	发布部门	发布时间
《关于推进国家生态工业示范园区碳达峰碳中和相关工作的通知》	优化园区能源结构和产业结构，推动示范园区产业结构向低碳新业态发展，限制和淘汰高能耗、高污染产业	生态环境部	2021 年 9 月
《关于做好"十四五"园区循环化改造工作有关事项的通知》	优化园区产业空间布局，促进产业循环链接	国家发展和改革委员会、工业和信息化部	2021 年 12 月
《工业领域碳达峰实施方案》	"十四五"期间，产业结构与用能结构优化取得积极进展，能源资源利用效率大幅提升，建成一批绿色工厂和绿色工业园区，研发、示范、推广一批减排效果显著的低碳、零碳、负碳技术工艺装备产品，筑牢工业领域碳达峰基础。到 2025 年，规模以上工业单位增加值能耗较 2020 年下降 13.5%，单位工业增加值二氧化碳排放下降幅度大于全社会下降幅度，重点行业二氧化碳排放强度明显下降	工业和信息化部、国家发展和改革委员会、生态环境部	2022 年 8 月

3. 能源资源高效利用方面

提高能源使用效率，推动能源的节约和循环利用。表 4-3 列出了能源资源高效利用相关文件的主要内容、发布部门及发布时间。

表 4-3 能源资源高效利用相关文件

文件名称	主要内容	发布部门	发布时间
《关于完整准确全面贯彻新发展理念做好碳达峰碳中和工作的意见》	推广园区能源梯级利用等节能低碳技术。推进产业园区循环化发展，到 2030 年实施循环化改造	国务院	2021 年 10 月
《"十四五"工业绿色发展规划》	园区开展工业绿色低碳微电网建设，强化园区、产业集群循环链接，鼓励再生资源高值化利用产业园区	工业和信息化部	2021 年 11 月
《"十四五"原材料工业发展规划》	建设绿色工厂和绿色园区，建立原材料工业耦合发展园区，实现能源资源梯级利用和产业循环衔接	工业和信息化部、科技部、自然资源部	2021 年 12 月
《关于完善能源绿色低碳转型体制机制和政策措施的意见》	鼓励建设绿色用能产业园区，发展工业绿色微电网，建设分布式清洁能源和智慧能源系统	国家发展和改革委员会、国家能源局	2022 年 2 月

4. 节能环保转型方面

加强节能环保技术的应用，促进园区环境质量的提升。表 4-4 列出了节能环保转型相关文件的主要内容、发布部门及发布时间。

表 4-4 节能环保转型相关文件

文件名称	主要内容	发布部门	发布时间
《建筑节能与可再生能源利用通用规范》	新建、扩建和改建建筑进行建筑节能设计	住房和城乡建设部	2021年10月
《"十四五"节能减排综合工作方案的通知》	加强园区节能环保提升工程,推动工业园区能源系统整体优化和污染综合整治	国务院	2022年1月
《关于统筹节能降碳和回收利用 加快重点领域产品设备更新改造的指导意见》	产品设备广泛应用于生产生活各个领域,统筹节能降碳和回收利用,加快重点领域产品设备更新改造,对加快构建新发展格局、畅通国内大循环、扩大有效投资和消费、积极稳妥推进碳达峰、碳中和具有重要意义	国家发展和改革委员会等九大部门	2023年2月

5. 生产方式数字化转型方面

利用数字技术优化生产流程,提高资源配置效率。表 4-5 列出了生产方式数字化转型相关文件的主要内容、发布部门及发布时间。

表 4-5 生产方式数字化转型相关文件

文件名称	主要内容	发布部门	发布时间
《"十四五"工业绿色发展规划》	实施"工业互联网+绿色制造"计划,鼓励园区开展能源资源信息化管控、污染物排放在线监测、地下管网漏水检测等系统建设,实现动态监测、精准控制和优化管理	工业和信息化部	2021年11月
《关于加强产融合作推动工业绿色发展的指导意见》	支持工业园区和先进制造业集群绿色发展,鼓励运用数字技术开展碳核算,率先对绿色工业园区等进行核算	工业和信息化部、人民银行等四大部门	2021年11月

6. 地方实践方面

鼓励地方政府根据实际情况,创新实践低碳发展策略。表 4-6 列出了地方实践相关文件的主要内容、发布部门及发布时间。

表 4-6 地方实践相关文件

文件名称	主要内容	发布部门	发布时间
《深圳市近零碳排放区试点建设实施方案》	遴选减排潜力大或低碳基础好的园区开展近零碳排放园区试点建设。对符合规定的试点项目予以奖励或补贴	深圳市生态环境局、深圳市发展和改革委员会	2021年11月
《浙江省工业领域碳达峰实施方案》	"十四五"期间,产业结构与用能结构优化取得积极进展,能源资源利用效率大幅提升,研发、示范、推广一批减排效果显著的低碳、零碳、负碳技术工艺装备产品,组织实施节能降碳技术改造,筑牢工业领域碳达峰基础。到 2025 年,规模以上单位工业增加值能耗较 2020 年下降 16%以上,力争下降 18%;单位工业增加值二氧化碳排放下降 20%以上(不含国家单列项目);重点领域达到能效标杆水平产能比例达到 50%;建成 500 家绿色低碳工厂和 50 个绿色低碳工业园区	浙江省经济和信息化厅等	2023年2月

续表

文件名称	主要内容	发布部门	发布时间
《杭州市工业领域碳达峰实施方案》	"十四五"期间，工业产业结构和用能结构的绿色低碳转型取得显著成效，能源利用效率进一步提升，双碳相关产业形成一定规模，先进脱碳技术得到试点应用，工业碳达峰基础得以夯实。到2025年，万元工业增加值能耗较2020年下降18%以上，万元工业增加值二氧化碳排放下降20%以上，市级及以上绿色低碳工业园区达到10个，市级及以上绿色低碳工厂达到400家	杭州市经济和信息化局等	2023年5月
《关于支持建设绿色低碳高质量发展先行区三年行动计划（2023—2025年）的财政政策措施》	支持建立绿色低碳发展体制。聚焦绿色金融领域，打造山东版"碳减排支持工具"，省级财政对地方法人银行获得的再贷款减碳引导额度给予适当支持。鼓励各市统筹生态环保领域相关资金支持近零碳城市、近零碳园区、近零碳社区示范创建	山东省人民政府办公厅	2023年9月

4.3 双碳园区建设的意义

在全球范围内，气候变化已成为一个紧迫的议题，这不仅关系到生态环境的稳定，更与经济、社会的发展紧密相关。双碳园区的建设，作为应对这一全球性挑战的重要举措，具有深远的意义。

4.3.1 应对全球气候变化的挑战

气候变化是人类发展过程中面临的重大挑战。工业化时代以来，人类活动导致温室气体排放急剧增加，扰动了地球气候系统的微妙平衡，引发全球变暖的气候风险，产生冰川融化、海平面上升、极端天气等一系列连锁效应，直接影响未来社会的宜居和宜业性、粮食系统、实物资产、基础设施服务和自然资本等，并对人类社会的可持续发展构成严重威胁。

为降低全球气候风险，控制温室气体排放，世界各国和相关组织纷纷开展行动，形成了《联合国应对气候变化框架公约》《京都议定书》和《巴黎协定》等一系列具有法律约束力的减排文件。

目前，包括中国在内的195个国家和地区签署了《巴黎协定》，力争在21世纪中叶前后实现温室气体净零排放，将全球气温上升幅度控制在与前工业化时期相比2℃以内，并争取把温度升幅限制在1.5℃以内。全球已有超过130个国家明确提出了"零碳"或"碳中和"的气候目标，其中匈牙利、新西兰、英国、法国、丹麦和瑞典等国家已经正式颁布了碳中和相关法案，从各个领域提出减排的阶段性目标和指导性意见。

然而，根据联合国环境规划署（UNEP）发布的《排放差距报告2021》，基于目前世界各国已经开展的减排措施，至21世纪末全球平均气温将上升2.7℃，远高于《巴黎协定》控制全球气温上升的目标，这将导致灾难性的气候变化，如图4-1和图4-2所示。同样，2020年后全球碳排放总量需要控制在5000亿吨二氧化碳当量以内是21世纪温升不超过

1.5℃的必要条件，而 2021 年单年全球的碳排放量当量已高达 363 亿吨，虽然在近两年呈现大幅回弹趋势，但全球温室气体排放仍处于快速增加阶段。综合来看，《巴黎协定》目标的落实仍需要世界各国进行更加强有力的政策推动和技术支持，并针对重点排放对象进一步优化减排路径。

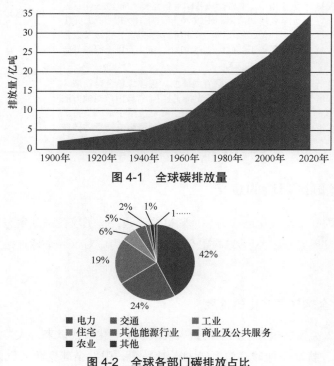

图 4-1 全球碳排放量

图 4-2 全球各部门碳排放占比

面临严峻的全球气候变化问题，全球主要国家和区域正持续加强相关政策力度，设定更严格的行动目标，履行《巴黎协定》承诺。英国于 2019 年将其 2050 年减排目标从"至少比 1990 年基线降低 80%"提高至"至少降低 100%"。美国于 2021 年签署《应对国内外气候危机的行政命令》，致力于优化美国能源结构，鼓励可再生能源发展。中国于 2021 年首次将减缓气候变化行动纳入国民经济和社会发展规划。除此之外，全球 GDP 排名前 10 的国家皆已对气候目标做出相应承诺，并以政策宣示和法律规定等方式做出公示。

园区是产业和企业聚集的主要场所，由多样化的功能单元相互配合组成完整生态系统，存在工业、商业、建筑、物流、交通等多种业态。为维持园区生态系统正常运行，园区需要消耗大量的资源和能源，伴随产生大量的温室气体。因此，园区也是温室气体排放的重要空间载体。在全球气候变化的压力下，园区的温室气体排放控制将是各国减排战略的关键靶点。

园区涉及的产业类型通常覆盖了电力、工业、物流、商业及基础建筑等一系列高排放单元，在全球温室气体排放总量中占了较大比例。园区的温室气体排放控制将是全球应对气候变化的关键路径之一。同时，园区作为区域性平台，其减排路径对城市和国家等宏观组织都具有一定的参考意义。

目前，国内外的园区已对低碳、近零碳、碳中和等目标的实现做出了具有自身特色的尝试和实践，为环境、社会和园区自身带来了显著的效益，并吸引更多的园区探索零碳发展路径。总体趋势上，园区零碳转型已成为全球气候行动的重要任务。

目前，全球正积极响应《巴黎协定》设定的目标，开展园区零碳发展路径探索。在气候变化的压力下，全球的园区正面临建设审批困难、园区排放监管力度加强、传统能源供给短缺、生产单元产能受限、园区运行成本提高、企业绿色服务需求增加、园区招商引资受阻等一系列挑战。

针对种种挑战和困难，部分国家已采用能源结构清洁化、产业技术低碳化和运营管理智慧化等手段在园区的建设、供能、运维和管理等多个阶段进行了较为全面的零碳转型探索。德国柏林欧瑞府能源科技园通过建筑低碳化、能源清洁化、储能系统化、交通电动化、管理数字化等，实现了煤气厂的零碳转型，助力德国联邦政府提前实现2050年减碳80%的目标。

类似地，瑞典南部厄勒海峡的赫尔辛堡商业园通过零气候负荷的"绿色电力"和"回收能源"，大幅提高了园区的能源利用效率。英国的园区零碳转型则致力于氢能和碳捕集、利用与封存等前沿低碳技术的开发，大幅降低园区能源结构中高排放能源的占比，并计划于2030年前建设4个基于碳捕集、利用与封存技术的工业集群，于2040年前完全实现工业园区的净零转型。

在气候变化问题日益严峻的背景下，提高园区的气候适应性和绿色价值对全球环境有着重要意义。园区的零碳转型已成为全球可持续发展的重要条件。

4.3.2 推动园区高质量发展

根据中共中央、国务院印发的《关于完整准确全面贯彻新发展理念做好碳达峰碳中和工作的意见》，推进双碳目标的主要落地措施包括推动产业结构优化升级，大力发展低碳产业，加快形成绿色生产生活方式，加快构建清洁低碳安全高效能源体系，加快推进低碳交通运输体系建设，加强绿色低碳重大科技攻关和推广应用，持续巩固并提升碳汇能力等。作为先进要素高度集聚、创新活动蓬勃、生产生活活动主要载体的各类型园区必将在双碳目标实践中发挥至关重要的作用，成为碳中和的先锋和主力军。

园区是为了实现产业发展等功能性目标，由政府、企业或者其他组织机构创立的特殊区位结构。作为城市的基本单元，园区是重要的人口和产业聚集区，是主要的经济和社会活动承载的空间载体，是区域经济发展、产业转型升级、功能实现的重要空间集聚形式，担负着聚集创新资源、培育新兴产业、推动社会发展、支撑民生福祉等一系列的重要使命。

《未来智慧园区白皮书》数据显示，90%以上的城市居民将在园区工作、生活，80%以上的GDP和90%以上的创新将在园区内产生，可以说"城市，除了马路都是园区"。园区形态多、数量大，依据承载的功能和场景的不同，包括制造园区、科创园区、物流仓储园区、研发基地、企业集团园区、创意园区、游乐园区、农业园区、林业发展区、旅游休憩海岛、综合商业区等各类产业园区，以及行政办公区、大学城和相对封闭的居住社区等各类生活园区。

以产业园区为代表的各类型园区快速发展，已经成为推动我国工业化、城镇化发展和区域经济高质量发展的重要平台。园区作为城市的基础单元，连接个体、组织、城市、国家，园区的物理边界清晰，所有权明晰，运营和管理生态已经逐步建立，使园区成为双碳目标的最佳落脚点。园区通过自身的质量变革、效率变革和动力变革，率先实现零碳化，树立发展标杆，对于区域推进双碳目标、实现高质量发展具有重要的意义。

我国经济持续快速发展，同时也带来碳排放的增加。我国碳排放主要来自能源、工业、交通、建筑、农业五大部门，其中能源和工业部门碳排放占比超过80%。伴随着"企业入园"的趋势，国内大部分企业，尤其是生产制造企业大多落户于各类工业园区和开发区，工业园区承担了密集的工业生产活动。

根据国际能源署和清华大学环境学院相关研究数据，2015年中国工业园区碳排放占到全国的31%，并呈现持续攀升的势头，工业园区的减排已刻不容缓。能源、工业的碳排放生产活动主要发生在各种类型的工业园区，针对能源和生产流程的绿色化改造应用场景广阔，工业园区成为我国精准减排、贯彻落实双碳目标的关键落脚点。

除工业生产外，建筑、交通也是城市和园区的主要社会活动场景。园区是城市碳排放最集中的空间，也是城市实现双碳必须牵住的"牛鼻子"。

4.3.3 推动绿色转型发展

在当前全球经济和环境治理的大背景下，绿色转型已成为推动可持续发展的关键动力。园区作为产业集聚和创新的重要平台，肩负着引领这一转型的重要使命。

1. 园区是我国产业升级与绿色发展的主战场

园区是我国制造业转型升级的重要抓手。改革开放以来，我国工业的发展取得了举世瞩目的成就，园区作为推进我国改革开放和经济发展的重要抓手，一直被视为经济建设的主战场。目前，全国各类产业园区超两万个，园区经济对全国经济贡献的增长率已经超过了30%。

由此可见，园区对区域和城市经济发展的贡献度较高，已经成为中国经济增长的助推器。园区作为工业企业集聚区，在提供了大量基础设施和公共服务的同时，也成为碳排放的主要源头。

公开数据显示，工业园区的耗能约占全社会总耗能的69%，碳排放占全国总排放约31%。因此，将工业园区定为精准减排的落脚点、攻坚区，确保节能、减耗、提质、减碳工作的落实，是我国实现碳达峰、碳中和目标的必然要求和重要途径。

2. 园区双碳建设是国家重要任务部署

我国高度重视园区的绿色低碳发展，为解决传统工业园区的低碳转型发展难的问题，陆续采取了一系列的相关措施。自2010年以来，我国陆续开展了51个低碳工业园区试点建设，并先后实施了ISO14000国家示范区、国家生态工业示范园区、可持续发展实验区、园区循环化改造、低碳工业园区、园区土地集约利用评价、绿色园区等一系列绿色发展试点项目，为全面推进工业园区做好碳达峰、碳中和工作奠定了良好的基础。

改革开放以来，工业园区历经40余年的发展，在国家层面形成了三大标志性示范试点园区。

- 生态环境部、商务部和科技部联合推动的生态文明建设示范区（生态工业园区），截至2023年4月，全国共命名73个国家生态工业示范园区。
- 国家发展和改革委员会、财政部联合推动的循环化改造示范园区，截至2023年3月，全国共有129家园区完成循环化改造示范园区的验收。
- 工业和信息化部推动的绿色园区，近5年间共有5批225家绿色园区陆续入选，其中东部111家园区、西部78家园区、中部82家园区。

2021年，生态工业园区中高新技术企业产值占园区产值的45%，工业固体废物综合利用率达90%，工业用水重复率达77%。东部园区实施效果最好，其中碳排放消减率达9.47%，废水单位工业增加值排放量达3.06吨/万元。

长江经济带工业园区占我国省级及以上园区总数的44.2%，其中，国家级经开区占比为49.3%，国家级高新区占比为44.2%，省级开发区占比为43.6%。长江经济带集中分布了我国近一半的省级及以上园区。长江经济带国家级经开区能源产出率在0.40万~82万元/吨标煤，水资源产出率在0.01万~3.75万元/立方米，单位GDP化学需氧量排放量在0.01~2.98千克/万元。

4.3.4 重塑城市发展新格局

随着新型城镇化进程的深化，园区在中国经济发展中的引擎作用越来越突出，产城融合园区成为践行新发展理念，打造宜居宜业城市空间的重要载体。

在双碳目标的推动下，零碳园区更进一步成为发展战略科技力量、推进供给侧改革、引领产业转型升级、提升城镇化发展质量和构建高质量新发展格局的核心力量。新型城镇化建设工作遵循统筹规划、整体布局、分工协作、以大带小的原则，根据地方资源优势和综合承载能力，推动城市群健康发展，进一步形成大中小城市群和小城镇协调发展的新城市化空间格局。

园区将土地利用、城市功能、产业要素、政策环境高度耦合，成为城市拓宽产业空间、培育新型城镇化动力机制的主要抓手之一。一方面，从产业体系的角度将园区作为承接产业转移的载体，推进战略性新兴产业集聚、企业低碳化改造、低碳技术创新供给等，形成低碳绿色产业集群，增强园区的辐射带动作用和人口聚集能力，为城镇化提供平台和空间，进一步提升产业竞争力。另一方面，园区零碳化有利于促进城市资源配置智能化，优化城市宜居环境、推动城市的可持续发展；同时，园区零碳化作为低碳化的城镇化建设的组成部分，是推动实现能源供给低碳化、经济发展方式低碳化和居民生活方式低碳化的有效实践。

4.4 双碳园区建设现状

我国于 2020 年 9 月首次公开提出碳达峰、碳中和的双碳目标,并在中国共产党第二十次全国代表大会上进一步明确积极、稳妥地推进碳达峰、碳中和,为国家、城市、园区的绿色高质量发展道路开启新篇章。

随着双碳行动持续深入推进,《关于完整准确全面贯彻新发展理念做好碳达峰碳中和工作的意见》《2030 年前碳达峰行动方案》等国家顶层文件及上海、天津、浙江等多个省份关于落实双碳目标的相关方案不断出台。园区作为产业和企业的规模化聚集地,已然成为其中的重要环节。

4.4.1 产业发展现状

"十三五"以来,工业领域以传统行业绿色化改造为重点,以绿色科技创新为支撑,以法规标准制度建设为保障,大力实施绿色制造工程,工业绿色发展取得明显成效。

- 产业结构优化,高技术制造业、装备制造业增加值占规模以上工业增加值比重分别达到 15.1% 和 33.7%,分别提高了 3.3% 和 1.9%。
- 能源资源利用效率提升,规模以上工业单位增加值能耗降低 16%,单位工业增加值用水降低 40%。
- 清洁生产水平提高,重点行业主要污染物排放强度大幅降低。
- 绿色低碳产业初具规模,截至 2020 年年底,节能环保产业产值约 7.5 万亿元。
- 绿色制造体系构建,制定 468 项节能与绿色发展行业标准,建设 2121 家绿色工厂、171 个绿色工业园区、189 家绿色供应链企业,推广近 2 万种绿色产品。

工业和信息化部在《"十四五"工业绿色发展规划》中明确指出,工业产业结构、生产方式绿色低碳转型取得显著成效,绿色低碳技术装备广泛应用,能源资源利用效率大幅提高,绿色制造水平全面提升,为后续工业领域碳达峰奠定坚实基础,其主要目标如下。

- **碳排放强度持续下降**。单位工业增加值二氧化碳排放降低 18%,钢铁、有色金属、建材等重点行业碳排放总量控制取得阶段性成果。
- **污染物排放强度显著下降**。有害物质源头管控能力持续加强,清洁生产水平显著提高,重点行业主要污染物排放强度降低 10%。
- **能源效率稳步提升**。规模以上工业单位增加值能耗降低 13.5%,粗钢、水泥、乙烯等重点工业产品单耗达到世界先进水平。
- **资源利用水平明显提高**。重点行业资源产出率持续提升,大宗工业固废综合利用率达到 57%,主要再生资源回收利用量达到 4.8 亿吨。单位工业增加值用水量降低 16%。
- **绿色制造体系日趋完善**。重点行业和重点区域绿色制造体系基本建成,完善工业绿色低碳标准体系,推广万种绿色产品,绿色环保产业产值达到 11 万亿元。

4.4.2 碳交易市场发展现状

全国碳排放权交易市场启动以来，制度规范日趋完善，碳排放数据质量得到全面提高，价格发现机制作用日益显现，市场活跃度逐步提升。

当前，全国碳排放权交易市场覆盖年二氧化碳排放量约 51 亿吨，纳入重点排放单位 2257 家，已成为全球覆盖温室气体排放量最大的碳市场。

截至 2023 年年底，全国碳排放权交易市场累计成交量达到 4.4 亿吨，成交额约 249 亿元。第二个履约周期（2021—2022 年）成交额比第一个履约周期（2019—2020 年）增长 89%。企业参与交易的积极性明显提升，第二个履约周期参与交易的企业占总数的 82%，较第一个履约周期上涨了近 50%。

如图 4-3 所示，5 个试点碳市场交易量下降，福建碳市场交易量上升超 2 倍。2023 年，各试点碳市场交易量差异明显，多数交易量出现下降趋势。福建、广东和天津碳市场成交量相对较高，其中福建碳市场成交量达 2590 万吨，较 2022 年同比上升 238%，几乎是剩余 7 个试点碳市场交易量之和。广东碳市场以 953 万吨成交排名第二，成交量较 2022 年下降 35%。天津碳市场以 571 万吨成交量排名第三，成交量较 2022 年上升 4.7%。北京碳市场成交量为 93 万吨，在各个试点碳市场中最低。

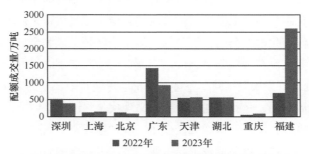

图 4-3　2022—2023 年中国试点碳市场配额成交量

4.5　小结

本章主要介绍了双碳园区的发展历程，深度剖析了其概念、内涵、政策支持、建设意义及建设现状。首先，阐述双碳园区的基本概念，为后续内容提供了清晰的认知基础；其次，强调双碳园区在全球气候变化挑战下的战略重要性和承担的关键使命，凸显其在可持续发展中的独特地位；再次，概括双碳园区建设的意义；最后，描述了双碳园区的建设现状，包括其关键进展。

第5章　工业互联网标识全面赋能双碳园区建设

以全球变暖为标志的气候变化正在对自然环境和人类生存产生巨大的威胁。联合国政府间气候变化专门委员会（IPCC）指出，人类活动使大气中二氧化碳等温室气体增加，导致20—21世纪初地球表面增温0.74℃。2023年3月20日，联合国政府间气候变化专门委员会发布了第六次评估的综合报告《气候变化2023》(AR6 Synthesis Report: Climate Change 2023)，以近8000页的篇幅详细阐述了全球温室气体排放不断上升造成的全球变暖所导致的毁灭性后果。

全球气温上升加大了气候系统达到临界点的风险。温度跨过临界点或将引发永久冻土融化或大面积森林枯萎等内部增强效应，加剧全球变暖的趋势，这将进一步导致气候系统发生突然且不可逆转的实质性变化。例如，如果平均气温提高2~3℃，南极西部和格陵兰岛几乎所有的冰盖可能以在数千年都不可逆转之势融化，导致海平面上升数米。

为应对以二氧化碳为代表的温室气体排放问题给全球气候带来的挑战，多个国家共同签署了《联合国气候变化框架公约》等公约，碳排放问题已成为全球普遍关注的问题。

中共中央、国务院发布《关于完整准确全面贯彻新发展理念做好碳达峰碳中和工作的意见》，明确指出处理好发展和减排、整体和局部、短期和中长期的关系，把碳达峰、碳中和纳入经济社会发展全局，是我国建成社会主义现代化强国的必经之路，是我国生态文明建设的内在要求，也是我国应对全球气候变化、维护地球资源可持续做出的贡献。

工业互联网是新一代信息通信技术与工业经济深度融合的新型基础设施、应用模式与工业生态，是第四次工业革命的重要基石。工业互联网可助力园区加速实现能源结构优化、资源高效利用、绿色结构转型等，进而实现双碳目标。

5.1　工业互联网标识赋能双碳园区内涵

工业互联网标识赋能双碳园区是以实现园区的碳达峰、碳中和为目标，以绿色高质量发展为愿景，充分利用工业互联网规划、建设、运营、提升的新型绿色园区。

标识一体化建设可以不断为园区转型发展注入新的动能。工业互联网标识解析体系是工业互联网的神经中枢，通过公共标识为物理实体与虚拟资源分配唯一标识编码，实现对园区对象的逻辑定位和关联信息查询。

标识一体化以标识为纽带，连通园区网络、平台、安全，畅通数据要素在园区各个环节的动态流动，实现有效的信息共享和数据交互，提高工业互联网园区参与方之间的协作能力，促进园区更好地发挥产业集聚优势和产业链协同治理能力，帮助园区构建更加开放的协同生态体系，打造园区标识一体化创新发展格局。

园区应以供给侧结构性改革为主线，以产品碳足迹、园区综合能源调控、园区双碳智能化管理三大模式为导向，通过网络、平台、安全三大体系和绿色融合新技术、新模式、新业态的构建，来指导新型园区建设及已有园区的绿色转型发展。

以产品碳足迹为导向，园区应构建设备、车间、厂区、产品等所有组成要素的全生命周期的碳足迹跟踪，将绿色低碳理念贯穿于园区规划、建设、运营和维护全过程，降低全生命周期能耗和碳排放，助力园区内部企业实现绿色化物流、生产、经营、服务等。

以园区综合能源调控为导向，园区应采用工业互联网等技术推动园区能源绿色化应用，采用可再生能源替代化石能源，推动清洁能源的使用，推进多能高效互补利用，并加强化石能源的节约与高效利用。园区应在公共设施共建共享的基础上，加强能源梯级利用，开展园区循环化改造，不断提升园区内部协同性，并加强园区和外部的协同，促进园区产业的持续调优。

以双碳智能化管理为导向，园区应基于工业互联网、云计算、区块链等构建设备、车间、厂区、园区多层次的系统能源、资源和碳排放的优化与精益管控技术体系，以节能调度、资源动态配置为手段，综合采用大数据智能算法，赋能园区构建双碳数据采集、监测、核算、管控、预测等全流程智慧化治理体系，实现对园区碳数据全方位、多层次的透明化监测与管控的目标。

同时，需要加速推进工业互联网标识解析等新一代信息技术对实现绿色低碳发展的赋能作用，提出发展绿色低碳标识体系，依托标识解析节点网络的基础设施，构建统一的绿色低碳标识，建立产业链上下游企业之间可信的、可协作的碳数据管理机制，从而形成解决碳排放数据不可信、碳绩效评价不一致等问题的有效途径，支撑全流程智慧化治理体系。

近年来，我国出台了一系列政策文件，积极推动园区绿色低碳转型，绿色园区、生态工业园区、低碳园区、低碳工业园区、近零碳园区、零碳园区等新概念、新模式不断出现。

国家环境保护总局发布的《生态工业园区建设规划编制指南》中指出，生态工业园区指依据清洁生产要求、循环经济理念和工业生态学原理而设计、建立的一种新型工业园区。它通过物质流或能量流传递等方式把不同工厂或企业连接起来，形成共享资源和互换副产品的产业共生组合，使一家工厂的废弃物或副产品成为另一家工厂的原料或能源，模拟自然生态系统，在产业系统中建立"生产者—消费者—分解者"的循环途径，寻求物质闭环循环、能量多级利用和废物产生最小化。

可持续发展社区协会（Institute for Sustainable Communities，ISC）发布《低碳园区发展指南》，将低碳园区定义如下：在满足社会经济环境协调发展的目标前提下，以系统产生最少的温室气体排放获得最大的社会经济产出，以实现土地、资源和能源的高效利用，以温室气体排放强度和总量作为核心管理目标的园区系统。

聚焦到碳排放目标，低碳工业园区是以降低碳排放强度为目标，以产业低碳化、能源低碳化、基础设施低碳化和管理低碳化为发展路径，以低碳技术创新、推广与应用为支撑，以增强园区碳管理能力为手段的一种可持续的园区发展模式。随着双碳目标的提出，相关概念认识持续深化，建设重点更加聚焦，标准越发清晰。

其中，绿色园区是以循环经济学基本原理和工业生态学为理论指导，通过模拟自然系统的循环路径来建立产业系统中的循环途径。构建园区内物质流和能量流的生态产业链网关系，形成互惠共生的生态系统，从而实现整个园区内资源利用率最大化、废物排放量最小化，建立低碳、清洁、和谐社会环境关系的新型产业园区发展模式。

在此基础上，近零碳园区是在经济高质量发展、生态文明高水平建设的同时，通过能源、产业、建筑、交通、废弃物处理、生态等多领域技术措施的集成应用和管理机制的创新实践，实现区域内碳排放快速降低并趋近于零的园区空间，其经济增长由新兴低碳产业驱动，能源消费由先进近零碳能源供给，建筑交通需求由智慧低碳技术满足，持续演进并最终实现"碳源"与"碳汇"的平衡。

零碳园区则是指在园区规划、建设、管理、运营全方位、系统性融入碳中和理念，基于零碳操作系统，以精准化核算并规划实现碳中和目标的实践路径，以泛在化感知并全面监测碳元素生成和消减过程，以数字化手段整合节能、减排、固碳、碳汇等碳中和措施，以智慧化管理实现产业低碳化发展、能源绿色化转型、设施集聚化共享、资源循环化利用，实现园区内部碳排放与吸收自我平衡，生产、生态、生活深度融合的新型产业园区。

综合梳理相关园区的概念，结合业界对双碳园区的不同认知，我们认为零碳园区是在双碳背景下，历经低碳、近零碳的动态演进，以及规划、建设、运营一体化持续优化迭代，最终实现净零碳排放的一种园区发展模式。

与近零碳园区相比，零碳园区要求更为苛刻，是指通过能源升级、产业转型等各种碳减排和碳中和措施，实现园区二氧化碳净排放量为零。零碳园区对多元分布式能源体系进行升级，构建多能转换、多能互补、多网融合的综合协同能源网络，基于数字管理平台实现园区碳排放等数据的全融合，赋能园区全面减排，降低园区二氧化碳的直接排放量和间接排放量，同时结合碳捕捉、碳吸收、碳交易等方式抵消园区内剩余的二氧化碳，从而实现园区零碳排放。

对于园区碳中和，根本上应从控制碳排放和加大碳吸收两方面入手，同时建立碳交易市场，加强智慧管控。

首先，控制碳源，从能源、生产、交通、建筑、生活等方面节能减排，优化产业生产模式，使用绿色可再生能源，发展低碳、负碳技术，倡导低碳交通和低碳生活。

其次，加大碳吸收，发展生态碳汇、碳捕捉与封存等技术。此外，建立碳交易市场，实现碳排放权优化配置，推动企业进行技术升级，为园区带来具有差异化定位的招商竞争优势，吸引碳改造、碳评价、碳交易等碳产业链服务商在园区内聚集，逐渐构建完善的双碳产业体系。

再次，打造零碳操作系统，汇聚园区内水电、光伏、储能、充电桩等各类能源数据，实现园区能源智慧管控。

最后，明确园区绿色转型发展策略与步骤，利用标识、计量、认证、监测等手段构建园区绿色发展管理体系，协同推动设备、产线、企业、供应链、园区的绿色转型与发展。

以上述愿景为目标，我国在实现碳达峰、碳中和过程中依旧面临诸多挑战。

- 产业产能结构存在改善空间：部分园区未进行科学的产业规划，存在工业共生形态发育不良、产业延伸不足且链接不充分、产业链低碳化发展水平较低、产能结构性过剩等问题，尚未形成绿色低碳持续发展动力。
- 园区能源管理水平需要优化：部分园区缺少对能源结构、产品工艺、加工过程的精细化管理，园区内能源监测、数据分析、优化处理和统一调度等管理过程智慧化水平较低。
- 园区资源利用效率亟须提升：部分园区资源配置结构不完善，资源利用效率较低，园区微电网、园区清洁能源利用等方面缺少前瞻性布局，园区内部与外部的原料、再生、固废等资源的有效协同需要进一步增强。
- 园区智能绿色技术缺乏融合：碳排放数据的精准实时监测、核算和预测实施难度与改造成本较大，新一代信息技术与碳排放管理缺乏深度融合。

针对以上问题，园区可以通过数字化技术，依托工业互联网打造信息化、专业化、智慧化的节能降碳方式，以更加精细、动态的方式实现园区的绿色高质量发展。

工业互联网是新一代信息通信技术与工业经济深度融合的新型基础设施、应用模式和工业生态，可助力园区加速实现双碳目标。

- 助力园区能源结构优化、绿色升级、精细管理。通过工业互联网一体化信息基础设施建设，提高能源、碳排放等数据的计量、核算精度和可信度，持续推进生产流程和工艺的绿色化、数字化节能升级，全面提升园区的能源系统优化与节能管理能力。助力园区实现绿色能源的调度优化，推进以可再生能源为主的园区增量配电网、微电网和分布式电源，助力园区构建清洁、低碳、安全、高效的能源体系。
- 赋能园区资源高效利用、优化管理、智能协作。园区利用工业互联网实现再生资源高值化循环利用新模式，推动建立再生资源供应链，提高资源利用水平，助力园区以资源高效配置带动生产过程碳排放降低。园区通过工业互联网助力企业构建数据支撑、网络共享、智能协作的绿色产业管理体系，强化园区内部、园区与外部组织之间的循环链接，促进资源有效、协同供给，提高资源利用水平。
- 推动园区绿色结构转型、集群构建、协同发展。园区通过工业互联网优化绿色产业链协同布局，推动园区各产业之间相互协调、产业结构转换、产能过剩分析和预警等能力的提升，实现园区产业绿色集群化发展；助力园区产业循环链接，形成互为供需、互联互通的新型产业链；推动园区构建协同降碳新模式，为跨行业耦合、跨区域协同、跨领域配给等提供能力支撑。

5.2 工业互联网标识赋能双碳园区实施原则与效益分析

工业互联网标识赋能双碳园区的建设与发展，其实施应在政府相关政策、文件的引领下，以碳达峰、碳中和科学规划为指导，坚持目标导向、协同发展、有序推进、低碳创新等基本理念，有效推动园区创新变革，以园区企业绿色发展为效益导向，有序推动园区绿色建设。

5.2.1 工业互联网标识赋能双碳园区实施原则

工业互联网双碳园区的建设与发展应在政府相关政策、文件的引领下，推动园区实现双碳创新变革，充分发挥工业互联网双碳园区可信数字基础设施的作用，通过构建工业互联网园区网络，提升园区的双碳信息传输能力和信息感知能力；打造工业互联网园区平台，实现园区要素的全流程数字化管理；基于工业互联网安全框架建立园区可信碳资产交互与可信身份认证机制，提升园区日常运营的安全防护能力。

同时，园区应基于低碳、零碳、负碳绿色基础研究，部署园区绿色公共设施与环境，助力企业绿色化改造升级，进而通过持续优化升级，与政府、区域、能源供给单位、产学研机构共同构建园区协同零碳生态模式，促进资源的充分整合和共享。

工业互联网双碳园区的实施要以目标导向、协同发展、有序推进、低碳创新为主要指导性原则。

- 目标导向：坚持把推动碳达峰、碳中和目标如期实现作为园区全面绿色高质量发展的总体导向，助力园区数字化转型、节能降碳和能源资源高效利用。
- 协同发展：将园区作为区域组织协作与产业转型发展的关键载体，围绕监管协同、资源协同、能源协同、生态协同等方面构建绿色协同发展体系。
- 有序推进：明确园区绿色转型发展策略与步骤，利用标识、计量、认证、监测等手段构建园区绿色发展管理体系，协同推动设备、产线、企业、供应链、园区的绿色转型与发展。
- 低碳创新：坚持把园区绿色创新发展作为主要驱动力，利用工业互联网、区块链等新一代信息技术和高效光伏、新型储能等节能减排技术助力基础设施绿色转型升级，优化园区公共环境和服务能力，推进园区循环化发展，培育并壮大园区绿色发展新动能。

在标识解析体系建设方面，要做好如下工作。

- 园区应做好统筹规划。充分发挥工业互联网的优势和作用，以标识为纽带，打造园区数字底座，为园区及园区企业提供标识服务能力，以标识的规模化应用带动提高园区的产业集聚水平和产业链协同治理能力，构建更加开放的协同生态体系，打造园区标识一体化创新发展新格局。
- 实现多源异构数据互操作。构建园区统一的数据标准，实现园区标识数据资源的标准化与协议统一，实现园区内各类对象和系统之间的数据交换与互操作，连通园区网络、平台、安全，畅通数据要素在园区各个环节的动态流动，促进园区内部与外部的数据交互和共享。
- 构建开放的标识节点生态。建立开放的接入机制，允许园区内的企业、设备和平台等对象能够方便地接入标识平台。鼓励园区内的企业、设备和平台进行合作共建，形成良好的生态环境。推动开放的合作模式，包括共享技术、共建标准和共同创新，促进园区整体的发展和提升。

- 有序推进标识一体化应用部署。园区应结合自身发展定位和业务场景，分领域、分阶段实施标识一体化场景建设，实现园区的设备设施、人员空间、管理运营的互联互通、动态监控及联动响应，以标识解析助力构建互联互通、资源共享、应用智能、产业循环的工业互联网园区。
- 标识运营和园区运营同步开展。园区应构建线上线下一体化运营新模式，在园区传统运营模式基础上，开展园区数字底座、标识解析节点与标识公共服务能力等信息化运营。园区可依托标识一体化开展园区综合服务，为园区运营、企业活动提供标识数据服务、基础设施服务等。

5.2.2 工业互联网标识赋能双碳园区效益分析

工业互联网双碳园区以实现园区的碳达峰、碳中和为目标，利用工业互联网新型基础设施和各种创新技术应用。在满足工业互联网赋能双碳园区基本实施原则的基础上，可实现园区企业绿色化改造升级、园区和产业集群绿色发展、园区产品供给绿色化转型、园区为核心的绿色生态体系及绿色园区网络建设五大需求。

1. 园区企业绿色化改造升级

园区企业绿色化改造升级主要包括：企业技术和设备数字化节能升级改造，即通过对重点用能设备、工序等实施信息化、数字化改造升级和上云用云，进而降低全生命周期能耗和碳排放；企业绿色能源部署和优化，即推动能源系统优化和梯级利用，加强能源资源节约，并开展能源管理体系建设，实现节能增效；企业绿色供应链体系构建，即建立绿色供应链管理体系，提升资源利用效率及供应链绿色化水平；落实双碳政策体系，即完善节能减排约束性指标管理，加强碳排放权和用能权等交易的统筹衔接。

2. 园区和产业集群绿色发展

园区和产业集群绿色发展主要包括：园区公共设施和环境的绿色建设，即园区应注重生态设计，加强基础设施绿色改造，注重园区碳汇环境建设；园区双碳综合治理，即园区应以节能降碳为导向，优化调整产业结构和布局，推动园区各产业之间相互协调、产业结构转换等能力的提升，推动绿色产业链与绿色供应链协同发展；开展园区循环化改造，即优化园区空间布局，推动园区企业循环式生产、产业循环式组合，推动产业园区循环化发展；培育园区绿色服务体系，即创新服务模式，面向园区企业提供咨询、检测、评估、认证、审计等双碳配套服务。

3. 园区产品供给绿色化转型

园区产品供给绿色化转型主要包括：开展产品生命周期绿色设计，即考虑产品生产、消费等各个环节对资源环境造成的影响，力求最大限度地降低资源消耗、减少污染物产生和排放；生成LCA报告，即提供产品生命周期能耗、二氧化碳排放等清单结果，为碳足迹等产品环境声明与环境标识的评价提供数据，为产品设计、工艺技术评价、生产管理等工作提供评价依据和改进建议；实行绿色低碳产品激励约束机制，即强化产品碳排放、能耗、环保等要素约束。

4. 园区为核心的绿色生态体系

园区为核心的绿色生态体系主要包括：加强绿色循环产业链构建，即实现园区全生命周期的资源、能源、物料的循环利用，使园区绿色竞争优势不断增强，产业经济绿色低碳增长；加强绿色市场化机制，即注重碳排放权、用能权市场交易，借助市场力量对园区总体碳排放量及减排成本进行控制，倒逼企业绿色低碳化转型；建立园区与外部区域、城市平台的有效连接，构建区域绿色产业生态体系，并与所在城市形成协同零碳发展新模式，打造协同、有机、健康的园区生态。

5. 绿色园区网络建设

绿色园区网络建设即通过构建高速、安全、融合、泛在、绿色的工业互联网双碳园区网络，提升园区的信息传输能力和信息感知能力，推动园区服务和产业绿色、协同的发展。

标识解析是工业互联网双碳园区网络体系的重要组成部分，可以园区或园区内企业为主体建设工业互联网标识解析节点，推动跨行业、跨专业、跨区域、跨企业标识的互联互通，实现企业内外部软件系统、企业标识系统与工业互联网标识解析系统的对接。

具体来说，可以通过赋予园区内每一个实体物品（包括能源、物料、产品、设备等）和虚拟资产（包括碳排放数据、模型、算法、工艺等）唯一的"身份证"，探索标识在碳足迹全生命周期管理、再生资源回收利用、高效能设备全链条管理、能源梯级利用等场景应用；通过标识解析节点的建设，打通碳排放异构数据、异主流程、集约化传输和管理，实现园区、政府、三方机构数据互通，共享共治，提升园区异构数据互联互通能力，降低企业运转成本。

5.3 工业互联网标识赋能双碳园区建设的重要意义

我国高度重视园区的绿色低碳发展，为解决传统工业园区的低碳转型发展难的问题，陆续采取了一系列的相关措施。

自2010年以来，我国陆续开展51个低碳工业园区试点建设，并先后实施了ISO14000国家示范区、国家生态工业示范园区、可持续发展实验区、园区循环化改造、低碳工业园区、园区土地集约利用评价、绿色园区等一系列绿色发展试点项目，为全面推进工业园区做好碳达峰、碳中和工作奠定了良好的基础。

根据IEA数据显示，我国碳排放中，工业碳排放占比较高。工业是我国国民经济的支柱产业，其低碳转型的成效深刻影响着我国碳达峰、碳中和的工作进展。工业园区是我国经济、城镇化发展的重要载体，是工业集约发展的重要战略，也是工业实现绿色低碳转型的重要环节。深入挖掘工业园区绿色低碳发展的系统作用和集成效应，对我国实现既定的双碳目标至关重要。

然而，目前我国双碳园区的建设仍面临产业结构发展不均衡、建设标准和规范滞后、低碳技术研发和应用水平低等问题。作为新一代信息通信技术和工业制造深度融合的新业态，工业互联网可推动工业园区实现绿色转型升级和能源高效利用，探索基于工业互联网的双碳园区发展模式和推进路径，对于园区的可持续发展和我国双碳目标的实现有重要意义。

园区是我国制造业转型升级的重要抓手。改革开放以来，我国工业的发展取得了举世瞩目的成就，园区作为推进我国改革开放和经济发展的重要抓手，一直被视为经济建设的主战场。目前全国各类产业园区超两万个，园区经济对全国经济贡献的增长率已经超过了30%。由此可见，园区对区域和城市经济发展的贡献度较高，已经成为中国经济增长的助推器。

园区作为工业企业集聚区，在提供了大量基础设施和公共服务的同时，也成为碳排放的主要源头。公开数据显示，工业园区的耗能约占全社会总耗能的69%，碳排放量约占全国总排放量的31%。因此，将工业园区定为精准减排的落脚点、攻坚区，确保节能、减耗、提质、减碳工作的落实，是我国实现碳达峰、碳中和目标的必然要求和重要途径。

2021年，政府多部门相继印发文件，密切出台相关政策、措施支持园区绿色低碳发展。国务院印发的《关于完整准确全面贯彻新发展理念做好碳达峰碳中和工作的意见》中明确指出，要开展碳达峰试点园区建设，推广园区能源梯级利用等节能低碳技术。

《2030年前碳达峰行动方案》中指出，要实施园区节能降碳工程，推进产业园区循环化发展，选择100个具有典型代表性的城市和园区开展碳达峰试点建设。

2021年9月1日，生态环境部印发的《关于推进国家生态工业示范园区碳达峰碳中和相关工作的通知》中指出，要分阶段、有步骤地推动示范园区先于全社会实现碳达峰、碳中和。

2021年10月28日，生态环境部印发了《关于在产业园区规划环评中开展碳排放评价试点的通知》，旨在进一步发挥规划环评效能，促进产业园区绿色高质量发展。

工业和信息化部、人民银行等四部门联合发布的《关于加强产融合作推动工业绿色发展的指导意见》中提出，要支持工业园区和先进制造业集群绿色发展，鼓励运用数字技术开展碳核算，率先对绿色工业园区等进行核算。

工业和信息化部印发的《"十四五"工业绿色发展规划》中提出，要基于流程型、离散型制造的不同特点，提出降碳和碳达峰实施路径；要建设171家绿色工业园区，并完善绿色工业园区评价标准体系。

双碳园区中，工业互联网园区标识一体化体系以标识为纽带、网络为基础、平台为中枢、安全为保障、数据为核心，通过人、机、物等数字对象和物理对象赋予标识，实现全要素、全产业链、全价值链的全面连接，促进各类数据的采集、传输、分析及智能反馈，优化园区资源要素配置效率，提高园区管理及服务水平。

同时，通过园区同步开展的基于区块链的新型标识体系建设，打造园区可信价值互联体系，推动园区公共数据、产业数据、企业数据、能源数据、碳排数据的确权、定价、流转、溯源，推动数据资产化应用创新和探索，助力园区参与全球价值体系，具有重要意义。

- **助力一体化创新园区绿色集约发展**。基于标识解析体系建立园区碳数据服务平台，通过标识解析作为关联园区能碳活动数据的入口，实现一站式信息定位、查询和追溯，充分释放碳数据价值。通过可信数据采集设备及网关，实现能碳活动数据实时采集、汇聚及核算，赋能园区构建碳数据全方位、多层次的智慧化监测与管控体系，实现能碳高效监测、分析、预测与管理。
- **助力一体化赋能园区虚实融合发展**。基于标识解析体系，赋予物理对象和数字对象唯一编码，以标识编码打通现实世界和虚拟世界，借助元宇宙的虚实交互和沉浸式体验，提升园区设计、生产、制造、管理与服务等环节的数字化、网络化水平，提升园区内外部的协同效率，以虚实融合手段推动园区场景、模式、业态创新，打造园区实体经济与数字经济融合发展的园区服务模式。
- **助力一体化园区扩大价值体系**。园区标识一体化可围绕所在地的主导产业、战略性新兴产业及未来产业，建设数字化转型促进中心等创新载体，以标识解析体系为支撑，集聚产业要素资源，促进产业发展和产业链要素配置，强化园区产业链协同，促进产业发展跨界融合，形成健康、低碳、良性、区域一体化发展的新发展模式，支撑建立园区协同、有机的生态体系。

5.4 工业互联网标识赋能双碳园区建设的发展与保障

工业互联网双碳园区的关键相关方涉及政府部门、园区管委会、园区企业、园区建设与运营单位，以及提供咨询、碳核查、测评认证、计量等服务的第三方机构，同时要与其他园区、城市、产学研机构等协同建设全方位、立体化的园区绿色合作生态体系。

此外，园区还要与碳排放权交易所、能源交易中心、绿色技术交易中心等交易机构实施交易，利用市场化机制促进园区温室气体减排，并将能源供给单位接入双碳园区建设管理体系，助力园区实现源头降碳，共同构建园区协同零碳发展新模式。

可以发现，政府在推进工业互联网双碳园区健康可持续发展的过程中发挥着不可或缺的作用，主要表现在以下五大方面。

- **提供园区政策支撑**。强化顶层设计，推动制定工业互联网双碳园区的相关政策，如园区监管、投融资、资源综合利用、税收优惠等政策，加快建立统一、规范的园区碳排放统计核算体系，建立健全碳排放计量体系，发挥制度优势，压实各方责任。地方政府根据实际发展情况因地制宜，依托顶层规划，明确目标任务，制定并出台工业互联网双碳园区落实政策，完善工作机制和政策保障体系，打好政策"组合拳"。
- **建立健全法律法规**。构建有利于园区绿色双碳发展的法律法规，推动相关法律法规与园区相关内容的制定和修订，增强相关法律法规的针对性和有效性。制定园区能源监测、资源综合利用、能源梯级利用等管理办法，推动制定工业互联网双碳园区碳排放约束性指标管理，强化碳排放、能耗、环保等要素约束，产品质量、安全、性能，以及节能降耗和综合利用水平均应达到国家标准、行业标准和相关碳排放要求。
- **引导产业稳步发展**。制定工业互联网双碳园区投资优惠政策引导产业聚集发展，如加强与绿色产业发展配套的节能基础设施建设、搭建平台实现园区内绿色产业链上下游间的柔性关联。组织开展工业互联网双碳园区试点建设，着力孵化、培育和发展有前途、产业集聚效应明显的园区，大力推进园区成果转化和产业化发展。
- **强化监督考核机制**。建立系统、完善的工业互联网双碳园区综合评价考核制度，加强对园区网络覆盖率、能源产出率、区域资源集完备度等相关指标的协同管理和考核力度，加强指标约束。强化工业互联网双碳园区目标任务落实情况考核，对工作突出的园区、企业和个人按规定给予表彰与奖励，对未完成目标任务的园区、部门依规依法处理。
- **提升监测统计能力**。加强工业互联网双碳园区碳排放统计核算能力建设，深化核算方法研究，加快建立统一、规范的园区碳排放统计核算方法和数据库体系。建立健全工业互联网双碳园区碳排放计量体系。推进园区中碳排放实测技术的发展，加快遥感测量、工业互联网、区块链等新兴技术在园区碳排放实测技术领域的应用，鼓励运用数字技术对双碳园区进行碳核算，提高统计核算水平。

工业互联网赋能双碳园区还可采取一系列保障措施，进一步强化、稳固工业互联网在双碳园区建设中的作用，包括提升技术标准，有序开展测试认证，重视发展科研人员，建立持续可发展的人才体系，大力发展创新思想与推广活动，以及积极建设公共服务等。

- **加快推进技术发展与标准建设**。首先，加强工业领域绿色低碳基础研究和前沿技术布局，为园区提供低碳技术支撑。加快关键共性技术研究，集中优势资源开展工业互联网、区块链等新一代信息技术，以及园区高效储能技术，碳捕集、利用与封存技术，零碳工业流程再造技术等关键零碳、负碳核心技术攻关，推进园区碳排放实测技术发展，加快推进工业互联网与低碳技术在园区中的融合发展。其次，进一步推进工业互联网双碳园区相关标准、指南、评价体系的制定。建立健全工业互联网双碳园区绿色发展标准和评价体系，加快建立统一、规范的园区级碳核算方法、算法和数据库体系，推进运用数字技术开展碳核算，健全碳排放计量体系。积极参与国际规则和标准的制定，推进碳足迹、绿色制造等重点领域标准国际化工作。引导园区企业积极参与低碳、节能、资源综合利用等重点领域相关技术标准、管理标准、环保标准等的研制。
- **有序开展园区测试认证**。测试认证在工业互联网赋能双碳园区建设中扮演着至关重要的角色。工业互联网通常涉及大规模的物联网设备、传感器、数据采集系统，以及各种软件应用程序的集成和交互。在这样复杂的环境中，测试认证可以确保工业互联网系统的质量和可靠性。通过对硬件、软件和系统的测试，可以发现和解决潜在的问题，减少因为故障造成的生产中断和损失。因此，对工业互联网双碳园区进行定期的评估与评价，定位现有工业互联网双碳园区运行存在的问题及潜在风险，可以帮助园区明确改造演进路径，推动园区的绿色高质量发展。对工业互联网双碳园区涉及的技术、产品、系统、应用、安全防护能力等开展测试认证，保证相关测试认证对象符合国家相关法律法规和技术标准，在推动双碳数据共享流动的基础上保证数据安全可信。

- **重视发展科研人员，健全人才发展体系**。人才体系在工业互联网中同样发挥着关键的作用，建设绿色、安全、智慧、稳定的双碳园区需要各种技术专长的人才，包括软件开发、物联网技术、数据分析、人工智能、网络安全等。工业互联网通常涉及多个系统和平台的集成，需要具备系统集成和优化能力的人才。他们负责将各种硬件、软件和网络结合起来，构建高效、稳定的工业互联网解决方案。这些科研人员推动技术的不断创新和发展，为园区带来新的商业机会和竞争优势，是推动技术创新和发展、保障系统安全和稳定运行、实现数据驱动决策的重要力量。需要注重建设完善的人才体系，以保持园区不同领域的竞争优势。为此，园区应该充分发挥企业、科研机构、高校、培训机构等各方的作用，储备双碳专业人才，为企业提供人才支撑保障。园区应建设多层次碳达峰、碳中和人才合作培育模式，建立多元化人才评价和激励机制。通过打造双碳人才实训基地，设置碳管理员、园区双碳规划师等身份，组织碳交易、碳管理、园区能源资源优化等相关知识培训，培养一批能够指导和落实工业互联网双碳园区建设的战略型人才。
- **积极开展公共服务建设**。培育一批工业互联网双碳园区绿色服务供应商，提供产品绿色设计与制造一体化、运营管理、工厂数字化绿色提升等系统解决方案。打造双碳园区公共服务平台，面向企业、园区提供低碳规划咨询、低碳方案设计、低碳技术评估、碳排放核算等服务，积极推进工业互联网双碳园区"一站式"综合服务模式，加速产学研用协同创新成果与实际产品收益之间的转化。
- **大力发展创新思想与推广活动**。龙头企业、科研院所通常拥有领先的技术和先进的解决方案，在行业内拥有很高的知名度和声誉。通过宣传推广，可以树立这些单位的行业标杆地位，引领整个行业的发展，促进行业的规范化和标准化。因此，园区应大力支持龙头企业、科研院所等实施重大节能降碳技术示范工程，支持已取得突破的绿色低碳关键技术开展产业化示范应用。建设工业互联网双碳园区展示体验中心，组织园区绿色发展政策法规、典型案例、先进技术的宣传推广活动，加强国际成熟经验的国内运用和国内有益经验的国际推广。

5.5 小结

本章详细探讨了工业互联网如何赋能双碳园区建设。具体来说，首先介绍了工业互联网赋能的内涵，强调了其在优化资源利用、提升生产效率、降低碳排放等方面的重要作用。其次阐述了实施原则，包括目标导向、协同发展、有序推进等，以确保工业互联网在双碳园区建设中发挥最大效益。接着分析了工业互联网赋能带来的诸多效益，如智能化生产、绿色园区网络建设等，从而为双碳园区的可持续发展提供了有力支撑。最后强调了工业互联网赋能双碳园区的重要意义，不仅可以加速双碳目标的实现，还能推动工业向智能、绿色、低碳方向转型，为经济可持续发展注入新动力。

未来，应继续深化工业互联网技术应用，加强数据共享与合作，不断完善支撑体系，以确保工业互联网在双碳园区建设中的持续发展和有效运行，为构建美好的生态环境和经济发展作出更大贡献。

第 6 章　基于工业互联网标识的双碳园区建设蓝图

基于工业互联网标识的双碳园区建设，应以标识为纽带，打造园区数字底座，连通园区内部工厂、园区公共设施及环境要素、园区外部相关机构，对园区数据资源进行采集、汇聚、处理、分析，构建数据流动闭环，提高数据互操作性，通过标识一体化驱动和标识数据赋能，形成园区内部、园区与园区之间、园区与"政产学研用能"等各产业角色之间的协同有机生态，最终实现园区全场景、全要素的全面互联。

6.1　建设需求分析及原则

园区可以建设工业互联网标识解析节点，统一为园内企业提供标识分配、解析等服务，并可开展标识应用创新，如碳足迹追溯系统、跨系统数据融合和供应链整合等场景，提升园区生产效率、协同管理水平、产品质量和经济效益。

在园区内部，鼓励各企业构建工业互联网标识解析节点及系统，旨在帮助企业自身构建一套标识编码注册、解析服务及综合标识业务管理框架。这不仅促进了企业内部系统（包括制造执行系统 MES、客户关系管理系统 CRM 等）与标识解析系统的深度融合，还促进了企业私有标识体系与公有工业互联网标识解析体系的无缝对接。此举措有助于探索标识技术在生产操作、物流追踪、产品生命周期管理等多个环节的应用潜力，全面覆盖从生产加工、质量检验、物流配送、售后服务到企业管理等每一个关键流程，以智慧标识赋能企业运营的每个细微之处。

园区作为大规模工业、商业或居民住宅的集聚区，为区域内各类用户的生产、运行等各类活动提供了大量基础设施与公共服务，是产业集约化发展与多类型资源要素聚集的区域性关键承载平台，同时也是城市碳排放最集中的空间。在园区中，交通、建筑、能源是产生碳排放的主要场景。

在园区交通侧，交通作为区域联系的"动脉"，是园区内生产、生活的重要支撑。从我国的碳排放量数据来看，交通领域是重点碳排放领域之一，碳排放量占到了全国碳排放总量的 10.4%。要建设双碳数字园区，应当从交通侧着手，开展低碳化改造。进行双碳数字园区交通领域的建设时，需要在园区交通规划、设计、建设、运营等全过程中，合理运用各类交通工具，采用先进技术手段，在保障园区交通安全、高效、通畅的同时，降低其碳排放量，实现园区交通的低碳化甚至零碳化。

在园区建筑侧，来自建筑物的温室气体排放占所有温室气体排放的近 40%，是各种类型园区中的主要碳排放来源之一，并贯穿园区建设的全过程。其中，来源于钢铁、水泥、玻璃等建筑材料的生产和运输，以及现场施工过程的碳排放被称为建筑的内含碳排放；来源于建筑运行阶段的碳排放，包括暖通空调、生活热水、照明及电梯、燃气等能源消耗产生的碳排放被称为建筑的运营碳排放。在打造双碳园区、推动园区内建筑能效提升和绿色建筑发展的过程中，需要将建筑实际运营能耗和对环境影响的降低作为最终目标。在源头上实现全部能耗由场地产生的可再生能源提供，积极采用低排放水泥等绿色建筑材料，充分结合新设备、新技术对建筑内部环境进行节能改造，最大限度地降低建筑供暖、空调、照明能耗。同时，打造基于全生命周期的低碳运营和敏捷管理模式，帮助建筑商在不断优化用户体验的基础上减少整体能源使用量和碳排放量。

在园区能源侧，为建立资源最大化利用的能源供应系统，针对园区范围内不同品类的能源需求进行评估与分析是重要基础。按照能源使用量分析，产业园区中主要能源需求包括工业生产需要的水、电力、热力、制冷、燃气、石油、煤炭等品类，其用能曲线受生产力或市场需求的影响较大，与时间、气候等因素相关性较小；办公、生活园区主要有采暖、照明，空调、动力、用水等需求，可由电能、天然气、氢燃料、燃煤等不同品类能源供应，且在一天中的波动较为明显，受季节、气候等外界环境因素影响较大，呈现"日间高、夜间低""冬夏高、春秋低"的特点。按照能源的利用特点，以及园区的不同能源禀赋，部分能源可由其他品类的能源进行等效替代或进行时间跨度的转移，如电代煤、电代气、气代煤等转化方式，同时单一品类的能源（如电能）可以依托智能优化调度策略在清晨或深夜时段错峰使用，通过不同品类能源的横向互补、纵向优化，可以赋予能源需求曲线更大的灵活性与可调节性，实现对能源利用与绿色低碳的有效兼顾。

此外，为进一步完善双碳园区的建设，除交通、建筑、能源等三大高碳排场景外，园区应积极融合物联网、大数据和区块链等先进科技力量，开展园区级碳资产的精细盘点，推动园区碳减排量（CCER）的核证与发放，为园区内企业定制"碳足迹画像"，建立促进低碳行为的园区碳积分系统，并参与辅助性碳交易市场以激活碳资产价值。同时，园区应聚焦构建兼具减排与污染防治功能的基础设施，孵化低碳环保的新业务模式，力求在以下几个核心层面取得进展：能源结构的绿色转型，产业结构向低碳、高效的方向调整，加速低碳技术的实际应用与创新，以及加强对园区内外绿色低碳意识的普及教育。

- **科学规划，统筹推进**。坚持政府主导、规划先行，围绕园区全周期双碳建设的愿景，从顶层设计着手，统筹循序推进。立足于双碳数字园区建设的实际需求，同时兼顾经济发展需要，明确双碳数字园区的建设蓝图与实施路径，夯实政策、标准与技术等保障体系。
- **数字赋能，创新驱动**。把握数字化发展趋势，全面提升园区智慧管理水平，充分运用数字化手段，赋能园区双碳全过程管控，打破各环节数据壁垒，促进园区运营智慧化、低碳化。坚持以创新为园区转型的核心驱动力，开展理论创新、技术创新、管理创新，加快新技术成果转化应用，全面提升园区创新发展能力与水平。
- **以人为本，低碳发展**。将"以人为本"作为园区建设的出发点和落脚点，坚持以低碳发展为导向，深入实施绿色可持续发展战略。按照整体性思维，整合园区资源数据，平衡园区生产、生活与低碳发展的需求，推动资源高效循环利用，不断强化园区生态环境治理。
- **产城融合，开放共享**。聚焦区域发展与产业布局，加大产城融合力度，以园区为依托，促进产业结构与布局优化，重点培育绿色产业体系。促进园区之间共享开放、经验互通，构建多层次、多领域的双碳数字园区产业体系，助力区域经济繁荣发展，迸发出新活力。

6.2 整体规划

由于园区种类繁多、功能各异，双碳建设的关键落脚点也各不相同，因此需要勾勒出面向未来发展的蓝图框架，以明确双碳园区的目标愿景与建设思路，为园区的双碳化和数字化建设引航。

6.2.1 目标愿景

双碳园区的建设以目标愿景为驱动，以核心理念为指导，通过将数字化手段应用于园区规划、建设、运营、服务全过程，促进园区物理空间与数字空间的融合及联动。

- **目标愿景**：围绕园区的可持续发展需求，将打造"数智融合绿色共享、高质量发展的新时代园区"作为双碳园区建设的目标愿景，明确园区的前进方向，强调数字化、智慧化和绿色化，促进园区高质量发展。
- **核心理念**：将"以人为本，绿色高效、创新空间"作为双碳园区建设的核心理念，在园区发展过程中，基于绿色双碳思想，坚持以人为本，利用先进、创新的数字化技术，驱动园区业务提质增效。
- **关键手段**：聚焦碳排放全周期，构建从碳监测到碳管控、碳服务的园区双碳治理体系，以数字化手段打通园区碳排放的各个环节，全面汇聚园区双碳建设的关键要素，对园区碳排放进行统一管控，为园区企业提供双碳相关服务。
- **融合空间**：利用5G、AI、物联网、区块链等新一代信息技术，打破园区物理空间与数字空间的壁垒，构建虚实交映、互联互通的融合空间，为园区的生产和生活提供有力支撑。
- **基础要素**：信息基础设施是园区发展的基础要素，以此为切入点，将双碳理念融入园区规划、建设、运营、服务的全生命周期，由点及面，全方位塑造园区的双碳发展环境，助力目标愿景实现。

6.2.2 整体框架

双碳园区的建设与发展应在政府相关政策、措施的引领下，以碳达峰、碳中和科学规划为指导，推动园区实现双碳创新变革。图 6-1 所示为双碳园区的框架。

充分发挥工业互联网赋能双碳园区可信数字基础设施的作用，通过构建工业互联网园区网络，提升园区的双碳信息传输能力和信息感知能力；打造工业互联网园区平台，实现园区要素的全流程数字化管理；基于工业互联网安全框架建立园区可信碳资产交互与可信身份认证机制，提升园区日常运营的安全防护能力。

6.2 整体规划

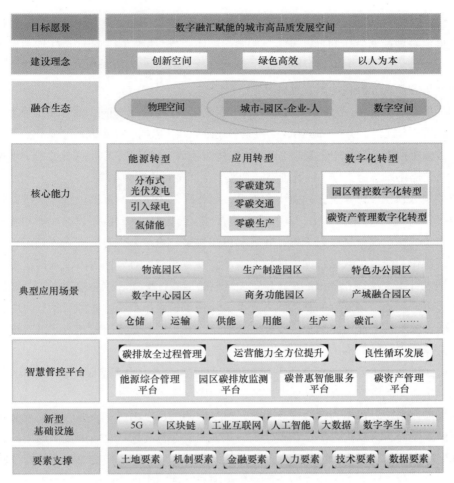

图 6-1 双碳园区的框架

同时，园区应基于低碳、零碳、负碳绿色基础研究，部署园区绿色公共设施与环境，助力企业绿色化改造升级，进而通过持续优化升级，与政府、区域、能源供给单位、产学研机构共同构建园区协同双碳生态模式，促进资源的充分整合和共享。

双碳园区的建设有两大核心要素：一是打造双碳数据流动闭环，推动园区内设备、工艺、物料等数据联动，以及园区外产业链上下游的生产、物流、库存等数据互通，进而结合具体场景实现园区双碳数据洞察与分析。二是推进双碳数据价值化，通过信息化手段保证园区碳排放和能源数据采集的准确性、核算的真实性、交互的可信性，实现园区双碳数据的资源化、资产化、资本化。

坚持把推动碳达峰、碳中和目标如期实现作为园区全面、绿色、高质量发展的总体导向，助力园区数字化转型、节能降碳和能源资源高效利用。坚持把园区绿色创新发展作为主要驱动力，利用工业互联网、区块链等新一代信息技术和高效光伏、新型储能等节能减排技术助力基础设施的绿色转型升级，优化园区公共环境和服务能力，推进园区循环化发展，培育并壮大园区绿色发展新动能。

第6章　基于工业互联网标识的双碳园区建设蓝图

明确园区绿色转型与发展的策略和步骤，利用标识、计量、认证、监测等手段构建园区绿色发展管理体系，协同推动设备、产线、企业、供应链、园区的绿色转型与发展。将园区作为区域组织协作与产业转型发展的关键载体，围绕监管协同、资源协同、能源协同、生态协同等方面构建绿色协同发展体系。

园区形态功能各异，承载业务丰富多样，双碳落脚点也各不相同，通过系统梳理和高度抽象、概括蓝图框架，明确双碳园区的愿景和建设思路，以指引各类园区双碳化路径。双碳园区由目标愿景驱动，以建设理念为指导，依托园区碳中和模型，以三大核心能力转型为保障，以双碳操作系统为支撑，以物理空间和数字空间融合生态为承载。

双碳园区顶层设计系统融入碳中和理念，目标愿景决定了园区的理想和前进方向，强调"数字融汇赋能"，落脚点为"高品质发展"，建设理念明确园区建设的原则和要求，强调创新成长、绿色高效和以人为本，兼顾绿色与发展、生产与生态的全面规划。

双碳操作系统通过数据打通园区核心生产要素各环节，对园区发展及碳排放相关重点要素数据进行系统梳理和全量汇聚，建立园区碳排放指标体系和碳管控应用，为场景化业务应用提供通用的、可复制的基础能力支撑。依托双碳操作系统的能源转型、应用转型和数字化转型三大核心能力转型推进双碳园区建设。基于核心要素全面塑造园区双碳化发展环境，支撑建设目标的推进。

双碳园区建设上联双碳城市，下接双碳产业民生，通过物理空间"城市-园区-企业-人"和数字空间的深度融合互动，实现园区的双碳化高品质发展。

双碳操作系统以数据为核心生产要素，通过框架层、应用层、支撑层和物理层共同支撑双碳园区建设，为双碳生产、双碳建筑、双碳交通等各类场景化应用提供通用的、可复制的基础能力支撑，促进园区基于此操作系统开发碳排放、碳清洁能源等相关智慧应用，同时以数字化赋能园区碳生命周期全程智慧监测与管理，实现园区内部管理者、经营者和消费者的全连接，从过程和终端两方面共同帮助园区实现双碳目标。双碳操作系统的架构如图6-2所示。

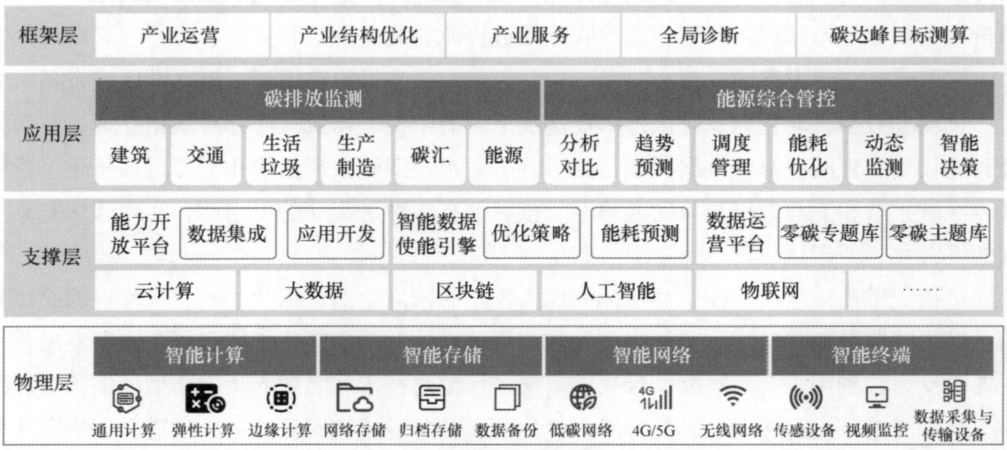

图6-2　双碳操作系统的架构

6.2.3 核心能力

双碳园区的核心能力主要包括三方面内容：能源转型、应用转型和数字转型。下面我们进行逐一说明。

1. 能源转型

目前，我国园区的供能以煤炭、天然气等化石燃料为主。通过能源转型，优化现有的能源消费结构，提升现有的能源梯级利用率，降低能源环节的碳排放成为双碳园区建设的关键。双碳园区能源转型重点从能源供给、能源综合管控两个方面着手。

园区通过整合能源投资和能源技术，构建以可再生能源为主的双碳能源系统，并配套智能电网等基础设施，有效地进行一体化的综合能源规划。与其他一次能源相比，电能具有绿色、安全、环保、便捷等突出优势，构建以电力为主的能源消费，以及配套的综合能源（包括储能、充电桩等）服务，可以从整体上优化园区能源结构。

结合园区的特点，在终端能源消费环节推进"以电代煤""以电代气"，在物流交通环节推进"以电代油"，能够从源头显著减少碳排放量。在此基础上，因地制宜地布局光伏、风电、水电等清洁可再生能源，可有效降低以火电为主的市电的使用量；极大地提高园区能源供应的清洁度。

光伏发电技术是指利用半导体界面的光生伏特效应而将光能直接转变为电能的一种技术。光伏发电技术的关键元件是太阳能光伏电池，除此以外，逆变技术、并网技术、储能技术、智能监控技术等都关系到太阳能光伏发电系统的应用与发展。

我国在包括太阳能组件在内的光伏核心产业链上已经处于世界领先的位置。根据国家能源局相关数据，2019年中国光伏总发电量2243亿千瓦时，占全国总发电量的3.1%，光伏利用小时数1169，标志着我国光伏发电发展到大规模、高比例、高质量跃升阶段。其中，晶硅太阳能是光伏产业的主流技术，2020年所占市场份额已达95.9%。

产业园区、物流园区的工业厂房一般具有闲置屋顶面积大、遮挡物少、自身用电量大的特点，对于建设以自发自用为主的分布式小型光伏电站具有特别优势。在国家系列政策的推动下，整合工业园区工商业屋顶和立面资源建设光伏屋顶电站已经成为园区实现碳中和的重要手段。

鉴于风、光等清洁能源具有随机性和波动性特点，园区难以保证能源供应的平衡与稳定，综合能源系统由此应运而生，并成为促进清洁能源消纳、增强能源梯级利用、提高能源使用效率、实现多种形式能源协调运行的重要解决方案，也成为双碳园区能源转型的关键。

作为满足终端客户多元化能源生产与消费的新型能源服务方式，综合能源系统依据能源互补理念构建，整合电力系统的发、输、配、用、储多个环节，覆盖多种类型的分布式能源，打通电、热、气多种能源子系统，实现多种能源互补互济和多系统协调优化，有效提高园区能源利用效率和经济性。

从能源传递链来看，双碳园区综合能源系统存在源、网、荷、储多种协同互补路径，即源端互补、源网互补、网荷互补等多种互补模式,以及相互之间的协调互补模式。

能源转换是综合能源系统的核心,包括能源生产端和消费端不同类型能源的转换,以及不同承载方式的能源转换。在能源生产端,除了通常的利用发电机等技术手段将一次能源转换成电力二次能源,还包括电解水生成氢燃料、电热耦合互换等多种形式。在能源消费端,能源消费者可以根据效益最优的原则在多种可选能源中选择消费。

氢能在能源、交通、工业、建筑等领域具有广泛的应用前景,可以作为能源互相转化的重要媒介,推动能源的高效利用,实现大规模深度脱碳。氢储能指将氢气作为二次能源,在适宜的条件下将化石燃料、电能等能源转化为氢气储存,并在需要的时候通过燃料电池或其他反应转化为电能等能源的技术。

对于风力、光伏等不稳定能源发电,氢储能是一个非常理想的解决方案。氢储能技术能够有效解决园区当前模式下的可再生能源发电并网问题,同时也可以将此过程中生产的氢气分配到交通等领域中直接利用,提高经济性。

目前,氢能系统的转换效率较低(电转氢效率多为60%~70%,氢转电最高效率约为60%),因此以电能系统、氢能系统及热能系统构成的储能模型为基础的微电网系统成为提高氢能系统效率的有效手段。通过氢燃料电池热电联供、区域电网调峰调频及建筑深度脱碳减排的应用,能够有效避免氢能系统的热能浪费并进一步提高氢能系统的效率,实现冷、热、电、气多能融合互补,提升园区能源效率和低碳化水平。

微电网是指由分布式电源、储能装置,能量转换装置,负荷、监控和保护装置等组成的小型发配电系统,是能够实现自我控制、保护和管理的自治系统,既可以与外部电网配合运行,也可以独立运行。

园区的电力使用负荷大、强度高,对电能的质量要求高,因此整合太阳能、风能等分布式能源,建立楼宇级的综合能源微电网是园区实现碳中和的重要手段之一。

能量平衡控制是微电网运行中最重要的问题,在微电网实际运行过程中,分布式电源的种类和数量不断增加、大量柔性电力电子装置的出现将进一步增加微电网自身的复杂性,同时,并网模式下,微电网与配电网主网的协调互动又进一步增加了维持功率平衡的难度。

为了精准、高效地实现多能互补,需要高精度的发电和负荷预测技术,大数据、人工智能等数字技术的应用能够助力微电网建设从建模到预测,再到优化的动态智能化系统,实现资产和能源使用效率的最大化。

2. 应用转型

双碳园区是一个整体性的概念,要实现园区碳中和的建设目标,必须对园区规划、空间布局、基础设施、生态环境、运行管理等进行系统性考虑,并将双碳理念落实到园区主要的碳排放场景中,统筹考虑企业生产、楼宇建筑、园区交通等各个方面的直接或间接碳排放,全面推动双碳生产、双碳建筑、双碳交通等应用场景转型。

在能源消费侧，能源总量和强度双控、降低高耗能制造业碳排放量、实现"绿色制造"是我国实现碳中和目标的关键一步，其中钢铁、化工、有色金属和建材等行业需要重点发力。高耗能工业园区实现低碳化甚至零碳化的主要途径如下。

- 优化产业链布局以提升集群内循环效率，基于园区或区域能源系统大循环视角进行产业链的聚集，通过园区内、产业集群内企业的生态共生，实现跨企业、跨行业的统筹规划和梯级利用。
- 工艺优化以提升能源产出效率，积极推动工艺创新，针对不同行业的特点，加快低碳工艺的研发、推广和应用。
- 通过电气化及清洁能源的利用，降低生产过程中的直接排放，推广风能、光能等清洁能源替代化石能源，利用柔性电力技术、储能技术等，推动园区建设绿色能源供应体系。
- 利用负碳技术降低终端排放。

氢还原是指用氢替代碳作为还原剂，在高温下将金属氧化物还原以制取金属的方法，其还原产物为水，没有二氧化碳排放，并且与其他方法（如碳还原法、锌还原法等）相比，产品性质较易控制，纯度也较高，广泛用于钨、钼、钴、铁等金属粉末和锗、硅的生产。

氢冶金技术主要的工艺路线有富氢还原高炉、气基直接还原竖炉等。

- 富氢还原高炉工艺，以纯氢/富氢还原气部分代替煤或焦炭，通过风口吹入高炉，增加炉内煤气含氢量，强化氢在炉中上部参与间接还原，实现碳减排。
- 气基直接还原竖炉工艺，把以高炉为基础的碳密集型炼钢工艺逐步转变为竖炉-电弧炉短流程工艺，实现钢铁流程革新和能源结构优化。

作为冶金行业低碳化转型的重要途径，氢还原相关技术的研发近年来已经获得广泛关注，并且出现了成熟的工业方案应用。

碳捕集、利用与封存（carbon capture utilization and storage，CCUS）指将二氧化碳从排放源中分离或直接加以利用或封存，以实现二氧化碳减排的技术过程，包括二氧化碳的捕集、运输、封存及利用4个环节。

在园区层面，鉴于生产工艺与新能源出力不连续性和不稳定性等原因，能源和生产环节无法实现完全的双碳排放，通过负碳技术等碳移除的手段，可以抵消部分化石能源的碳排放而实现碳中和。

CCUS技术大部分仍处在技术原型阶段或者试点阶段，完全成熟且能够投入市场的技术相对较少。CCUS技术在天然气加工及化肥生产领域较为成熟，已经能够以较低的成本捕集二氧化碳，但是在一些缺乏其他减排措施、非常依赖CCUS技术的行业，例如水泥行业或钢铁制造业，相应的CCUS技术仍处在起步阶段。

双碳建筑是在建筑全生命周期内，充分利用建筑本体节能措施和可再生能源资源，通过减少碳排放和增加碳汇实现净双碳排放的建筑，同时还可以减少其他空气污染物，降低建筑运营成本，改善建筑内部环境，并提高建筑抵御气候变化的能力。

根据世界绿色建筑协会发布的相关数据,来自建筑物的温室气体排放占所有温室气体排放的近40%,成为各种类型园区中的主要碳排放来源之一,并贯穿园区建设的全过程。

打造双碳建筑,在源头上实现全部能耗由场地产生的可再生能源提供,积极采用低排放水泥等绿色建筑材料,充分结合新设备、新技术对建筑内部环境进行节能改造,最大限度地降低园区的碳排放量。

双碳建筑的建设遵循"被动优先减少需求、主动优化提高能效"的理念,采用一体化设计方案,依托区域的资源赋能碳中和目标的稳步推进。

被动技术优先通过特殊的采光、保温等设计,营造适宜的微气候,使建筑能够充分利用光照、人体、电器散热及自然风等实现或接近实现恒温、恒湿、恒氧、隔离雾霾的舒适条件。

在被动设计的基础上,主动优化强调可再生能源的应用,实现能耗效率与最佳室内气候之间的平衡,有效改善人们的健康水平和居住舒适度。

"被动+主动"一体化是建筑场景的综合解决方案,是根据实际的需求场景对相关技术的整合,包括高性能围护结构技术、可控自然通风和采光技术、高效热电联产集中供暖、相变储能技术等一系列涵盖材料、设备、能源、数字系统等领域的技术。

双碳交通指交通运输使用能源所产生的碳排放为零,或者其产生的碳排放能够被其他途径所中和。常见的交通减排方式包括减少出行、改变出行方式,以及使用零排放的交通工具、选择使用更清洁的能源、提升交通工具能源使用效率、提升路网通行效率等。

要在园区实现双碳交通,首先,要以新能源汽车为核心实现交通工具电气化,通过合理规划、有序建设充电站等配套设施,做好充电设施预留接口与停车场区域总体布局,以电能代替化石燃料实现交通过程的双碳排放;其次,要优先发展园区公共交通,建设集约高效、智慧便捷的绿色公共交通体系,鼓励公共出行、共享出行等双碳排放出行方式;再次,要完善智能交通体系,推动智能化交通管理和智能化交通服务以提升通行效率;最后,要通过合理的规划布局、应用新型技术方案等方式避免和减少出行,提升出行效率等。

电动汽车充电桩是安装于公共建筑(公共楼宇、商场、公共停车场等)和居民小区停车场或充电站内,根据不同的电压等级为各种型号的电动汽车提供电力保障的充电设备。

双碳园区需要合理规划充电设施的位置与容量、优化充电设施的运行,加强对用电终端的监控与管理,提高服务质量,降低能源消耗,以有力保障园区双碳交通的实现。

在对充电桩位置与容量进行合理规划的基础上,双碳园区也需要对用电终端的监控管理系统一并部署,推进充电桩与通信、云计算、智能电网、车联网等技术有机融合,利用大数据优化充电桩位置布局,合理安排充电时间,平滑电网负荷曲线,提高利用率。

6.2 整体规划

3. 数字转型

云计算、移动互联网、大数据、区块链、5G 等数字技术的融合发展，正在改变各产业链的管理、运行、生产、传输模式，促进绿色低碳转型，数字化赋能是建设双碳园区的必由之路。

- **数字化提高经济社会运行效率**：企业通过数字化转型提升管理效率和生产效率，园区通过数字化管理提高运行效率，从而减少碳排放。
- **数字化驱动技术创新**：随着智能技术的辅助与规模效应的形成，驱动双碳、减碳、负碳技术的研发、推广及商业化应用，推动园区实现经济、绿色、低碳可循环的高质量发展。
- **数字化助力碳监测体系构建**：构建碳监测体系是双碳园区建设中的重要一环，数字化技术可助力打造碳排放智能监测系统，实现对碳排放、碳减排实时"全景画像"。
- **数字化支撑碳核算体系运转**：碳核算是一个多元主体的体系，涉及从中央到地方、从政府到企业等跨部门、跨层级、跨组织的社会行为主体，包含数据来源、测量方式、数据形式、数据质量、测量地域及时间范围等多样化因素，计算方式繁杂，数据量庞大。大数据、人工智能等数字技术的应用能够提高园区碳排放数据的准确性，有助于园区管理者通过在线监测的方式，更精准地进行碳排放核算，支撑碳核算体系运转。
- **数字化实现碳生命周期全程智慧管理**：园区作为城市的重要组成单元，依托"城市数字大脑"，将双碳作为一个关键模块纳入城市操作系统，汇聚重点企业、楼宇、园区的监测、污染、交通等多方数据，实现对园区碳排放的全生命周期智慧管理。

此外，通过数字技术联结园区和城市碳管控体系，可实现园区内部管理者、经营者和消费者的全联结，同时联结城市碳管控体系。

在双碳园区的建设中（见图 6-3），基础设施数字化转型标志着从传统的硬件设施建设转向对"新基建"软环境的高度重视。这一转型聚焦于构建智能消防系统、环境监测等数字化设施，旨在通过数据驱动的力量引领园区全面数字化升级。园区积极拥抱 5G 通信、人工智能、工业互联网和大数据中心等新一代基础设施的部署，加速 5G 网络与物联网的广泛建设，旨在显著增强基础设施的运行效率与服务质量。

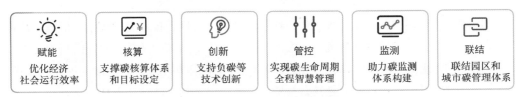

图 6-3 数字化赋能双碳园区建设

工业互联网平台在双碳园区建设过程中扮演桥梁角色，促进产业链上下游数据的顺畅流通，优化工业网络结构，为实现碳中和目标提供强有力的技术支撑。与此同时，以先进数据中心为中枢的智能算力生态系统,正不断提升信息基础设施的效能和服务范围,确保园区内企业能够享受到高质量、大容量的网络信息服务,满足其在数字经济时代的发展需求。

通过对既有基础设施的数字化和智能化改造,双碳园区得以显著提升其智慧运营水平,构建与现代数字经济及智慧社会需求相匹配的融合基础设施体系,为园区可持续发展奠定坚实的基础。

以 5G 为代表的现代信息通信技术是实现双碳目标的助推器,在助力园区碳中和的过程中具有不可替代的作用。首先,5G 的高速率、低时延、大连接特性,能有效满足终端海量接入、信息交互频繁、控制向末梢延伸的业务发展态势,能够有效扩展电力系统监测控制的范围与能力;其次,5G 作为园区最重要的基础设施,能够赋能双碳园区数字化转型,提升园区运行效率,助力碳中和目标实现;最后,5G 等数字技术在双碳园区各环节的融合应用,能够实现生产变革,助力企业降本增效减排。

园区在管控方面的数字化转型致力于通过核心服务的高效优化,加速综合能源管理体系的革新与部署,确保机电设备在智能化监控和管理下的高效运作,从根本上增强了园区运行的安全保障级别。这一转型基于一个集成化的管理平台,该平台实时收集设备运行状况与环境参数,为资源环保管理、综合物业管理、项目进度监管等关键领域提供数字化的综合解决方案。

融合物联网、大数据及人工智能的先进技术,园区对入驻企业展开全面的数据追踪与监测,不仅作用于生产运营,还触达生活服务、医疗服务预约、餐饮配套、交通出行等多个流程,全方位推动园区服务的数字化进程。此举拓宽了信息共享的边界,极大增强了园区的综合治理与服务水平,为构建一个更加智慧、高效的园区生态环境奠定了坚实基础。

数字孪生技术已经成为建立双碳园区的关键技术之一,并且被逐步应用到园区的碳管理之中,其中比较典型的应用为园区能源管理方案,通过数字孪生技术可以在全息镜像的展示环境下,实现园区能源系统的系统规划、智能诊断和远程维护等功能。

数字孪生技术的广泛应用,使得园区能够全方位监测排放指标,实现实体生产线与虚拟模型的深度整合,持续优化生产和制造流程。同时,构建产业链与供应链的知识图谱,对各类碳排放及碳足迹数据进行精细化分类与模型构建,通过深化知识提炼、关联分析及跨领域的融合,打造一个智能化的知识服务平台,提升对产业链和供应链中潜在问题的预测与应对能力。

园区碳资产管理的数字化升级聚焦于在强制性或自愿性碳排放交易体系下形成的特殊资产类别。这些资产直接或间接关联碳排放许可、减排信用额度及相关的经营行为,构成了园区碳足迹管理的核心要素。碳资产的独特性在于它既是环境保护资源的一种耗减形式,体现了对环境容量的占用;同时是具备投资属性的金融工具,能够在市场上交易并产生经济效益。

通过数字化转型,园区不仅能够精确计量和监控这些碳资产,还能高效地参与碳市场运作,利用数据分析、云计算等现代信息技术优化碳排放权的分配与利用。这不仅促进了碳排放的有效管控，还开辟了新的绿色融资渠道，实现了环境效益与经济效益的双赢。简而言之，碳资产管理的数字化转型是将碳资产从传统资源管理范畴提升至融合环境价值与金融价值的新型资产管理模式的过程。

在碳交易体系下，政府分配相应的碳排放权配额给园区，园区通过能源转型升级而减少的碳排放量，或因为双碳排或减排项目所产生的减排信用额，可在市场上进行流转交易，即可视作园区的碳资产。

对碳资产进行合理的分配、利用、管理，以及在碳市场上的交易与投资，可以为园区的双碳运营提供更多灵活、便捷的选项。政府部门应建立有效的碳资产管理机制，在园区生产经营过程中，对直接和间接的碳排放进行统计分析与监测、预测，优化低碳资产组合，辅以购买碳信用、植树造林等碳抵消措施，助力园区双碳智慧转型。

园区要顺利推进能源低碳转型与电力碳减排，前提是做好碳排放监测与核算。碳监测结合大气中温室气体浓度监测数据和同化反演模式计算温室气体排放量，碳核算基于活动水平和排放因子的乘积计算温室气体排放量，前者可以推动完善核算体系，支撑排放因子本地化更新，也可以对核算结果进行校核。

只有通过监测与核算园区内的直接碳排放活动，如化石燃料燃烧、移动源燃烧（交通等），以及间接碳排放活动（如电力消耗、热力消耗等），获取园区各途径碳排放的事实与数据，制定有针对性的策略，才能最终推动园区双碳智慧转型。区块链技术的透明连接、价值可信、不可篡改及信息可追溯等特性可完美解决碳排放计量数据不准确、碳排放核算体系不完善、信息不对称及数据不可追溯的难题，有效助力碳交易机制的建立。

6.3 建设模式、路径及内容

这一部分详细介绍基于工业互联网标识的双碳园区建设模式、路径及内容。工业互联网园区的标识一体化应以标识为纽带，打造园区数字底座，连通园区内部工厂、园区公共设施及环境要素、园区外部相关机构，对园区数据资源进行采集、汇聚、处理、分析，构建数据流动闭环，提高数据互操作，通过标识一体化驱动和标识数据赋能，形成园区内部、园区与园区之间、园区与政产学研用能机构等各产业角色之间的协同有机生态，最终实现园区全场景、全要素的全面互联。

6.3.1 建设模式

园区标识一体化建设模式主要包括园区型二级节点、园区型企业节点和园区新型标识节点3种。

1. 园区型二级节点建设框架及内容

园区标识解析二级节点建设以强化园区公共服务能力为核心，且突出园区管理、企业节点分配、管理及统筹。工业互联网园区-园区型二级节点建设架构如图6-4所示。通过与国家标识解析基础设施对接，构建园区内工厂、企业、公共设施及环境的数据采集、标识解析能力，为其提供企业管理、标识注册解析、标识应用、标识认证等服务。园区生产企业、物流企业及园区公共设施等以企业节点形式接入，依托企业生产管理、物流管理等系统将物料、设备、产品等数据与标识解析二级节点连通，通过数据中台打通园区工业互联网平台，支撑上层的服务园区应用服务平台，构建数据整合、数据解析、数据认证、数据服务四大核心数据空间，提升园区的数字化服务能力。

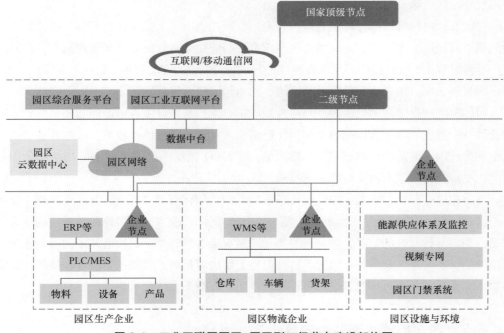

图 6-4　工业互联网园区-园区型二级节点建设架构图

- **园区生产侧**：工厂是园区工业生产力的实例主体，园区标识解析二级节点通过企业节点提供标识注册、解析能力，对工业系统的生产要素数据、加工模型数据、业务管理数据赋码，为信息追溯、动态调整提供了数据基础。
- **园区服务侧**：数据是园区信息化服务的重要依托，园区标识解析二级节点开放对外服务能力，通过发展并接入园区企业节点，为生产要素分配标识；依托标识跨平台数据打通能力建立标识数据资源池和工业数据字典，释放工业数据要素价值。园区二级节点强化公共服务能力，具备多平台应用的对接服务能力。
- **园区管理侧**：平台是园区智慧化管理能力的载体，工业互联网平台融合园区二级节点公共服务能力，连通园区多层网络、多个主体，整合区内各部门数据，实现数据复用、数据服务、数据应用，逐步形成横向到边、纵向到底的服务网络和科学、有效的服务机制，增强服务合力，提升综合服务水平。

2. 园区型企业节点建设框架及内容

园区型企业节点建设模式下，快速、简洁、轻量化地建设节点并接入外部二级节点，实现园区企业标识注册、解析、数据采集等能力构建。工业互联网园区-园区型企业节点建设架构如图 6-5 所示。

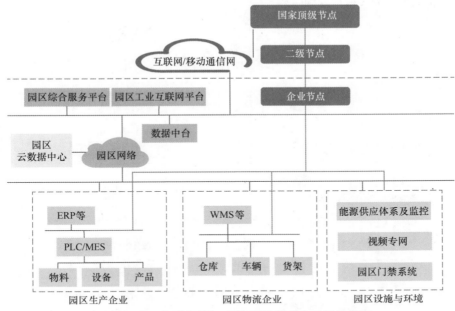

图 6-5　工业互联网园区-园区型企业节点建设架构图

园区生产企业、物流企业及园区公共设施的相关数据均依托企业生产管理、物流管理系统等与标识解析体系连通，标识数据中层打通园区工业互联网平台，标识数据上层服务园区应用服务平台，从而构建数据整合、数据赋码、数据认证、数据服务四大核心能力。园区型企业节点建设模式适用于中小型园区或特定属性园区的标识一体化建设，更侧重于园区内企业服务和标识应用。

- **园区生产侧**：工厂是园区工业生产力的实例主体，园区企业节点为园区企业提供标识注册、解析服务，为工厂信息追溯、生产动态调整提供了数据基础。
- **园区服务侧**：数据是园区信息化服务的重要依托，园区企业为生产要素分配标识，企业节点依托二级节点公共服务能力，具备多平台应用的对接服务能力。
- **园区管理侧**：平台是园区智慧化管理能力的载体，园区企业节点为工业互联网平台提供标识注册、解析服务，协同工业互联网平台打通更深层次的工业系统数据交互渠道。

3. 园区新型标识节点建设框架及内容

园区新型标识节点建设以强化园区公共服务能力、发展新技术带动能力为主，园区可建设"星火·链网"骨干节点，提供子链接入管理、数字身份管理、标识资源分配等基础服务，并可开展数据确权、可信交互、碳资产存证、供应链金融、数字资产交易等服务和应用创新；园区可建设业务节点，协同骨干节点执行共识和业务活动，权限由骨干节点管理。

新型标识节点能够建立企业关键数据上链能力，并与"星火·链网"体系、标识产品与设备服务体系基础设施对接。工业互联网园区-园区新型标识节点建设架构如图 6-6 所示。企业依托园区云 IDC 基础设施搭建园区工业互联网平台、"星火·链网"骨干节点、园区设备终端认证平台、园区应用服务平台,打造数据整合、数据赋码、数据认证、数据上链、数据可信五大园区数据基础服务。

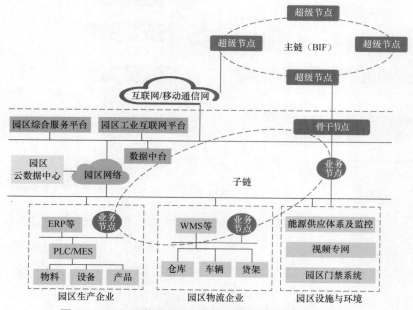

图6-6 工业互联网园区-园区新型标识节点建设架构图

- **园区生产侧**:"星火·链网"骨干节点通过BID映射将企业节点关键数据上链,形成基于星火的业务节点。融合节点为信息追溯、动态调整、可信存证、隐私计算等提供了数字基础设施。
- **园区服务侧**:基于"星火·链网"的底层技术能力、算力和网络能力,面向数字藏品、供应链金融、产融等应用场景,提供可信服务网络、数字原生资产、智能安全金融、数字化追溯、隐私计算等服务。
- **园区管理侧**:有效推动园区链上公共数据、产业数据、企业数据、能源数据、碳排数据的确权、定价、流转、溯源,推动数据资产化应用创新和探索,提升园区的数字化管理能力。

6.3.2 建设路径

在园区建设、运营过程中,要科学编制园区绿色低碳顶层设计规划,具体做法如下。

- **制定园区双碳目标和实施路径**:建设园区单位碳排放和能源数据采集装置;推动园区产业集群循环化改造,在园区微电网、园区清洁能源利用等方面开展前瞻性布局,推动公共设施共建共享、能源梯级利用、资源循环利用;制定碳排放政策和碳交易规则,依法依规开展碳排放核算、碳效率评价及企业间碳交易活动等低碳目标。
- **谋划重点项目**:以项目化的形式推动方案落地实施,重点谋划一批有利于推动园区经济、能源、产业等绿色低碳转型发展的示范工程。

6.3 建设模式、路径及内容

通过构建"高速、安全、融合、泛在、绿色"的双碳园区网络，提升园区的信息传输能力和信息感知能力，推动园区服务和产业绿色、协同发展。

标识解析是工业互联网双碳园区网络体系的重要组成部分，园区内企业为主体建设工业互联网标识解析节点，推动"跨行业、跨专业、跨区域、跨企业"标识的互联互通，实现企业内外部软件系统、企业标识系统与工业互联网标识解析系统的对接。为园区内的每项实体资产（涵盖能源资源、原材料、制成品、机械装备等）及虚拟资产（如碳排放记录、数字化模型、算法、生产工艺知识等）配置独一无二的数字"身份证"，旨在探索这一机制在全生命周期碳足迹追踪、循环资源回收利用、高性能设备生命周期管理及能源的多层次高效利用等场景中的应用潜力。通过构建标识解析系统节点，打破信息壁垒，实现跨域数据（包含不同格式的碳排放信息、多主体业务流程）的高效整合与传输，促进园区、政府及相关第三方机构间的数据流动与协同治理，增强园区内部及外部异构数据的交互能力，从而减少企业运营成本，提升整体管理效能。

园区应当依托以区块链技术为核心的信息基础设施，搭建一个园区专属的网络平台，促进园区内各参与主体间实现安全、透明的数据交流与协作，涵盖个性化组织互动、碳排放权交易等关键活动，进而趋向降低边际成本，开辟新的商业模式，最大化园区与外界生态系统间的协同价值。通过区块链技术的运用，确保园区碳排放和能耗数据的实时、安全存储及验证，为建立在可靠数据之上的园区企业碳信誉评估与认证体系奠定坚实基础，推动园区绿色管理和可持续发展实践的深化。通过区块链存证技术，构建双碳园区可信认证体系，防止数据被篡改，确保数据安全可信，建立"企业-政府-第三方服务机构-金融机构-交易机构"的多边可信数据链，实现数据共享共治，为碳排放交易及相关业务过程中的数据交互提供保障，实现数据资产至碳资产的转化。

园区骨干网络是园内各企业网络互联的关键基础设施，是园区进驻的各企业办公、科研、生产数据，以及相关信息互通与交流的载体，也是开展园区绿色转型发展与资源协同利用、构建园区绿色资源交互网络的关键支撑。园区骨干网络可以连接园区设施和环境的计量、采集与监测设备，实现园内端到端的连接，形成园区信任网络，进而助力从生产端到企业平台，从企业平台到园区平台的信息互联互通。园区应在工业互联网安全框架规范的总体指导下，建立满足园区长远发展的安全体系，采用技术手段、管理手段和安全服务相结合的方式，提升园区网络信息安全防护能力。

园区应构建边界安全防护能力，主要包括区域边界防护平台与边缘侧数据安全防护平台。园区应构建边界安全运营防护体系，制定合理的安全策略，通过在企业边界与园区边界部署隔离设备，利用数据加密、安全认证等安全手段，提供端到端全覆盖的应急防护措施，包括威胁监测、态势感知、安全管理编排、安全事件应急响应、柔性防护等，防止企业内部风险扩散及外部风险入侵。

园区应具有完备、可靠的工业互联网安全保障体系，推动园区内制度建设、产业发展、人才培养等多方面的工作合理、有序开展，构建协调、配套的行动举措。通过建立健全工业互联网监督检查、风险评估、应急处置等体制机制，层层压实责任，强化对园区内企业的指导和规范。推动园区内企业加快监测预警、应急防护等关键技术手段部署，构建企业自身安全防护及核心技术能力，促进工业互联网安全监管、防护、治理等安全基线的全面提升。制定园区级别安全标准规范，支持园区内专业机构、企业积极参与相关国际标准制定，加快标准落地实施。

企业应打造绿色设施与环境，包含绿色设备、物料和能源等，园区应支持有条件的企业开发并利用光伏、风电等能源实施，推进多能高效互补利用。同时，企业应通过智慧能源管控，推动数字能源和综合能源服务的发展。

园区内企业通过对供应链、加工生产、产品流通等过程的数据进行信息采集与控制，实现对企业制造全流程物料、能源以及工艺过程导致的碳排放的全面感知。园区内企业基于企业信息与控制系统，提供实时碳数据存储、传输、校验等功能，实现对采集数据的有效处理和保存。

园区可为企业建立提供自身管理和服务的平台，推动主要用能设备、工艺、工序等数字化改造和上云用云，实现对企业碳排放的全面监测、管控与评估，推动碳足迹全生命周期跟踪与管理、"工业互联网 + 再生资源回收利用"、能源梯级利用等创新绿色模式的落地。

园区应打造绿色公共设施与环境，坚持节约优先方针，提高可再生能源比例，推进绿色储能、耗能与供能设施的研发和应用，推进重点用能设备节能增效，包括加强微电网、分布式能源等供能和储能设备、设施的建设。

园区管委会、园区建设与运营单位、园区企业间开展围绕工业互联网和双碳融合领域的全面交流与合作，联合开展低碳、负碳关键核心技术攻关，培育一批节能降碳和新能源技术产品研发国家重点研发实验室、测试中心、创新中心等，并基于工业互联网平台进行双碳模型、算法、软件等技术与成果的共享、开放、协同。

整合政产学研用金服等各方资源，实现园区与政府的监管协同、园区与区域的资源协同、园区与能源单位的能源协同、园区与产学研的生态协同，共同推动绿色低碳发展和成效评估，推动能源的综合利用、绿色低碳技术创新、资源配置联动、人才培养，加快先进负碳技术的研发、推广和应用。园区平台与各信息系统应加强与工业互联网平台、公共资源交易平台等第三方服务平台的对接互联，实现微服务组件、应用服务、双碳信息多维联动。园区应加强国际国内合作，深化参与各方在绿色技术、绿色工艺、绿色设备、绿色企业、绿色园区等方面交流合作。

双碳园区的关键相关方涉及政府部门、园区管委会、园区企业、园区建设与运营单位，以及提供咨询、碳核查、测评认证、计量等服务的第三方机构，同时要与其他园区、城市、产学研机构等协同建设全方位、立体化的园区绿色合作生态体系，基于工业互联网标识的双碳园区建设的关键相关方如图6-7所示。

此外，园区还要与碳排放权交易所、能源交易中心、绿色技术交易中心等交易机构实施交易，利用市场化机制促进园区温室气体减排，并将能源供给单位接入双碳园区建设管理体系，助力园区实现源头降碳，共同构建园区协同双碳发展新模式。

6.3 建设模式、路径及内容

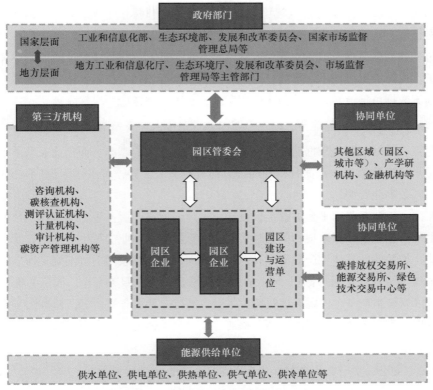

图 6-7 双碳园区建设的关键相关方

6.3.3 建设内容

针对不同区域工业互联网园区的差异化诉求，园区在建设过程中可选择一类或多类"标识+"部署模式，满足园区建设发展需要。

1. 培育新型基础设施能力，解决标识统一、信息多跨互联互通问题

园区可建设工业互联网标识解析节点，统一为园内企业提供标识分配、解析等服务，通过为园区内实体对象（如设施、车辆、仪器仪表、人或虚拟对象等要素）赋予标识编码，实现自动信息采集和关联信息查询与交互，同时可开展标识应用创新（如碳足迹追溯系统、跨系统数据融合、供应链整合等场景），提升园区生产效率、协同管理水平、产品质量和经济效益。

园区可以采用园区自建、大企业（园区内龙头）牵头、产业带动等多种方式建设二级节点或企业节点，为园内企业提供标识分配、解析等服务，并可提供企业节点托管服务，完成相关的标识业务管理、标识应用。企业节点可进行云化，并提供 SaaS 化服务。

2. 培育新型基础设施能力，打造园区可信数字底座

"星火·链网"采用了基于许可公有链的双层体系架构，其中骨干节点扮演了向上锚定对接国家级主链，向下运营维护行业/区域链上应用的角色，通过骨干节点，使得双层体系

在互通的前提下既能保证主链安全可控运行，高性能提供标识管理、公共数据等服务，又能充分融合现有区块链应用，保证整个体系的可拓展性。

通过构建园区工业互联网标识+骨干节点基础设施，一方面，满足园区企业关键数据上链需求，保障数据可信不可篡改；另一方面，围绕标识核心技术，推进多链融合互通，实现多领域数据可信流转，打造创新应用服务，实现区块链应用纵深发展。

3. 培育新型基础设施能力，满足数据治理、综合应用等平台接入需求

工业互联网标识既是数据的载体，也是实现互联互通的基础，而工业互联网平台在数据资源汇聚、模型算法、数据分析利用等方面具有显著优势，可采用标识+平台的方式加速推进园区数字化转型。

一方面，工业互联网平台能够汇聚设计、生产、流通、服务等各环节标识数据，助力产业链上下游企业的数据采集和供需对接，全面赋能园区企业变革生产方式、管理模式和商业范式，加快园区整体生产效率提升；另一方面，工业互联网平台汇聚交通、能源、产业、金融等多维数据，通过标识+园区管理服务平台、绿碳服务平台、园区数据智能分析平台、园区安全生产平台、园区运行监控平台、园区金融服务平台等，精准绘制产业图谱和园区画像，为安全监管、绿碳、精准招商等提供决策辅助，助力园区管委会构建现代化治理体系。

4. 设备安全、实时数据监测、园区或园区企业设备管理需求

园区的管理过程中，终端设备管理存在监管数据可信、核心设备数据安全管理等多方面的诉求，尤其是对设备安全、信息安全等要求高的园区，终端设备管理尤为迫切。

工业互联网标识赋予终端唯一身份编码，通过结合工业互联网标识终端认证服务平台，支持对工业终端接入认证管理、在线情况进行统计和监测，标识及标识凭证的管理，以及基于标识凭证的安全等服务。通过标识+终端认证平台模式，可保障工业设备身份接入安全，保障工业设备上报数据安全，同时为企业提供设备身份安全背书，支持数据可信共享，也为监管、交易等场景安全可信实施提供保障。

5. 园区基础设施+网络一体化建设，高质量网络需求

网络作为工业互联网最重要的基础设施之一，通过融合新一代信息技术与通信技术，具备迅捷信息采集、高速信息传输、高度集中计算等服务提供能力，可实现园区内及时、互动、整合的信息感知、传递和处理。工业互联网标识解析支持从名称到地址解析，与网络互促互补，工业互联网网络技术（如5G、边缘计算、数采网关等）与标识同步实施，将实现工业生产网、企业信息网、园区公共服务网全覆盖，可及时满足多形态、高频率的多元信息感知、传递和处理，促进标识数据更高效、稳定地互联互通，满足园区企业生产控制管理和工业应用的需求，提升园区产业服务水平。

工业互联网园区标识对象既可以是园区内人员、建筑设施、道路设施、照明设施、管网、人员等物理实体，又可以是园区内涉及的工艺参数、软件系统、核心技术、账票单据等虚拟资源，通过对园区物理实体和虚拟资源进行唯一标识，以及快速定位和信息查询，

促进园区内企业间信息资源集成共享,是实现园区信息协同,以及园区信息化和高效运营的前提与基础。同时,按照园区对象属性,标识对象可分为园区公共服务类及园区内企业自有类。

园区公共服务类包括但不限于以下内容。
- 道路设施类,如干道设施、停车场设施、消防设施等。
- 能源设施类,如发电系统、燃气设施、暖通空调系统、冷却水系统、新能源设施、电力配电系统、能源监测系统等。
- 环保设施类,如污水处理设施、废气处理设施、垃圾处理设施、环境监测设施、环保宣传设施等。
- 建筑设施类,如厂房、管理办公楼、仓储物流设施、生活设施、其他建筑设施等。
- 照明设施类,如室外照明设施、设备照明设施、应急照明设施、车库照明设施等。
- 绿化设施类,如绿化带、绿化景观、花坛、休闲区等数据对象。
- 信息服务类,如数据采集和监测系统、数据存储和管理系统、决策支持系统、工业互联网标识解析平台、移动应用程序等数据对象。
- 人员类,如园区管理人员、技术人员、生产人员、安保人员、后勤人员及物流服务等其他人员。
- 账单类,如园区的租金账单、税费账单、物业管理费账单等数据对象。

园区内企业自有类包括但不限于以下内容。
- 研发设计类,如园区内研发设计类企业的设计数模、设计图纸、部件清单、设计软件等。
- 生产制造类,如园区内生产制造类企业的设计数模、设计图纸、部件清单、设计软件等。
- 物流设备类,如园区内物流仓储等企业涉及的 AGV、码垛机器人、叉车、托盘、仓储设备、集装箱等。
- 企业账票类,如园区内企业订货单、收货单、入库单、出库单、工作交接单、检验数据报告等生产与销售环节的账票等。
- 企业人员类,主要包括园区内企业等产业链上中下游企业的相关人员,包括研发设计人员、生产制造人员、仓储配送人员、其他人员等。

园区对象标识编码应满足唯一性、兼容性、可扩展性和科学性。
- **唯一性**。在工业园区的工业互联网领域内,对象标识编码应具备唯一性,应保证不重复,每一个编码仅对应一个对象。
- **兼容性**。园区已有的相关编码标准应协调一致,保持继承性和实际使用的延续性,满足相关信息系统之间进行数据交换的要求。
- **可扩展性**。应根据工业园区应用需求,规划合理的编码容量并预留适当空间,以保证可在本编码体系下进行扩展、细化。
- **科学性**。对象标识编码的结构应简洁、明确,必要时应设置校验码位和安全码,以保证对象标识编码的正确性和安全性。对象标识编码的结构一旦确定,应保持相对稳定。

园区工业互联网标识编码结构兼容包括 VAA 标识在内的多种标识编码。应用于工业互联网的 VAA 对象标识编码由标识前缀与标识后缀组成，两者之间以 UTF-8 字符"/"分隔；其中标识前缀由国家代码、园区代码、企业代码组成，用于唯一标识企业主体；标识后缀码由对象代码和安全代码组成，安全代码为可选，用于唯一识别标识对象。

标识后缀用于唯一标识单个对象，对象范围包括实体对象、流程对象、服务对象等，编码由不定长的对象代码和安全代码（可选）组成。编码规则可由企业自定义，但是在编码时一方面应遵循现有的国家或行业信息分类与编码和数据标准，另一方面应能够支撑园区数据资产的统一管理与跨系统服务。

根据标识对象及管理需求的不同，可选择不同的标识载体，常用的标识载体有一维码、二维码、RFID 标签、NFC 标签、主动标识载体等，可以通过扫码器、PDA、手机、RFID 读写器、NFC 读写器、联网自动采集等识读设备识别和采集标识载体信息。

其中，主动标识载体是实现与智能终端双向通信的连接入口，基于识别与感知完成终端数据的采集，主动向标识解析服务节点或安全认证服务平台等发起连接，完成数据订阅、身份认证、数据直达等操作，实现数据安全和互联互通。

与一维码、二维码等被动标识载体相比，主动标识载体能够实时联网、自动读取，满足低功耗和批量控制的需求，承载了必要的安全证书、算法和密钥，实现数据与标识的信任锚定，提升标识数据的安全、可信。

为实现园区的自动化智能管理，可在园区入口、车库、仓库及关键的设施设备上加载主动标识载体，实时采集园区进出车辆、仓库出入库数量等关键节点的数据，以加密传输、接入认证的方式主动向园区二级节点发起连接，无须再借助标识读写设备来触发，提高了信息传输的及时性，保障了追溯信息的实时、安全、可信。

为解决多源异构标识问题，通过部署标识解析中间件，内嵌通用的标识数据模型，将多源异构的采集数据转化为可读、可理解的标准数据，叠加区块链技术的防篡改能力，将各环节的信息采集上传到企业标识解析系统和数据资源池，确保信息的真实、可靠，支撑各种数据信息资源的快速集成和应用。

推动工业园区标识体系建设，需要对园区重要标识数据进行系统梳理，形成工业园区全要素的数据模型，并围绕数据模型定义行业和企业属性数据的元数据模板，标识元数据模板将为园区内数据共享及园区间跨区域、跨平台协同提供重要支撑，有利于解决园区内企业的标准数据交互问题，促进工业要素整合共享，构建创新协同、错位互补、供需联动的区域数字化发展生态，提升支柱产业链、供应链协同配套能力。

从层级划分来看，元数据模板可分为国家元数据模板、园区元数据模板和企业元数据模板。

- **国家元数据模板**。由工业互联网标识运营机构统一定义，用于规范数据管理和共享。国家顶级节点应支持国家元数据模板更新，综合考虑行业节点向国家顶级节点申请添加行业元数据的具体情况，适当扩展国家元数据模板数据项，并向二级节点下发更新后的元数据模板。
- **园区元数据模板**。园区元数据模板是在工业互联网标识运营机构指导下，以国家元数据模板为基础，面向园区定义的，用于规范数据管理和共享。这些模板通常包括特定领域的专业术语、数据元素和相关属性，并且与行业标准相符合。园区可以根据自己的需求制定园区元数据模板。园区二级节点应支持园区元数据模板更新，根据园区需求向国家顶级节点申请添加园区元数据，国家顶级节点审核通过后反馈二级节点完成行业元数据更新。二级节点应向企业节点下发国家顶级节点审核通过的园区元数据，应支持企业对园区元数据进行数据项扩展。

- **企业元数据模板**。企业元数据模板是以行业元数据模板为基础，由特定企业或组织定义的，用于规范其内部数据管理和共享。这些模板通常包括企业的数据元素、数据结构、数据定义和业务流程等，并且与企业的标准和规范相符合。园区企业节点可以根据自己的需求制定园区元数据模板，并可向二级节点申请元数据模板更新需求。企业节点应支持企业元数据模板更新，根据企业需求向二级节点申请添加企业元数据，二级节点再向国家顶级节点申请添加行业元数据，国家顶级节点审核通过后反馈二级节点完成行业元数据更新。二级节点应向企业节点下发国家顶级节点审核通过的行业元数据信息。

数据资源一旦可以被重复使用并产生价值，就实现了数据资产化。通过标识解析体系建设，园区标识对象进一步明确，标识数据可被识、被采集，格式被统一，数据可被有效利用的空间将放大。通过对象标识数据分类分级、数据认证、价值变现三步骤推动园区数据资产化。

数据分类是为了规范化关联，分级是确定安全防护和重要等级。根据不同的属性或特征，按照一定的规则和方法，将园区多标识对象的海量数据进行区分和归类并建立分类体系，这是建立统一、完善的数据架构的前提，也是标准化数据管理的基础。

数据分级是指在分类的基础上，采用规范、明确的方法区分数据的重要性和敏感度差异，为数据开放和共享安全策略制定提供支撑。

园区标识数据分类分级主要流程具体如下。

- **数据梳理**。数据包括数据库表、数据项、数据文件等结构化和非结构化数据，明确数据基本属性和相关方，形成数据资产清单。
- **制定标识数据分类分级标准**。根据国家相关标准、行业相关标准，结合园区管理特征、重点及企业业务特性等制定数据分类分级标准和规范。
- **数据分类**。按照数据分类分级标准，建立园区数据分类规则，对数据进行分类，同时对企业信息、敏感企业信息进行识别和分类。
- **数据分级**。按照数据分类分级标准，建立自身的数据分级规则，并对数据进行分级。
- **动态更新管理**。根据数据重要程度和可能造成的危害程度变化，对数据分类分级规则、重要数据和核心数据目录、数据分类分级清单和标识等进行动态更新管理。

在数据资产化过程中，数据所有权的不确定性、信息交互安全等问题的存在，会直接影响数据重复利用和价值再造。因此，在园区进行数据资产管理的过程中，可借助标识解析工业互联网设备认证平台与数字认证体系相结合，对接入的设备进行监管，保障工业设备身份接入安全，为企业提供设备身份安全背书；提供数据安全传输通道，保障工业设备上报数据安全，支持数据可信共享；同时，平台提供公共基础服务设施，为监管、交易等场景安全可信实施提供保障。

数据价值变现包括两部分内容。一是通过数据治理实现数据资产的汇集和预处理，再通过基于场景的算法将数据应用到业务中，让数据产生洞察力，为管理和业务的创新提供支撑，让数据具备间接变现的能力。例如通过对园区物业服务数据、空间数据、设施设备数据、产业数据、招商数据等分类分级数据进行有效数据分析及管理，实现服务过程可追溯、品质管控可视化、设备管理精细化管理、精准招商等。二是通过数据治理将数据资源转化为数据资产，再把数据资产链接到提供数据资产交易的平台上进行交易，让数据资产具有直接变现的能力。

工业互联网园区标识一体化建设是以国家新型基础设施理念为引领，以技术创新为驱动，以数字化网络为基础，面向园区经济高质量发展需要，为产业、区域及企业提供数字转型、智能升级、融合创新等服务的基础、综合性设施体系。为保证先进性，园区体系建设需要采用高标准的开放式接口，具备较强的融合能力和向未来演变的能力，保障公共服务功能接口及业务系统接口等的开放性和兼容性。

公共服务功能接口包括设备数据接口、视频数据接口、数据分析接口、身份认证接口、权限管理接口等。业务系统接口包括物业管理接口、企业服务接口和政府治理接口等。通过接口开放及物联网适配、数据服务等能力整合并构建一体化园区的小中台[1]服务架构，将标识数据和各业务子系统打通。这样既能向外融合，也可以保障系统的先进性，从而实现园区各异构系统融合、统一，并保持数字化园区新型体系的生命力。

6.4 关键技术

双碳园区建设，即旨在实现碳达峰和碳中和目标的产业园区建设，涉及一系列关键技术，这些技术对于提高能源效率、优化能源结构、减少温室气体排放及实现园区的可持续发展至关重要。以下是双碳园区建设中涉及的交通类、建筑类、能源类、数字化、融合类、碳监测与负碳技术等关键技术，下面分别进行介绍。

6.4.1 交通类关键技术

园区是城市的缩影，与城市交通规划同理，双碳数字园区交通规划应首先满足园区内部的出行需求。在保证园区各区域可达性的基础上，充分考虑区域功能及交通流量。合理规划路网和运输组织，有效提升园区交通的便捷性、高效性，助力实现"人享其行，车畅其流"。

车路协同系统（vehicle infrastructure cooperative system，VICS）是以路侧系统和车载系统为支撑，通过无线通信设备实现车、路信息交互和共享的智能交通系统。基于自动驾驶的车路协同技术依托于车联网的发展，在车辆实现无人驾驶的基础上，通过在道路规划

---

[1] 小中台是指企业内部的一种数字化管理架构或平台。——编辑注

建设运营中融入传感器等多种设备,进而实现车与车、车与路、车与人的信息实时交互,建立人-车路多方耦合的系统,主动参与和控制道路安全管理与碳足迹管理,充分、有效地实现人、车、路的三方协同,同时为园区交通碳排放的实时追踪和调控奠定基础,图 6-8 是基于公路三维线形的自动驾驶车路协同技术框架。

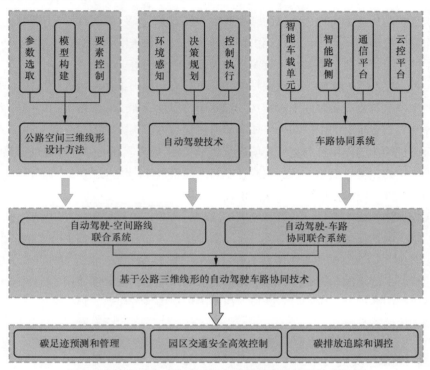

图 6-8 基于公路三维线形的自动驾驶车路协同技术框架

采用三维线形对园区道路进行设计,能在规划的源头对园区道路的通达性、低碳化、便捷度进行直观、有效的评价和调整。未来,自动驾驶将是园区交通技术的主流和重点,而基于公路三维线形的自动驾驶车路协同技术将为实现园区交通的数字化和低碳化提供强有力的支撑。

6.4.2 建筑类关键技术

建筑类关键技术主要包括装配式建筑技术和建筑围护结构技术。

1. 装配式建筑技术

装配式建筑是指把传统建造方式中的大量现场作业工作转移到工厂进行,在工厂加工、制作好建筑用构件和配件(如楼板、墙板、楼梯、阳台等),将其运输到建筑施工现场,通过可靠的连接方式在现场装配、安装而成的建筑。

装配式建筑主要包括预制装配式混凝土结构建筑、钢结构建筑、现代木结构建筑等,因为采用标准化设计、工厂化生产、装配化施工、信息化管理、智能化应用,是现代工业化生产方式的代表。相关数据表明，目前国内建筑全生命周期的碳排放占总量的比例约40%，其中建材生产和建设阶段占比达36%。装配式建筑的使用，可大大降低建筑建设阶段的碳排放量。

2. 建筑围护结构技术

建筑围护结构通常被称为建筑的"皮肤"，是指建筑物及房间各面的围挡物，如墙体、屋顶、门窗、楼板和地面等。建筑围护结构分为不透明和透明两部分：不透明围护结构有墙、屋顶和楼板等；透明围护结构有窗户、天窗和阳台门等。

按是否与室外空气接触，建筑围护结构又可分为外围护结构和内围护结构。外围护结构是指与室外空气直接接触的围护结构，如外墙，屋顶、外门和外窗等；内围护结构是指不与室外空气直接接触的围护结构，如隔墙、楼板、内门、内窗等。

建筑围护结构的作用是与室外环境进行热量交换，或者阻止与室外环境进行热量交换。建筑围护结构的改善可以相应减少制冷和制热的能量消耗。因此在建筑节能设计中，提高围护结构的保温、隔热性能是降低建筑能耗的关键。

建筑围护结构的传热量由通过建筑围护结构的传热、耗热量和通过门窗渗透墙体地基窗缝隙的空气渗透耗热量两部分构成。建筑围护结构各部分的能量损失分布中，窗户损失占50%，其中大约20%损失是由密封不好、室外空气透入所致，将近30%的损失由墙体、屋面和地板所引起。因此，在建筑围护结构的节能设计中，在保证使用功能和建筑质量并符合经济原则的条件下，应有针对性地对建筑围护结构进行保温、隔热的设计，进而减少建筑围护结构的能耗。

6.4.3 能源类关键技术

双碳园区能源类关键技术主要包括可再生能源系统的构建、储能技术、能源供应系统、综合能源优化调度技术等，下面对主要技术进行介绍。

1. 可再生能源系统

可再生能源是指风能、太阳能、水能、生物质能、地热能等非化石能源，是清洁能源。可再生能源是绿色低碳能源，是中国多轮驱动能源供应体系的重要组成部分，对改善能源结构、保护生态环境、应对气候变化、实现经济社会可持续发展具有重要意义。

2. 屋顶光伏

屋顶光伏是指利用太阳能在屋面架设光伏板，利用光伏电池的光生伏特效应，将太阳辐射能直接转换成电能的发电系统。光伏发电系统可降低直购电的用量，从而降低传统火力发电量及发电厂的碳排放量，实现建筑运行阶段的节能降碳。

3. 薄膜发电

薄膜发电技术主要采用轻质、超薄且柔韧的薄膜太阳能电池组件捕获太阳能，并将其转化为电能，这些组件可以便捷地集成到多种载体上，从而为不同的应用场景提供持续的清洁能源供应。薄膜发电组件可以安装在新建建筑的屋顶、既有建筑的屋顶（不具备架设太阳能板荷载的条件）、玻璃幕墙或其他建筑结构上，由于它可直接附着在建筑结构或物体的表面，所以不会造成建筑或物体的渗漏或损坏。这种组件十分美观，能够与屋顶及其他建筑结构融为一体，无须使用支架，同时由于其体量较小，抗风和抗震能力也相对卓越。

4. 空气源热泵

空气源热泵是利用空气能，使热量从低位热源空气流向高位热源的节能装置，具备如下特点。

- **冷热源合一**：不需要设专门的冷冻机房、锅炉房，机组可任意放置于屋顶或地面，不占用建筑的有效使用面积，施工、安装十分简便。
- **无冷却水系统**：无冷却水消耗，也无冷却水系统动力消耗。另外，从安全、卫生的角度，空气源热泵也具有明显的优势。
- **模块化设计**：无须设置备用机组，主机具备自动控制系统，系统可自动调节。

由于热泵性能会随室外气候变化而变化，设备选用必须满足当地的气候条件。综上所述，空气源热泵设备可在建筑运行中降低碳排放量，但是需要根据当地气候条件综合判断后做出选择。

5. 地源热泵

地源热泵利用陆地浅层能源（岩土体、地层土壤、地下水或地表水），通过输入少量的高品位能源（如电能等）实现由低品位热能向高品位热能转移的装置。通常而言，地源热泵消耗 1 kW·h 的能量，用户可以得到 4 kW·h 以上的热量或冷量。此外，地源热泵系统在运行中无排放，可实现供热、供冷和生活热水的使用需求，后期维护费用也相对较低，大大降低了建筑运行阶段的碳排放量。

6. 储能技术

常用的储能系统包括机械储能系统、电储能系统、热储能系统、化学储能系统等。建筑常用的主要储能形式为电储能及热储能。

- **光伏储能一体化**。与光伏发电设备搭配使用，实现输出功率调节，提高光伏系统能源利用效率，改善负载平衡。
- **电储能调峰**。合理利用峰谷电价差，移峰填谷，减少用能费用的同时，减小电网峰电时段的供电压力。
- **电梯储能一体化**。利用电梯重力势能和减速制动动能再生电能就地回收、再利用，减少对电力系统的冲击，减少能量浪费，同时可在一定程度上提升电梯运行的安全性。
- **微电网系统**。能量转换装置、负荷等对分布式能源、储能装置进行综合监控与智能化协调管理，将建筑能源系统连接为一个整体，实现建筑能源系统的自我控制、保护与管理，依靠自身的控制及管理供能实现功率平衡控制、系统运行优化、故障检测与保护、电能质量治理等功能。

7. 能源供应技术

园区运行过程中通常涉及电、热、气、冷等多种能源的使用，如果采用传统的能源供应方式，往往各种品类的能源资源彼此隔离、独立供应，大大降低了能源利用效率。在此背景下，综合能源系统应运而生，成为提高能源利用效率、实现多品类能源资源协调运行的关键技术。

（1）**热电联产**。热电联产系统中，热与电之间互相转化以达到削峰填谷、满足负荷的目的。热电联产的生产方式分为背压式汽轮机和调节抽气式汽轮机两种。锅炉加供热汽轮机热电联产系统适合以煤为燃料，这种系统的技术已非常成熟，是我国的热电联产系统普遍采用的形式。燃气热电联产系统采用内燃机形式，由于内燃机的润滑油和气缸冷却放出的热量温度较低（一般不超过90℃），而且该热量份额很大，几乎与烟气回收的热量相当，因此这种采暖形式在供热温度要求高的情况下受到了限制。

（2）**冷热电三联供系统**。冷热电三联供系统的园区综合能源系统主要采用天然气作为燃料，通过燃气轮机、内燃机、微燃机、燃料电池等设备发电，将产生的电力用于供应用户的电力需求，而在此过程中产生的余热则可以通过余热直燃机或者余热锅炉等设备进行回收利用，从而实现向用户供热、供冷。使用冷热电三联供，可以充分利用天然气的热能，能源利用效率能够达到80%以上，实现了能源的梯级利用。

（3）**电气耦合综合能源系统**。电气耦合综合能源系统含有电网和天然气系统。在该系统中，电网和天然气系统通过燃气机组和热电联产机组进行耦合，从而实现电、气之间的协同调度和互补转换。

此外，通过电转气技术可以将电网中消纳难度大的新能源处理并转化为氢气或天然气储存在储气装置或者天然气管道中，使得电力系统和天然气系统不再是简单的单向流动关系，而是双向耦合关系，加强了园区中电力系统和天然气系统的联系，有助于循环利用能源，减少碳排放，改善能源结构，提高经济和环境效益。

电转气技术在出现可再生能源处理高峰或者负荷低谷时，通过电解水和甲烷化技术将电能转换为天然气，直接在天然气网络中运输或者储存，转换效率为60%~70%。该技术有助于解决风电不容易消纳的问题，实现电能的大量储存。

电气耦合综合能源系统中燃气轮机的用气量通常较大，且由于其用气量与调度运行方式之间存在关联，有很大的波动性，较难实现平稳用气，对外部配气系统有较大影响，系统内的有限储能设备所具有的调峰能力通常不能得到充分利用。由于天然气在一定范围内具有压缩性，能够在管道中被压缩存储，因此园区综合能源系统在选择合理的管存、储气设备等调度方案时，应当综合考虑以上因素，降低供气流量的波动性。

（4）**高效暖通系统**。高效暖通系统是指暖通系统内的所有设备，包括主机、冷却塔、水泵、管网设计、阀门、水质、智能控制。在设计选型阶段，尽量采用低阻阀门、低阻弯头，主机、冷却塔、水泵等高效率、变频设备，在系统运行过程中保证水质清洁，延长主机及水泵的使用寿命，保证设备高效运行和系统水力平衡。

通过智能优化控制，可以实现机房设备和末端设备的智能控制，同时结合系统的运行趋势自我诊断、学习并调整运行状态，使整个空调系统高效、节能运行，从而降低建筑碳排放量。此外，余热回收也是暖通系统的节碳手段之一，通过热回收机组设备回收冷却水系统中的散热量，用于加热、预热或生产工艺热水，可在运行阶段进一步降低碳排放量。

8. 综合能源优化调度技术

综合能源系统根据园区范围内电、热、冷气等多品类能源资源的互补特性及能量梯级利用原则，对多能系统进行统一调度和协调优化，是园区能源系统实现双碳目标的重要途径。

根据系统与外界电网的交互模式，综合能源系统运行优化策略包括并网上网、并网不上网和离网3种模式。

- **并网上网模式**。园区能源系统与园区外公共电网之间存在双向电能交换的运行模式。一方面，电网经由能源接口（如园区主变）向园区输送电能，以满足园区内的能源负荷需求；另一方面，园区通过与电网、售电公司或其他用电单位达成协议，可以将园区自身无法完全消纳的可再生能源以电能的形式转售给外部主体，从而提高可再生能源利用水平并获得部分收益。
- **并网不上网模式**。园区与外界系统的能源流动是单向的，只能被动地接受外界能源的输入而无法将系统内多余的能源外送。在并网不上网模式下，综合能源系统应合理配置分布式发电容量，并优化各能源之间的耦合关系，减少能源的浪费。
- **离网模式**。综合能源系统与外界完全隔绝，两者之间没有能量的交互，依赖内部产能设备满足各种负荷。

根据系统热电联产机组的工作方式，园区综合能源系统运行优化策略包括混合运行模式和目标最优模式。

- **混合运行模式**。热电联产系统根据实时负荷调整处理策略，采用以热定电或以电定热的运行模式。
- **目标最优模式**。以运行成本、能源利用率、污染物排放等最优为优化目标，在满足冷热电负荷需求的基础上，利用智能算法优化热电联产系统的处理，调整系统运行状态。

在现阶段数字技术的加持下，园区运营商可以应用云计算、大数据、物联网、智能互联网、智链接等技术，自主制定开发高可预见性、高度可兼容性的新型综合能源服务解决方案，提供包括智能能源调节、需求动态反馈、价格趋势预测、能源大数据挖掘等多种类别、多种形式的能源平台信息服务。

6.4.4 数字化关键技术

双碳园区数字化关键技术主要包括物联网技术和区块链技术，下面对主要技术进行介绍。

1. 物联网技术

物联网技术起源于传媒领域，是信息科技产业的第三次革命。物联网是指通过信息传感设备，按约定的协议，将任何物体与网络相连接，物体通过信息传播媒介进行信息交换和通信，以实现智能化识别、定位、跟踪、监管等功能，物联网技术架构如图6-9所示。

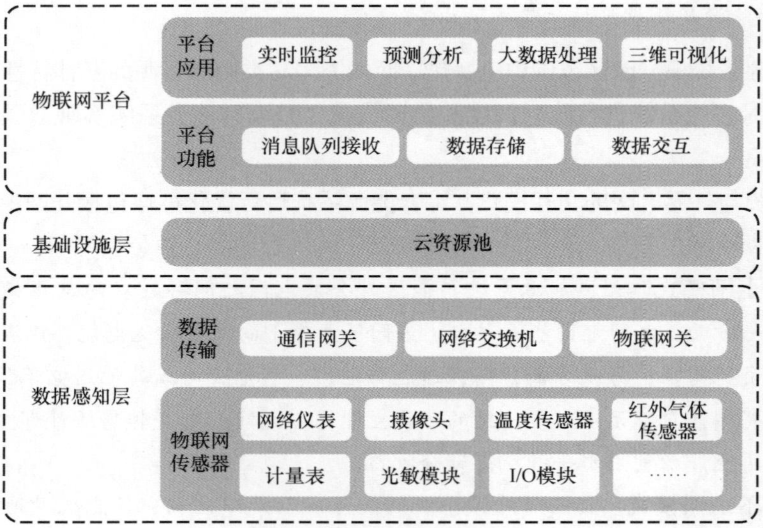

图6-9 物联网技术架构图

在推进双碳园区建设的过程中，物联网感知设备是数据采集的重要来源。利用物联网感知设备，可以实时监测的内容如下。

- 园区内的环境及设备数据（如CO_2粉尘、温湿度、TVOC液位、设备状态、气象监测、扬尘监测等）。
- 分类计量、管理、统计、动态监测实时电耗数据和运行参数。
- 统计分析、动态监测实时用水、燃气数据和运行参数等。

通过物联网感知设备，采集园区各种能耗数据进行统计、分析，结合园区面积、内部功能区域划分、运转时间等客观数据，对园区整体的能耗进行统计与分析，可以准确评价园区的节能效果、碳监测效果和发展趋势。在此基础上，设定园区碳排放目标，提供能耗监测、设备管理、节能诊断、能效提升等能源管理手段，对园区能源进行全生命周期管理，从而实现园区绿色、低碳的可持续发展要求。

2. 区块链技术

区块链技术是以区块为单位产生和存储，并按照时间顺序连成链式数据结构，是一种融合多种现有技术的新型分布式计算和存储范式，其架构如图6-10所示。

狭义来讲，区块链是按照时间顺序将数据区块依次连接形成的一种链式数据结构，是以密码学方法保证数据块的不可篡改和不可伪造的分布式账本。广义来讲，区块链是利用块链式数据结构验证与存储数据、利用分布式节点共识算法生成和更新数据、利用密码学方式访问和传输数据、利用智能合约编程和操作数据的一种全新的分布式基础架构与计算范式。

区块链技术本质上是一种信任构建方案，解决了如何在不依靠中心机构、在完全无信任基础的前提下建立信任机制的问题，具备去中心化和集体维护、共识机制和匿名性、数据不可篡改和安全性、信息公开透明等特征。依托云平台基础底座，提供区块链技术能力，可为双碳数字园区规划、建设，运营、服务各阶段提供多领域、全方位的应用服务。

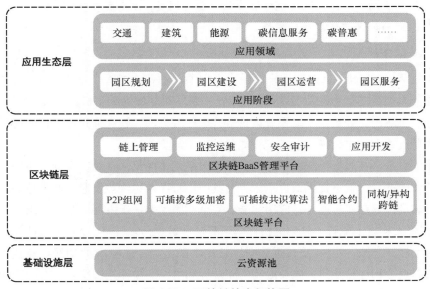

图 6-10　区块链技术架构图

6.4.5　融合类关键技术

5G（第五代移动通信技术）、数字孪生、边缘计算和 AI 在双碳园区建设中的应用是多方面的，这些先进技术共同推动了园区向更加智能、高效和可持续的方向发展。

1. 5G+数字孪生

5G 是具有高速率、低时延和大连接特点的新一代宽带移动通信技术，5G 通信设施是实现人、机、物互联的网络基础设施。而数字孪生是一种以数字化方式创建物理实体的虚拟实体，充分利用物理模型、传感器更新、运行历史等数据，集成多学科、多物理量，进行多尺度、多概率的仿真过程，在虚拟空间中完成映射，从而反映相对应的实体装备的全生命周期过程。当 5G 与数字孪生技术紧密结合时，它们能够以动态、即时的方式运用高度逼真的模型并实时收集数据，对实体对象进行精密监控、前瞻预测及效能优化。通过构建园区级别的模型、积累园区特有数据，并运用园区专属算法，为园区构建一个坚实的数字化基础架构。这一基础架构赋能多样化应用场景，提供包括但不限于数据集成、三维可视化展示、空间智能分析、仿真模拟及虚实融合互动等功能。在推动园区节能减碳方面，5G 技术与数字孪生的结合展现了三大核心效用，如下所示。

- 利用精准映射的物联设施，可以增加碳排放监测功能，提供园区级一体化的碳排放监测和数据采集。
- 利用基于数据和模型的仿真推演能力，在涉碳多元异构数据要素的基础上，实现整个园区碳达峰时间和碳中和时间的精准预测、分析与推演，在虚拟世界仿真，在物理世界执行,虚拟服务现实。
- 利用全要素数据融合分析、决策能力,实现园区碳资产的科学管理和合理配置。在一张图上动态、弹性地实现碳资产的配置和调度,促进发展和降碳的综合效益最大化,助力园区实现高质量发展。

2. AI+边缘计算

人工智能(artificial intelligence,AI)作为计算机科学中的一个重要分支,并致力于创造能够模仿人类智能行为的新型智能系统。这一跨学科领域涵盖了机器人技术、语音识别、图像识别、自然语言处理及专家系统设计等多个研究方向,旨在通过这些技术的进步,让机器更加贴近人类的思维模式,实现智能化的决策与交互。

边缘计算是指在靠近物或数据源头的一侧,采用集网络、计算、存储、应用核心能力为一体的开放平台,就近提供最近端服务。其应用程序在边缘侧发起,产生更快的网络服务响应,满足行业在实时业务、应用智能、安全与隐私保护等方面的基本需求。

AI在很大程度上依赖于复杂的机器学习算法和数据传输计算。AI+边缘计算建立了一种新的时代计算方法,使AI更接近数据生成和计算发生的地方。AI+边缘计算技术能够创建更快的洞察力和计算能力,以及更高的安全性和更好的操作控制能力,有助于物联网设备和传感器所在的边缘拥有高性能计算能力。

在双碳领域,AI+边缘计算技术展现出了广阔的应用前景。鉴于工业制造占据中国碳排放总量约70%的显著比重,而设备能耗又在工厂能耗中占据主导地位,特别是在大型制造工厂中,设备能耗占比高达85%～90%。因此,利用AI+边缘计算技术,在边缘设备上实施混合机理模型和机器学习算法的推理与应用,具有极其重要的意义。通过这一技术,可以精确地给出度电成本最优的可调负荷和储能协同调控指令,从而实现低碳用能的目标,推动工业制造向更加绿色、低碳的方向发展。

AI+边缘计算同样可助力交通侧实现节能减碳。交通路口等车辆工作环境包含大量高传输量的高清视频传感器、低延时雷达等,除了数据导入和过滤,通过AI+边缘计算技术可实现发现问题、做出决策并执行的流程,迅速减缓道路通行中的拥堵情况,提高通行效率,减少碳排放。

6.4.6 碳监测与负碳技术

碳监测与负碳技术是应对气候变化挑战的两个重要方面,它们分别在理解碳循环现状和采取主动减排措施上发挥重要作用。

1. 碳汇监测技术

通过集成无人机技术和激光雷达系统,能够高效监测碳汇状况,这一策略充分利用两者特性,确保监测活动的精确度和时效性。此过程分为两个紧密相连的阶段。

(1)**初始阶段:激光雷达驱动三维建模**。在这一阶段,要先部署激光雷达技术,对目标地域进行全面扫描,精准捕捉地面及植被的三维结构信息。这样能构建出详尽的三维地形模型，细致展现植被的垂直分层，为整个监测项目创建一个精确的起始框架。

（2）后续阶段：无人机多角度强化与更新数据。

- 数据搜集与处理：利用无人机执行多角度摄影任务，从多种视角和高度收集地面影像。尽管单张无人机图像呈现二维特性，无法直观反映植被的立体构造，但它内嵌了深层次的三维信息潜力。
- 三维重构与信息提取：借助高级图像处理算法，将这些二维图像转换为密集点云，从而在三维空间中解析和整合信息。随后，将这些关键三维特征重新映射至二维平面上，实现模型的精确更新与细节丰富。
- 多角度遥感技术的优越性：多角度遥感通过全方位、多维度观测同一目标，显著增强了信息的全面性。它不仅大大增强了植被结构参数的反演精度，还有效缓解了"异物同谱"与"同物异谱"问题，这两者常导致传统遥感分析中的误判。通过这一策略，我们能更准确地区分不同物种以及同一物种在不同环境下的表现，提升了反演结果的准确度和可靠性。

因此，在初始阶段，我们建议采取积极、主动的激光雷达检测手段，以完成园区的三维点云数字化工作。而在后续阶段，则可利用低成本且被动的无人机多角度监测方法，获取无人机点云数据，并实时更新园区三维数字化的相关信息。通过这种方式，我们能够低成本、有效地完成园区碳汇的定期监测工作。

鉴于园区内的绿地、树木等植被在固碳方面所发挥的重要作用，我们将绿地碳汇作为独立的减碳项目，纳入园区碳排放的计算体系之中。具体而言，碳汇采集数据主要聚焦于绿地面积的测定。依据 IPCC 所制定的相关计算方法，我们将绿地碳汇细分为生物碳汇量、死有机质碳汇量及土壤碳汇，并分别进行详细的碳汇计算工作。

2. 碳捕集、利用与封存技术

碳捕集、利用与封存技术是应对全球气候变化的关键技术之一。根据《中国二氧化碳捕集利用与封存（CCUS）年度报告（2021）》，碳捕集、利用与封存是指将 CO_2 从工业过程、能源利用或大气中分离出来，直接加以利用或注入地层以实现 CO_2 永久减排的过程。

按照技术流程，碳捕集、利用与封存主要分为碳捕集、碳运输、碳利用、碳封存等环节。

- 碳捕集的主要方式包括燃烧前捕集、燃烧后捕集和富氧燃烧等。
- 碳运输是将捕集的 CO_2 通过管道、船舶等方式运输到指定地点。
- 碳利用是指通过工程技术手段将捕集的 CO_2 实现资源化利用的过程，利用方式包括矿物碳化、物理利用、化学利用和生物利用等。
- 碳封存是指通过一定的技术手段将捕集的 CO_2 注入深部地质储层，使其与大气长期隔绝，封存方式主要包括地质封存和海洋封存。

6.5 小结

本章在综合分析双碳数字园区建设需求的基础上，提出了园区未来的蓝图架构，并对其建设实施过程中可能运用到的关键技术进行了分类总结。

对于综合类双碳数字园区而言，根据其碳排放主要来源，相应的减碳需求可分为交通、建筑、能源三大类。在交通侧，碳排放主要来源于交通出行、货物运输等过程中的交通工具。在建筑侧，碳排放主要来源于建设施工及建成后日常运营中的能源消耗。在能源侧，碳排放主要来源于园区生产生活过程中的采暖、照明、空调、动力、用水等需求。在建设双碳数字园区的过程中，应针对各类需求对症下药，综合利用相应技术，以实现"数智融合、绿色共享、高质量发展的新时代园区"的美好愿景。

第 7 章　基于工业互联网标识的双碳园区建设实施

基于工业互联网标识的双碳园区建设实施包括关键网络基础设施建设、基于工业互联网标识的双碳园区平台建设、数据体系建设与安全体系建设四大部分。其中，关键网络基础设施建设是基础，平台建设为中枢，数据体系建设为核心支撑，而安全体系建设是重要保障。

7.1　关键网络基础设施建设

伴随数字技术应用程度的加深，保证相应数字技术运转需要的能源消耗也随之增大，节能降碳问题受到了广泛关注。在国家双碳目标的驱动下，园区基础设施建设的绿色低碳化已是大势所趋。

2021 年年底，国家发展和改革委员会等四部门发布的《贯彻落实碳达峰碳中和目标要求推动数据中心和 5G 等新型基础设施绿色高质量发展实施方案》对建设绿色、低碳的数据中心提出了新要求。绿色低碳发展是国家政策要求，更是企业发展需求，把节能降碳纳入企业数字化转型的核心目标十分重要。

企业逐步向园区聚集，园区朝产业化态势的发展趋势越来越明显，低碳产业型园区已成为国家经济发展的重要支柱。在双碳园区智慧化管理需求和国家"新基建"的驱动下，5G、物联网、边缘计算、人工智能等新技术推动了数字化基础设施的智能化发展，促进了传统园区向数字化、网络化、智能化转变，将逐步形成以数据为核心要素的泛在标识、泛在感知、泛在连接、泛在计算的双碳智能化园区。

长期以来，基础设施建设作为在推动国民经济发展、促进能源战略布局、提升人民生活水平、构建现代化社会主义国家方面起引领和支撑作用的支柱行业，无论是规模效益方面还是在社会影响方面，无论是在带动产业链上下游行业发展方面还是在促进行业科学技术升级方面，都具有转化双碳目标发展成本，增强降碳减排效应，实现长期经济效益的功能。

双碳目标与基础设施建设从本质要求到发展方向上高度契合，二者的融合布局是未来推动地方建设和绿色发展的战略关键点。因此，我们需要大力推进更新和建设以双碳目标为导向的基础设施，简称双碳基础设施。

作为数字经济中新技术、新应用、新场景、新模式、新业态的重要载体和平台，双碳基础设施为数字经济高质量发展提供重要支撑。大数据、人工智能、5G、区块链等新技术的出现，推动了数字经济的智能化发展，同时对支撑其发展的基础设施的能力提出了更多要求。

双碳基础设施是双碳园区的"大脑"，是实现从环境感知到环境认知的智能引擎终端设备，可以利用随取随用的分布式算力进行边缘场景的智能计算；业务平台可以通过大数据中心进行数据融合和大数据分析，城市级数据中台、人工智能应用平台为双碳应用场景提供智能化决策支持。而算力基础设施是集边缘计算、云计算、超算协同等于一体的多层次安全计算体系，存储多元、算力开放、算法多样的存算一体化基础设施不断赋能双碳园区智能化发展演进。同时，充分发挥工业互联网双碳园区可信数字基础设施的作用，通过构建工业互联网园区网络提升园区的双碳信息传输能力和信息感知能力。

为了实现园区内部双碳信息的传输、流动和共享，工业互联网双碳园区网络部署要充分发挥可信数字基础设施的作用，基于标识解析、区块链、5G 等技术构建工业互联网园区网络。

5G 是具有高速率、低时延和大连接特点的新一代宽带移动通信技术，5G 通信设施是实现人、机、物互联的网络基础设施，其技术的蓬勃发展为前沿信息技术在工业园区领域的应用落地提供支持。大带宽、低时延、高可靠等特性，使工业互联网的智能感知、泛在连接、实时分析、精准控制等需求得到满足，加速了行业智能化升级的步伐。

工业园区场景中的目标网络架构是以虚拟化技术为基础，实现控制面和用户面分离，核心网控制面（5GC）集中部署在省会城市或者主要城市，核心网用户面转发节点根据业务需求部署在靠近园区用户侧位置，甚至直接下沉至工业厂区，以便引入网络切片和边缘计算，满足业务多样性需求，同时支持多种接入方式、网络功能微服务化、运营编排智能化等能力。

从"建网"来看，园区所采用的网络技术包括 5G 网络、时间敏感型网络（TSN）、软件定义网络（SDN）、低功耗工业无线网络（Wi-Fi 6），加快 5G 网络、TSN、SDN 等新型工业网络设施建设可以加速企业内网络的无线化、扁平化、融合化。此外，应充分利用 5G 网络"一网到底"的网络能力，推动园区办公、生产管理、监控预警、工业控制、物联等网络互通。

从"联网"来看，充分激活沉淀在工业各环节、各设备的工业数据，实现工业数据价值的最大化，为企业精细化管理、精准决策提供依据。

从"用网"来看，园区应针对所处行业的特点及生产、运营、管理中亟待解决的问题，快速普及"5G+工业互联网"典型应用场景，逐步深入工业自动化控制场景，助力产线走向柔性化和智能化。

从"护网"来看，构建面向工业企业的多层级网络安全防护体系。

工业互联网标识解析体系是工业互联网重要的组成部分，"统一管理、互联互通、安全可控"的各级工业互联网标识解析节点将服务于工业中的各个细分行业，促进网络连接与工业数据的互操作。

在园区网络建设中,工业互联网标识解析支持从名称到地址解析,与网络互促互补,5G、边缘计算、数采网关等与标识同步实施,实现工业生产网、企业信息网、园区公共服务网全覆盖,以满足多形态、高频率的多元信息感知、传递和处理,促进标识数据更高效、稳定地互联互通,满足园区企业生产控制管理和工业应用的需求,提升园区产业服务水平。

结合标识解析节点的网络建设,需要打通碳排放异构数据、异主流程、集约化传输和管理,保证园区、政府、三方机构之间的数据互通,共享共治,提升园区异构数据互联互通能力,降低企业运转成本。其中,工业生产网络是工业系统互联和工业数据传输交换的基石,由泛在互联的5G网络基础设施、健全适用的标识解析体系作为支撑,通过给园区或园区内企业为主体的工业设备建设工业互联网标识解析节点,推动跨行业、设备与专业的标识互联互通,实现企业内外部软件系统、企业标识系统与工业互联网标识解析系统的对接。

进一步,可通过标识解析赋予园区内每一个实体物品(包括能源、物料、产品、设备等)和虚拟资产(包括碳排放数据、模型、算法、工艺等)唯一的"身份证",探索标识在碳足迹全生命周期管理、再生资源回收利用、高效能设备全链条管理、能源梯级利用等场景的应用,实现信息数据在生产系统各单元之间、生产系统与商业系统各主体之间的无缝传递,从而构建新型的机器通信、设备有线与无线连接方式,支撑形成实时感知、协同交互的生产模式。

最后,还应基于区块链和5G基础设施进一步构建园区网络,以实现园内个体化组织的可信数据交互、碳交易等协作,推动边际成本趋零,拓展商业维度,推动园区与外部网络生态价值最大化。基于区块链技术打造园区碳和能耗数据的实时安全存证,并在可信数据的基础上对园区企业进行碳信用评价与认证。通过区块链存证技术,构建双碳园区可信认证体系,防止数据被篡改,确保数据安全、可信,建立"企业—政府—第三方服务机构—金融机构—交易机构"的多边可信数据链,实现数据共享共治,为碳排放交易及相关业务过程中的数据交互提供保障,实现数据资产至碳资产的转化。

7.2 基于工业互联网标识的双碳园区数字平台建设

以双碳目标为支撑的大型园区智慧能源管理平台是按照园区建筑的定位,根据整个园区内企业能源运营及业务开展量身打造的数字化能源云平台,为能源运营实现碳排放全过程管理、智能微网、节能降耗等提供智能化业务管理服务,全面提升园区能源运营能力,为各园区建筑提供优质的电力能源服务。

7.2.1 价值内涵

双碳园区数字平台以园区单位产值、单位工业增加值碳排放量和碳排放总量稳步下降为主要目标,在保证工业企业或研发办公企业正常生产经营活动的前提下,着力优化园区

第 7 章　基于工业互联网标识的双碳园区建设实施

空间布局，推进可再生能源利用，着力提升节能水平，开展绿色运营，合理控制工业过程碳排放量，建立减污降碳协同机制，对碳足迹、碳排放、碳核算、能源调控等进行分析，联合推进创新发展和绿色低碳发展。

该平台是在现有信息化平台的基础上建设的统一化、集成化能源管理平台，以实现各园区建筑能耗和碳排放数据互联，构建统一数据库，同时借鉴节能减碳效果好的园区或建筑，形成良性循环发展，进而实现整个园区的低碳运营。整个平台的设计和运营有助于打破数据壁垒，实现数据贯通和管理规范化。借助数据信息的采集提取、能源消耗和效能的分析、节能措施的服务管理、新型能源的利用和碳排放量的智能化管理过程，实现高效率管理园区内能源资源的基本目标。

以双碳目标为支撑的大型园区的定位是建成零排放的综合园区，据此，平台主要通过园区内结构、位置的合理设置，最大限度地节约园区中的可再生能源。另外，平台能够借助园区内不同企业的能源消耗分析，结合诊断、优化技术不断减少园区内的能源浪费，提升碳使用效率，还能进一步依托交易决策优化机制，保全大型双碳园区内部碳资产，实现其增值，为园区内企业提供更好的碳聚合服务。

将分散的碳资产进行集中管理与运营，可以不断提高国家核证自愿减排量开发效率，实现碳资产的获利，助力双碳目标的稳步推进。

7.2.2　平台架构

1. 平台顶层架构

在平台顶层设计方面，可以应用云技术、大数据等先进技术，采用分布式微服务的架构，实现平台应用服务在场景应用中的快速复制与推广。如图 7-1 所示，数据平台顶层架构主要分为应用层、平台层和资源层。而在平台管理服务与大数据处理方面，平台可以分为园区管理与服务平台、园区工业互联网平台，以及数据和算力基础设施，如图 7-2 所示。

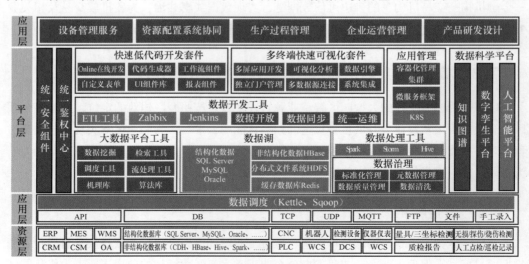

图 7-1　数据平台顶层架构

7.2 基于工业互联网标识的双碳园区数字平台建设

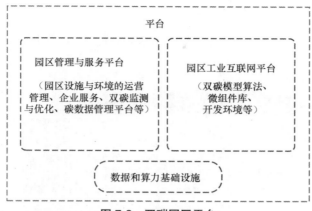

图 7-2 双碳园区平台

（1）**园区管理与服务平台**。园区综合管理平台是园区的基础信息化服务设施，是园区基础服务与产业服务应用的直接体现，是园区生态合作与协同交流的重要平台。园区综合管理平台主要提供应用型功能和服务型功能，应用型功能包括碳/能耗数据的监测与优化、能源结构调整与优化等内容，服务型功能包括园区设施与环境的精细化运营管理、企业配套服务等。通过提供园区管理服务，助力工业园区实现碳排放在线监测与核算，实现碳排放的透明化管理，提高碳排放数据的溯源性、安全性及时效性，进而帮助园区管委会时刻了解企业碳排放数据和工业互联网双碳园区碳中和进度，并基于模拟核算为园区后期招商引资、项目准入等规划决策提供数据支撑。

（2）**园区工业互联网平台**。园区应搭建或引入工业互联网平台，与园区内部企业、园区设施和环境、园区外部政产学研用机构对接，汇聚各种在线资源，提供双碳模型算法、微组件库和开发工具、开发环境等，支持园区企业利用工业互联网平台开展资源和能源共享协同、节能环保服务提供和双碳应用创新。平台还应提供强大的可视化能力支持，支撑企业展示生产、经营、服务等的进程与态势。

（3）**数据和算力基础设施**。汇聚园区物料碳排放、能源碳排放、制造工艺过程中所产生的直接碳排放等数据，以及产品数据、生产数据、原材料数据、能源供给和交易数据、产业链和供应链数据等，为碳排放核算、分析等提供统一的基础支撑，主要可以细分为双碳模型相关算法，以及相应的微组件库与开发环境，如下所示。

- 双碳模型算法：利用双碳模型算法对碳足迹、碳排放、能源调控等进行分析和测算，助力园区进行相关预测和优化。
- 双碳微组件库：双碳微组件可以独立运行，也可以组合提供某种服务，如工艺节能优化、设备能源管理、碳排放测算等。
- 双碳开发环境：为园区企业或第三方机构提供基础环境、组件和接口。同时，园区平台应与外部的政府电子政务平台、国家级工业互联网平台、国家级节能技术推广服务平台、国家级公共资源交易平台、公共信息服务平台等互联，以便获得外部双碳技术、人才、资金等资源，打造绿色协同生态。

2. 平台整体规划

对于平台整体规划，可以分为企业层面和基地层面。企业双碳平台架构和制造基地双碳平台架构分别如图 7-3 和图 7-4 所示。

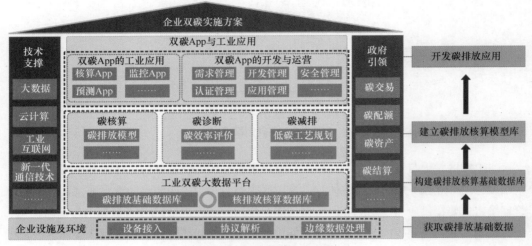

图 7-3 企业双碳平台架构

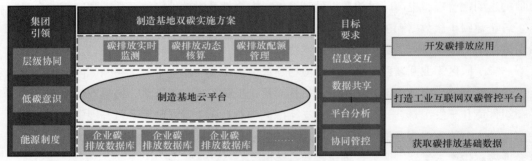

图 7-4 制造基地双碳平台架构

（1）企业层面。企业应打造绿色设施与环境，包含绿色设备、物料和能源等，园区应支持有条件的企业开发利用光伏、风电等能源实施，推进多能高效互补、利用。同时，企业应通过智慧能源管控，推动数字能源和综合能源服务的发展。园内企业通过对供应链、加工生产、产品流通等过程的数据进行信息采集与控制，实现对企业制造全流程物料、能源及工艺过程导致的碳排放的全面感知。基于企业信息与控制系统，提供实时碳数据存储、传输、校验等功能，实现对采集数据的有效处理和保存。园区可为企业建立提供管理和服务平台，推动主要用能设备、工艺、工序等数字化改造和上云用云，实现对企业碳排放的全面监测、管控与评估，推动碳足迹全生命周期跟踪与管理、"工业互联网+再生资源回收利用"、能源梯级利用等创新绿色模式的落地。

（2）基地层面。通过建立企业碳排放数据库，构建碳排放监测体系，基于制造基地云平台，打造工业互联网双碳管控平台；通过碳排放实时监测、碳排放动态核算、碳排放配额管理的方式实现碳排放统一管控。

3. 平台功能

（1）**碳排放的监测与预测**。能源需求预测分为中长期预测和短期预测。中长期预测一般是指预测周期为月、年级别的预测，短期预测一般为小时、日、周级别的预测。

- 中长期能源需求预测方法。针对园区的中长期能源需求进行预测，需要对区域内的能源结构、未来能源的发展趋势进行精确的把握，首先应对各个能源品种的使用量进行拆分和分析，再针对不同能源品种建模预测。中长期能源需求预测常采用的方法包括回归分析预测、经典技术预测及机器学习预测等。回归分析预测，将能源需求与变量间建立系数关系，进而进行未来使用量的推演，方法包括一元回归、多元回归、非线性回归等。经典技术预测，采用传统的能源预测方法，根据经济发展趋势推算或结合需求消费弹性系数进行需求量预测，考虑因素包括人口和收入增长率、城镇化率、GDP增长率、能源结构变化等宏观因素，常用方法包括宏观计量经济模型、投入产出模型、CGE模型、工程经济计算模型、动态能源优化模型、能源系统模拟模型、混合模型等。

- 短期能源需求预测方法。短期能源需求量受到天气变化、生产活动、节日类型、季节特性等多种因素的影响，主要采用人工智能的方法进行预测，可采用的方法包括神经网络、回归分析、支持向量机、决策树、随机森林等，可根据历史的能源使用量及外部影响因素，高频预测未来的能源使用量。短期预测方法一般考虑的影响因素包括用户类型、气象信息、日历信息、市场信息等，针对一定区域内的能源数据进行建模，可实现自动化、智能化短期预测。

（2）**碳排放预测方法**。获取能源需求预测结果后，可参考不同能源碳排放因子计算能源碳排放，计算公式为

$$C = \sum_{j=1}^{8} E_j \times W_j \times F_j / 10^9 \tag{7.1}$$

其中，C 为碳排放量；j 表示能源品种，包括煤炭、焦炭、原油、汽油、煤油、柴油、燃料油和天然气；E_j 为 j 能源的消耗量；W_j 为 j 能源的平均低位发热量；F_j 为 j 能源的二氧化碳排放因子。

（3）**碳核算**。依据《温室气体排放核算与报告要求》（GB/T32151—2015）、《综合能耗计算通则》（GB/T2589—2020）及生态环境部发布的《企业温室气体排放报告核查指南（试行）》，通过测量园区设施消耗的电力、热力总量及对应的碳排放系数，能够准确测算出园区用电设施和供热系统的间接碳排放量。通过测量园区燃气、柴油、煤等燃料直接消耗量，能够测算出园区设施的直接碳排放量。如图7-5所示，碳核算的主要方法分为基于计算法（包括排放因子法、物料平衡法）和基于测量法（实测法）。

- 排放因子法。如式（7.2）所示，温室气体排放量为活动数据与温室气体排放因子的乘积，即

$$E_{GHG} = AD \times EF \times GWP \tag{7.2}$$

其中，E_{GHG} 为温室气体排放量；AD 为温室气体活动数据；EF 为温室气体排放因子；GWP 为全球变暖趋势。

- 物料平衡法。如式（7.3）所示，根据质量守恒定律，用输入物料中的含碳量减去输出物料中的含碳量进行平衡计算得到二氧化碳排放量，即

$$E_{GHG} = \left[\Sigma(M_1 \times CC_1) - \Sigma(M_0 \times CC_0) \right] \times \omega \times GWP \tag{7.3}$$

其中，M_1 为输入物料的量；M_0 为输出物料的量；CC_1 为输入物料的含碳量；CC_0 为输出物料的含碳量；ω 为碳质量转化为温室气体质量的转换系数。

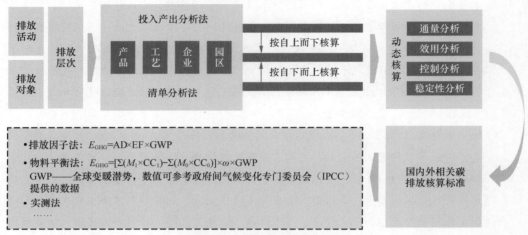

图 7-5 工业碳排放核算方法

- 实测法。通过安装监测仪器、设备，基于排放源实测基础数据，汇总得到相关碳排放量，其中包括两种实测方法，即现场测量法和非现场测量法。二者相比，基于工业互联网等技术的现场测量的准确性要明显高于非现场测量，同时，通过结合区块链技术可实现低成本检测对比和核算量化。2020 年 12 月，生态环境部发布的《全国碳排放权交易管理办法（试行）》中明确指出，重点排放单位应当优先开展含碳量实测法。

工业互联网园区应按照所在行业已颁布的相关指南进行综合核算。根据总体物料平衡法则，提出工业互联网园区的综合碳核算思路，即由总输入（包括外购化石燃料、溶剂、电极、含碳原料、电力、热力）减去总输出（固碳产品、碳汇以及二氧化碳捕集利用和封存）隐含的碳量得出

$$E_{CO_2} = E_{电和热1} + E_{企业} + E_{公共设施与环境} + E_{新基建} + E_{交通} - E_{固碳} - E_{碳汇} - E_{二氧化碳捕集利用和封存} \tag{7.4}$$

其中，E_{CO_2} 表示园区 CO_2 排放总量，单位为吨；$E_{电和热1}$ 为园区（不含园区内企业）净购入电力和热力等能源产生的 CO_2 排放量；$E_{企业}$ 为园区内企业产生的 CO_2 排放总量；$E_{公共设施与环境}$ 为园区公共设施与环境运行中产生的 CO_2 排放量；$E_{新基建}$ 为园区新基建工作过程中产生的 CO_2；$E_{交通}$ 为园区内交通产生的 CO_2；$E_{固碳}$ 为园区固碳产品隐含的 CO_2 排放量；

$E_{碳汇}$ 为园区内或购买的生态碳汇从空气中清除 CO_2 排放量；$E_{二氧化碳捕集利用和封存}$ 为二氧化碳捕集、利用和封存所清除的 CO_2 排放量。

$$E_{企业} = E_{燃料燃烧} + E_{电和热 2} + E_{物料} + E_{生产过程} + E_{产品} \qquad (7.5)$$

其中，$E_{燃料燃烧}$ 为企业所有净消耗化石燃料燃烧活动产生的 CO_2 排放量；$E_{电和热 2}$ 为企业净购入电力和热力等产生的 CO_2 排放量；$E_{物料}$ 为园区内企业生产所需物料的制造过程产生的 CO_2；$E_{生产过程}$ 为产品生产过程中产生的 CO_2；$E_{产品}$ 为产品在消费者的使用过程中产生的 CO_2 的总和。

$$E_{公共设施与环境} = E_{耗能设备} + E_{废物处理} \qquad (7.6)$$

其中，$E_{耗能设备}$ 为公共耗能设备使用过程中产生的 CO_2；$E_{废物处理}$ 为园区废物处理过程中产生的 CO_2 的排放量。

$$E_{新基建} = E_{基站} + E_{服务器} + E_{制冷系统} \qquad (7.7)$$

其中，$E_{基站}$ 为基站工作过程中产生的 CO_2；$E_{服务器}$ 为数据中心服务器工作过程中产生的 CO_2。$E_{制冷系统}$ 为数据中心制冷系统工作过程中产生的 CO_2 的排放量。

$$E_{交通} = E_{园内交通} + E_{物料运输} + E_{产品运输} + E_{通勤} \qquad (7.8)$$

其中，$E_{园内交通}$ 为园区内交通所产生的 CO_2；$E_{物料运输}$ 为企业生产所需物料的运输过程产生的 CO_2；$E_{产品运输}$ 为企业生产的产品的运输过程产生的 CO_2；$E_{通勤}$ 为园区内人员通勤产生的 CO_2 排放量

（4）**碳排放和碳效益的精益管理**。智慧能源管理平台的碳资产管理模块充分利用大数据、人工智能等新技术手段，以满足工业园区建设过程中企业碳资产管理数据化、电子化、信息化及智能化的需求，不断提高企业碳资产的智能管理水平。通过构建碳排放管理体系，结合企业生产工艺流程等，全面识别企业运行过程中可能存在的碳排放源头，以企业为基本支撑，探究企业在生产效能满足和碳配额资产管理、节能减排功效资产及 CCER 资产等方面的具体应用措施，通过成本和效益的对比，探明企业在碳资产管理过程中可能存在的各项弊端，进而根据弊端和问题选择解决方案，实现企业规范化、高效化、专业化的碳资产管理。企业碳效率评价指标体系如图 7-6 所示。

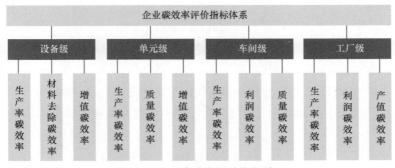

图 7-6 企业碳效率评价指标体系

（5）**决策优化**。企业效率评估与决策优化，深度融合产业价值链与碳链，将企业产量、产值、效益等生产能力与企业碳排放进行关联，为企业在碳约束下的产品设计、工艺、生

产、运营等优化提供决策支撑。

（6）**工业园区碳中和**（见图7-7）。园区实现双碳目标，需要着力构建综合能源系统，改变传统能源系统建设路径和发展模式，大力推动能源生产和消费革命，综合能源服务是实现双碳目标的重要技术支撑。构建综合能源系统，重点在于以"横向多种能源互补、纵向源网荷储协调"为原则，兼顾能源系统安全性、经济性和清洁化，整合区域内太阳能、风能、天然气和电力等多种能源资源，提升能源子系统之间的协调规划、优化运行、协同管理、交互响应和互补互济水平，在满足园区多元化用能需求的同时，提高园区能源系统供能可靠性、综合能效，降低用能成本、碳排放量和其他污染物排放量，推动园区产业高质量发展。构建综合能源系统，以多能供应、清洁能源利用、能效提升为切入点，构建综合能源供应、能源信息化管理、能源数字化运营三位一体的综合解决方案，以能源信息化服务为技术支撑手段，工程技术与信息技术相辅相成，通过能源数字化运营实现可持续发展，助力园区和助力园区企业实现双碳目标。

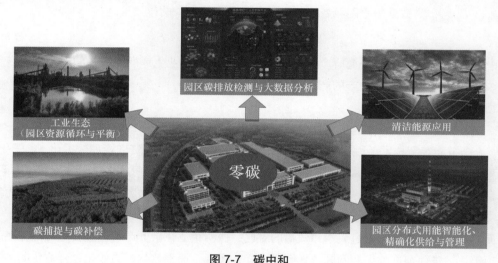

图7-7　碳中和

7.2.3　典型双碳园区平台

在过去的几年，随着对环保和可持续发展的重视，一些科技公司、能源公司及政府部门开始推出相关的双碳园区解决方案，但具体的平台提供商可能因地区和市场而异。双碳园区平台通常涉及能源管理、碳排放监测、智能设备和传感器、数据分析等方面的技术，旨在帮助企业和园区进行监测、管理以减少碳排放，并推动企业可持续发展。

当前的双碳园区平台提供商大体可分为软件平台服务商和基础设施集成商两类，如表7-1所示。

- **软件平台服务商**：为园区提供数字化的解决方案和运营服务，企业总体呈现比较年轻的态势，随着企业对双碳园区运营管理服务领域关注度的不断提升，未来该赛道玩家数量将会激增。
- **基础设施集成商**：包括园区硬件设备商、大型通信技术商和能源设备提供商。多数企业已经汇聚了较为丰富的技术经验与产品资源，整体实力雄厚，后发企业要撼动龙头地位比较困难。

表 7-1　典型双碳园区平台

平台提供商类型	具体示例
软件平台服务商	远景方舟能碳管理系统
	中创碳云数智双碳大数据平台
	派诺科技 SmartCarbonX 智慧能源双碳平台
	方融科技 ie-Cloud 企业园区零碳管理平台
基础设施集成商	格创东智绿色园区综合管控平台
	西门子智慧园区管理平台 SC Insights X
	新华三零碳园区
	海信零碳园区
	金风科技零碳园区

1. 远景方舟能碳管理系统

2021 年，远景正式发布了数字碳管理系统——方舟能碳管理系统。远景方舟能碳管理系统依托 EnOSTM 智能物联操作系统，基于人工智能、物联网、大数据、区块链等技术，提供实时碳足迹监测，自动生成碳排放报告，同时可模拟及优化减排路径，直通外部的绿色权益市场采购绿电、绿证（I-REC）、碳汇、CCER 等碳信用。

据悉，方舟的诞生是为了解决企业和政府减排的 4 个痛点：
- 数据收集的成本非常高；
- 数据的实时性、准确性得不到保障；
- 难以全面、充分地进行审视和核查；
- 找不到高性价比的中和的手段。

方舟可以直接取用企业已有的耗能数据，也可以通过安装计量表或传感器，连接企业用电、发电、燃气等耗能设备，实时计算耗能数据，并实时转化成碳排数据。

案例 1：无锡星洲工业园

星洲工业园利用远景智能零碳方舟系统摸清了园区碳排放家底，对能源需求进行科学预测，确定了园区双碳目标、实现战略、主要路径。星洲工业园明确提出，将于 2026 年实现碳达峰，2046 年实现碳中和。这是我国首个基于科学碳盘查结果推演的工业园区碳中和规划及路线图，是建设低碳、零碳园区的实际落地案例。

星洲工业园持续引进分布式光伏发电、储能电站、分布式天然气发电、集中供能能源站等减排项目，持续优化园区用能结构，降低碳排放；已有光伏装机容量超 18 兆瓦，全年发电量超 1800 万千瓦时，且配置 160 兆瓦时的储能电站。建设完成后，每年至少可产生 500 万千瓦时绿色清洁电力，减少约 0.34 万吨二氧化碳排放，同时园区已规划在园内投资建设 4×10 兆瓦级天然气分布式发电项目，每年可减少至少 14 万吨二氧化碳排放。

案例 2：远景鄂尔多斯零碳产业园

远景依托零碳产业园实践，从顶层设计到计量基础，率先打造了引领国际要求的零碳园区标准体系，从规划布局、统计核算、减排路径、评估改进、信息披露等方面为零碳产业园的建设提供统一、清晰的前瞻性指导。

远景鄂尔多斯零碳产业园作为全球首个最佳实践，基于"新型能源系统""零碳数字操作系统""绿色新工业集群"三大支柱，将为当地创造超过 3000 亿元的绿色新工业产值，创造 10 万个绿色工业岗位，实现每年碳减排 1 亿吨。

目前，远景鄂尔多斯零碳产业园已入选 COP27《2022 企业气候行动案例集》，并被写进世界经济论坛《产业集群向净零排放转型》报告。远景零碳产业园正在中国、西班牙、沙特、印尼等国家快速复制，在全球范围内打造"绿色新工业"体系，助力构建人类的可持续未来。

远景鄂尔多斯零碳产业园位于蒙苏经济开发区江苏产业园，拥有丰富的能源、化工、建材等资源，基于当地丰富的可再生能源资源和智能电网系统，推动能源转型，构建以"风光氢储车"为核心的绿色能源供应体系。同时，配合数字化基础设施，推动零碳产业及电解铝、绿氢制钢、绿色化工等技术的发展和应用，构建以零碳能源为基础的"零碳新工业"创新体系。园区中 80%的能源直接来自风电、光伏和储能，另外 20%的能源基于智能物联网的优化，未来将通过"在电力生产过多时出售给电网，需要时从电网取回"的合作模式，实现 100%的零碳能源供给。

目前，鄂尔多斯零碳产业园已建成一座占地面积约 27 万平方米、一期 10 吉瓦时产能的现代化动力电池工厂，根据规划，二期总产能将提高到 20 吉瓦时，每年将为超过 3 万台电动重卡提供高安全性、高能量密度、高耐久性和高性价比的动力电池，还可为风光储应用提供超 10 吉瓦时储能电池，支持风光储氢等综合智慧能源示范项目，解决可再生能源消纳难题，大规模降低电力成本。

案例 3：耐克"风光一体化"零碳智慧物流园

耐克中国物流中心是耐克集团在亚洲最大的物流配送中心，也是中国最现代化的物流设施之一。整个园区占地面积 30 万平方米，建筑面积 26 万平方米，并于 2011 年获得了 LEED 铂金级认证，这是中国仓储物流行业第一家获此绿色认证最高奖的企业。作为耐克的"零碳技术伙伴"，远景为耐克中国物流中心提供了包括绿色能源发电、数字化能源管理、碳管理在内的整体解决方案，助力耐克打造首个"风光一体化"零碳智慧物流园。远景 2 台单机容量 3 兆瓦的智能风机，每年产生约 1400 万千瓦时绿电，减少年碳排放约 8000 吨。

基于远景智能物联操作系统 EnOSTM，实现园区实时精细化用能管理、风光充荷多能协同优化及全生命周期碳管理。未来，耐克中国物流中心在实现 100%可再生能源覆盖的基础上，将把未完全消纳的绿电环境权益，通过远景方舟碳管理系统交易给耐克在中国的办公室和零售门店使用，进一步打造零碳楼宇和零碳门店。

案例 4：勃林格殷格翰——制药行业首家碳中和工厂

勃林格殷格翰是全球最大的家族制药企业，一直致力于改善人类和动物健康。公司承诺在 2030 年实现全球运营碳中和。位于中国上海张江的人用药品生产基地是勃林格殷格翰在亚太地区最重要的生产中心。远景为勃林格殷格翰上海张江工厂提供了零碳数字化转型综合解决方案。通过远景方舟能碳管理系统,该工厂能够准确、实时地完成各类碳排放数据采集、碳排放指标分解、场地碳管理、能源追踪、碳信用及绿证采购等,并符合 ISO14064-1:2018 温室气体排放及清除量化和报告标准。

2. 西门子智慧园区管理平台 SC Insights X

西门子智慧园区管理平台 SC Insights X 是一款集成资产设备、园区运营、企业管理等多功能于一体的综合应用平台,包括园区能碳监测、资产管理、出入管理、视频监控、招商管理等各大功能模块,并且通过其高度集成和兼容性强的特性,打破数据壁垒,将各大智能化子系统进行整合,实现统一的信息展示、数据分析、集中管理和整体优化,进而协助管理者快速决策,实现全方位一体化智慧园区信息管理。

例如,通过该平台,用户可以通过园区概览直观了解园区整体运营信息,并通过各场所配置的 AI 监控摄像功能,对园区内出现的异常情况进行实时分析和告警,并与门禁系统实现关联和管理协同,为园区内用户打造一个全方位的安全生产和生活环境。同时,在园区的重点办公区域配置西门子 Enlighted 物联网控制设备,可以实现对人员聚集程度、办公区域空气质量等相关信息的实时监测,结合西门子楼宇自控系统,实现在满足末端使用需求的情况下最大限度地实现节能降耗,助力零碳园区的实现。另外,从能耗管理角度来说,平台集成了西门子能碳管理平台 ECX,实现了能耗数据看得见、碳排放足迹摸得清,为园区有效实现节能降碳建立了数字化底座。

案例 1:上海浦东民宿主题度假园区

上海浦东民宿主题度假园区项目地处上海浦东,西门子为其提供从规划咨询到核心能源管控平台的一体化解决方案。随着园区从传统农村向现代化民宿园区改造,对综合能源供给和使用的需求也大大增加。传统市电扩容方式费时费力,主网容量有限,出线间隔少,随着城区负荷的不断增长,现有的出线间隔远不能达到要求。由于新的出线无法接出,只能通过不尽合理的电源点供电,严重影响居民生活和工业生产用电。因此,需要开发一套具有低碳示范性,兼顾自主性和智能化的园区综合能源解决方案。

西门子智慧园区管理平台融合人工智能等技术,对光伏、风电、地热、储能及综合能源供应进行智能管理、协调供需、优化运行,实现高效益,是能源流、信息流与价值流"三流合一"的乡镇能源互联网典型应用示范。

如图 7-8 所示,项目方案可以用多能互补、五能合一、三网互联、数字化等特征来概括。采用多能互补技术,将用户侧供能系统进行模块化设计,耦合微热网、微电网和互联网,形成以产能、供能、储能、用能、节能"五能合一"的综合能源解决方案,使得冷热电耦合,使总耗能量预估下降 10%,配电容量节约 31%,总碳排放强度预估降低 50%~55%,引导该项目转向清洁、绿色、低碳、生态且可持续发展的能源结构。

案例 2:苏州常熟高新区 MOBO 协同创新产业园

苏州常熟高新区 MOBO 协同创新产业园项目是集高端先进装备制造与电子信息商务于一体的现代化产业园,西门子与西兰花数字科技(苏州)有限公司共同合作,致力于打造新一轮智能制造与信息商务产业集聚的投资高地。该园区为苏州常熟高新区第一个老旧工业区改造试点园区和示范基地，体现"高起点谋划、高标准规划、高质量建设、高水平管理"。园区建筑面积 18 万平方米，包括高等级综合办公楼、高品质一体化厂房、高规格人才公寓及生活配套等设施。

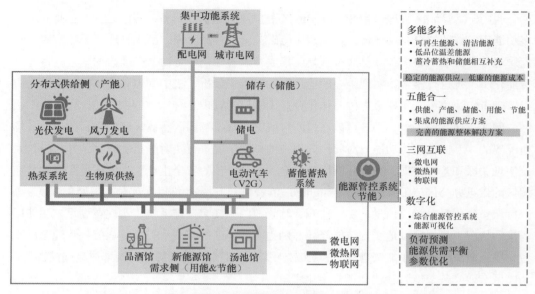

图 7-8　上海浦东民宿主题度假园区项目综合能源解决方案架构图

如图 7-9 所示，客户期望通过引入西门子基于园区客户打造的全系列垂直解决方案及数字化平台，实现园区物联场景、绿色低碳、资产提升、远程运维等智慧化功能，助力该工业园成为苏州常熟在智慧物联领域的新名片；通过协同配合西门子工业 4.0 赋能中心的落地，为当地政府和企业提供高等级智能制造技术展示与服务平台。

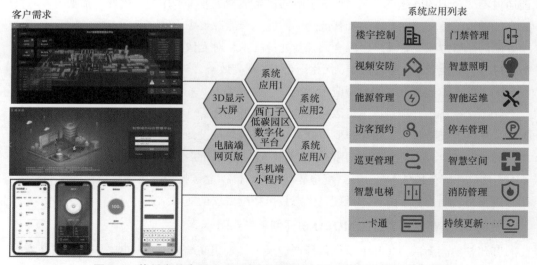

图 7-9　苏州常熟高新区 MOBO 协同创新产业园园区系统应用一览

7.2 基于工业互联网标识的双碳园区数字平台建设

西门子将自研楼宇自控、智能照明、办公楼样板楼层的房间自动化、能源管理、宿舍管控、安防门禁、智慧物联 Enlighted 空间管理示范系统及低碳园区数字化平台与园区智能管控相关的所有子系统整合到一起,进行统一的信息展示、数据分析、集中管理和整体优化(见图 7-10),包括如下功能。

- 园区整体态势的三维透视。
- 集成西门子楼宇自控系统对灯光、空调、新风等环境因素的整体协调控制和高效运行。
- 集成西门子 EMS 能源管理系统对园区能耗不同颗粒度的在线实时计量、统计和分析,以及电能质量监测、管网监测等高阶应用。
- 对安防和消防系统的无缝对接与高效联控。
- 电梯和停车管理系统的集中优化运行。
- 集成视频监控、门禁一卡通、物业管理和园区运维等子系统。

图 7-10　低碳园区数字化平台架构

江苏苏州常熟高新区 MOBO 协同创新产业园智慧园区项目从优化资源配置角度实现对园区人流、物流、车流的监控与管理,利用数字化的能源供配基础设施实现大数据分析、记录园区能源消耗,整合了碳核查、碳足迹、碳交易等各类接口。全能型数据中台作为园区的中枢大脑,有效应对数字化基础架构带来的海量数据,并通过其实现数据价值,推进低碳园区的建设,赋能园区企业产业升级,实现智能制造和跨越式发展。

3. 格创东智绿色园区综合管控平台

格创东智绿色园区综合管控平台包括环境监测、碳排放监测、设备可视化、设备运维、屏幕共享、云端录制等模块,主要管理能源(水、电、冷、热、气 5 种常见能源)和设备类(包括公共辅助设备如空压机、工艺生产设备如真空泵)两个维度,基本涵盖了工厂所有用能终端。

以上两个维度的终端用能数据，通过边缘计算、通用化网关等硬件采集到东智 IoT 平台上，随后在东智数据平台上进行数据分析、数据治理、算法分析、设备诊断等，最终将分析结果呈现到面向终端的能源管理平台上，供企业管理人员实时监控，并针对各类能耗设备提供不同场景下持续优化的管理方案。

此外，格创东智绿色园区综合管控平台还具有很强的拓展性，不仅能进行能源管控，还能够拓展至光伏储能、楼宇自控、视频安防等领域，形成整体化管控平台。

案例 1：TCL 潼湖低碳园区

TCL 潼湖低碳园区是具有世界先进水平智能显示终端的研发制造基地，格创东智为其提供了智慧园区整体框架及软硬件设施。自 2020 年投入使用以来，园区实现了 100+办公、生产、生活智能化应用场景，提升员工体验；节约标准煤量超 2000 吨，减少二氧化碳排放量超 6000 吨，产业园经营成本降低 15%，能源消耗降低 20%，设备设施报事报修周期降低 30%，安防人员投入成本降低 20%。

案例 2：某面板制造企业的全集团统一质量管理平台

该企业面临的需求痛点有两个：其一，质量系统数据不流通，分散的质量管理系统与集团统一化的管理业务无法匹配，阻碍了质量跨工程、跨产品线的质量标准管理的落地；其二，质量系统虽然多，但功能不完善，系统功能仅能满足早期的质量管理需求，随着产品质量要求的提高，质量管理水平的提升，对质量系统的要求应该更高。

格创东智为该集团实施了贯穿研、产、供、销、服整个产品生命周期的质量管理一体化管理系统（Quality in One），通过多租户实现数据的打通及隔离，包括实验室品质、制造品质、供应商品质管理，问题管理平台、8D、高效良率等端到端的全集团的 QMS 平台。

4. 中创碳云数智双碳大数据平台

平台聚焦大数据、云计算、区块链、5G 网络等前沿数字技术，围绕碳达峰、碳中和目标愿景，掌控主要领域碳数据和经济运行数据，用于支撑形成双碳目标顶层设计、落实目标分解与考核、实现目标过程管控。平台基于中创碳投业务分析及研发积累，发挥集成优势，实现能源碳排放数据的综合管理、双碳业务的创新应用，以及成果的全面展示。

数智双碳大数据平台由"1+5+N"的体系构成，即 1 个数据中心、5 个应用平台，N 个创新应用场景，通过平台实现"三大服务"目标——服务政府社会治理、服务企业转型、服务全社会参与。

数智双碳大数据平台的优势在于动态采集监测区域能源数据，实时掌握区域温室气体排放水平，以数字化手段筑牢数据基础，支持精确开展区域碳排放数据核算与分析；构建本地化的能源碳排放预测模型，科学预测碳排放趋势、碳吸收潜力、社会经济发展走势等；从多角度出发，开展碳达峰、碳中和的综合分析和评价，识别并判定碳达峰、碳中和的驱动因素，研究并确定落实双碳目标的有效路径。

案例1：杭州市发展和改革委员会开发的杭州市智慧低碳管理与服务平台

杭州市发展和改革委员会通过中创碳云开发智慧低碳管理与服务平台，建设"一库四系统"项目。本项目验收内容主要是"一库四系统"的建设，包括杭州市低碳发展综合数据库、温室气体清单管理系统、重点排放源管理系统、低碳目标考核系统、低碳评估分析系统的系统设计、开发和实施工作。

案例2：江西省为应对气候变化建设支持管理系统

江西省为应对气候变化建设支持管理系统，建设内容包括低碳数据管理库和企业碳排放报告、温室气体排放考核、温室气体清单及峰值报告管理、试点示范评价管理、低碳综合分析五大业务模块，进一步提升应对气候变化领域的工作效能，全面展示工作成果，并为江西省低碳管理工作提供一定的辅助决策。

案例3："一带一路"气候投融资项目评估平台

"一带一路"气候投融资项目评估平台建设内容包括信息录入与评估、结果汇总两大核心功能。通过分步骤收集项目基本信息、碳排放核算信息，分析不同绿色标准下，行业对绿色标准的符合性；评估量化项目对气候和环境的影响，并与同类项目的基准值进行比较，生成评估报告，帮助金融机构及投资者优先考虑具有环境效益的投资项目。

5. 方融科技 ie-Cloud 企业园区零碳管理平台

方融科技 ie-Cloud 企业园区零碳管理平台助力企业园区有效降低园区用电成本，获取峰谷电价差额收益；提升峰值供电能力，保障用电企业用能安全和稳定，挖掘用户侧用电灵活性；提升园区新能源消纳率，提升电网协同能力，提高电网调节灵活性；根据不同企业碳排放强度，将园区内企业划分为 A 优秀、B 良好、C 中等、D 偏差 4 个等级，引导金融机构识别低碳企业，发放绿色贷款，加大对低碳、减碳、脱碳等领域的金融支持，助力园区招商引资。

为政府提供园区实现双碳目标的抓手，有助于零碳园区、零碳产业的全过程透明化管控，并可以通过"互联网+"实现充分联通、互动，充分调动社会层面相关方深度参与双碳进程中的能源转型、节能降碳行动。

目前，非化石能源种类繁多，含风能、太阳能、水能等可再生能源及核能，如何解决多样性的非化石能源的电力管理成为众多电力企业的痛点。为此，方融科技打造了智能微网双碳大脑技术，基于 e-CIM 构建全景能源网信息模型，利用云、大、物、移、智相关先进技术，构建去中心化的分布式架构体系，已经形成 ie-Cloud 智慧能源云服务平台，可以支撑多源、异构、多样、海量非化石能源的智慧管理。如图 7-11 和图 7-12 所示，ie-Cloud 企业园区零碳管理平台提供碳排评价、碳排预警、碳排调控等解决方案。首先，将统计展示碳排放总量、碳源结构、碳排放区域热力图、能源及工艺碳排放量及趋势变化的数据，贴标评价，指导降碳实施。根据园区外部大电网的运行状态，建立风、光、储、充能源形式间的梯级利用机制，实现能源的综合优化调控，促进可再生能源全面消纳，达到能源优化、经济、安全的运行配置目标，最终实现零碳园区。

第7章 基于工业互联网标识的双碳园区建设实施

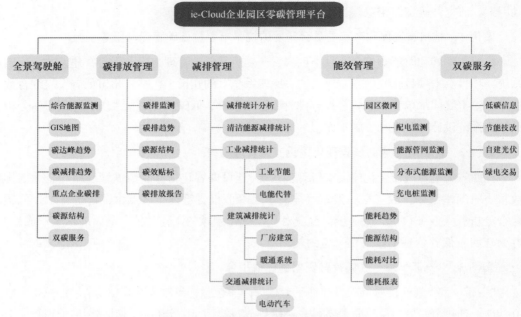

图 7-11 ie-Cloud 企业园区零碳管理平台

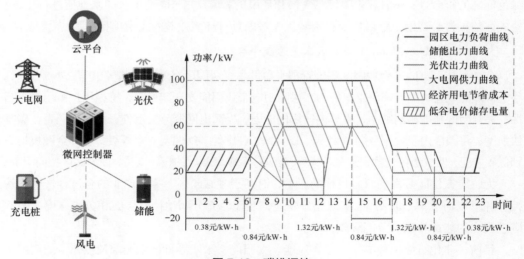

图 7-12 碳排调控

"云-边-端"多级能源分布式碳汇体系基于云边协同大数据平台及边缘计算的弹性分布式多级数据汇集与计算支撑体系,多场景数模算力承载力,实现对各类场景应用的分权分级自主管理、全网协同,减轻云中心集中处理压力,确保微网能源就地自主运行和全网可靠、轻便、高效调度。

如图 7-13 所示,五维时空分布式双碳数据库利用 e-CIM 扩展对综合能源和碳排放数据描述,融合 e-CIM 全景能源网模型、低代码、开放式应用发布环境、分布式弹性接入支撑、人工智能五维数据库技术,实现能源和碳数据的统一建模与多维度分析,从而打破孤岛,形成双碳大脑元数据支撑标准体系,实现毫秒级时间内完成设备属性、空间信息、网络拓扑、实时数据、历史数据库等多个维度信息的查询和搜索。

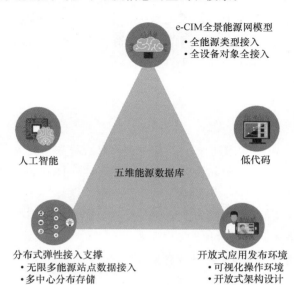

图 7-13　五维能源数据库

此外，平台打造的 AI 双碳数孪引擎基于能流计算的能效-碳足迹协同数字孪生，首创 AI 使能、自学习、自演进的"能-碳协同"管控核心，研发 AI 双碳引擎，实时更新系统的碳足迹与能效的时空域分布特性，为多维感知、趋势预测、双碳路径、碳排优化等各类应用提供数据、算法与 AI 能力。

案例 1：山西华翔集团股份有限公司工厂综合能源管理系统

山西华翔集团股份有限公司是一家拥有 4000 余名员工的大型装备制造高耗能企业，生产能源主要包括电、水、天然气等，其中电力消耗高达 4 亿千瓦时，存在高耗能设备多、能耗总量大、能效水平低等情况，被能源局归入重点管控单位。针对当前客户存在的供电设备分散、管理层级模糊、监控预警不及时、发生问题恢复供电时间长、能耗成本支出高等问题，企业园区零碳管理平台建设一套工厂综合能源管理系统，提供综合管控和智慧能效服务，实现以下目标。

- 灵活的能源管理架构，覆盖了工厂、车间、产线、设备 4 级能源架构，管理层级清晰。
- 全面的能耗自动抄表，600 个能耗计量数据自动上传，不仅节省人力，而且确保数据具有一致性。
- 7×24h 的远程监控，结合供电监测，隐患报警，故障追溯，在安全方面，多次提前发现供电隐患，避免了生产停产，间接收益上百万元。
- 产量能耗的归一化处理，基于能源架构的单产能耗分析，节能对标更科学，能效提升 5%。

案例2：某国家级高新技术产业园区双碳智治服务平台

某国家级高新技术产业园区规划面积121km²，现已形成产业链完备的氟硅新材料、锂电新材料、电子化学材料、特色轻工、智能装备制造、芯片及传感器、生物医药与大健康七大产业集群。当前，客户存在如下方面的需求。

- 如何优化产业产能结构。
- 如何提高能源管理水平。
- 如何进行智能化绿色融合。

针对客户的需求，可以考虑建设工业园区双碳智治服务综合服务平台，实现工业双碳智治，解决碳账户应用、业务管理和企业服务三位一体的高效运作，提升工业生产能效水平，打造绿色低碳循环发展经济体系新战略。这样一来，客户能在如下方面获得收益。

- 能碳数据全覆盖，构建科学核算评价体系。
- 加强清洁能源替代，促进能源低碳转型。
- 加强环境监测，助力减污降碳治理。
- 用能预算化管理，实现能源资源优化配置。

案例3：浙江明旺工厂智慧能碳服务平台

浙江明旺乳业有限公司是浙江省重点能耗企业之一，2018年工业总产值16.22亿元，年用电量4500万千瓦时，主要生产灭菌乳、乳制品、含乳饮料等产品。客户的当前需求如下。

- 实现全厂市电、光伏、蒸汽、天然气、水的能耗自动采集和监测。
- 按车间、产线进行横向、纵向能耗对比。
- 分级能耗预警，实时推送能源负责人。
- 按产量、能耗等维度进行分析的报表。

针对客户需求，首先，可以考虑通过能碳管理系统提前对所有的用能异常、数据异常、设备运行状态异常等进行多次预警、报警，为工厂的生产安全保驾护航。然后，对全厂、各分厂、产线、设备多级全能源类型的能源消耗总量、碳排放及减碳量进行监测，对光伏发电等供给侧全面监管，从而实现全厂的能碳家底全面掌握。其次，通过智慧能碳管理平台精准定位企业高耗能设备，对其进行运行效率持续优化，进行深度数据挖掘和分析，找到节能点，从而对工厂的节能和减碳做出贡献。最后，智慧能碳管理平台对企业微网用能曲线实时分析，结合AI智能寻优调度策略，提高企业可再生能源消纳比例。通过以上措施，客户可以实现以下目标：能碳家底掌握、能效对标分析、分级能耗预警、绿能储能调控。

案例4：智慧光伏监控运维管理平台

中国智慧能源集团在中国数十个省份投资建设并运营了几十座大型集中式光伏电站，总装机容量达到843兆瓦，年发电量可达到8亿千瓦时。客户的当前需求如下。

- 集团级电站规模大、分布广,无法实时监控和及时、准确地评估收益。
- 电站级电站只有简单监控系统或无系统,缺少主动报警和智能分析,故障不能及时排除,损失发电收益。

针对客户需求,通过建立集团运营驾驶舱,全景呈现电站地理分布和装机容量分布,分析电站发电量与发电效率排行,实现多维度运营指标展示;进一步,实行安全运行监测体系,覆盖了并网点、逆变器、汇流箱、组串 4 级设备监控,实时报警,保障光伏完全稳定高效运行;最后,综合运行分析工具,实时统计发电量,提供横向和纵向对标与分析,辅助生产计划调整,确保最大限度地消纳光伏发电。通过以上措施,客户实现了以下目标。

- 实时监控和及时、准确地评估收益。
- 主动报警和智能分析,故障及时排除,提高发电收益。

6. 新华三零碳园区

作为城市的基础单元,园区聚集了产业、功能、创新和人力等各类资源,对经济增长和碳排放影响显著,已成为中国实施制造业强国战略、产业转型升级和落实双碳目标的重要空间载体。基于在智慧园区领域的多年积累,新华三逐步打造了以"源、探、管、服"为治理框架的零碳园区解决方案。以零碳操作系统为数字底座,并以数据为核心要素,新华三全面打通双碳生产过程的各个环节。零碳操作系统是基于绿洲平台构建零碳园区的套件,沉淀了业内首个零碳全链条能力支撑平台,实现了园区数据流、能源流、碳流的融合打通,从而更好地赋能园区业务创新。

新华三零碳园区解决方案可以助力形成绿色产业聚集,帮助园区提升综合体验,优化协同工作效率,降低综合能耗,提高设备设施健康度,并提升园区产业竞争力。在能源转型方面,新华三不断推进光伏工程,并利用新能源和储能技术实现能源效益最大化;在应用转型方面,对园区内的建筑、交通等进行系统梳理,全面推动零碳生产、零碳建筑、零碳交通等应用场景的转型;在数字化转型方面,园区结合自身数字平台构建双碳数据底座,提供覆盖园区数据流、信息流、碳流的"三流"全链条服务,打造国内领先的工业 4.0 样板点,最终实现"智能工厂"解决方案的产品化。

从智慧城市到智慧能源,"数字大脑"已经成为行业数字化转型的核心引擎。在双碳目标的引领下,新华三集团通过数字化技术满足碳监测、碳捕捉及存储、碳交易等新兴需求,并在现有基础上集成面向新型产业园双碳发展要求的微网管理系统,构建园区碳中和数字化体系。

如图 7-14 所示,零碳园区解决方案率先提出"1+4"顶层设计理念,以零碳智慧操作系统作为数据枢纽,以"源、探、管、用、服"覆盖全链条服务,赋能智慧园区低碳升级。将碳元素全方位、系统性地融入零碳园区建设中,构建双碳资产、双碳主题库、双碳专题库及双碳应用模型,采取园区节能、减排、固碳、碳汇等"碳中和"措施,以技术创新构建绿色发展的数字化基石,加速智慧园区绿色转型。

图 7-14 新华三零碳园区解决方案

案例 1：紫光股份智能工厂

紫光股份智能工厂位于杭州萧山湘湖未来智造小镇启动区块，规划用地面积约 3.8 万平方米，规划总建筑面积 9.8 万平方米。在双碳目标引领下，针对紫光股份智能工厂面临的问题与挑战，新华三零碳园区解决方案以"1+4"设计理念为核心，即 1 个零碳园区操作系统和"源、探、管、服"四大模块。将零碳园区操作系统作为园区零碳大脑，以信息流牵引能量流和碳排，数据作为双碳核心生产要素打通各环节，为场景化业务应用提供通用的、可复制的基础能力支撑，快速构建各种碳中和应用。利用新能源技术和储能技术，改善园区碳排放现状并减少能源支出。

（1）新能源技术。实施光伏工程，根据工厂可用屋顶面积进行屋顶光伏铺设，实现电力自发自用，并将余电上网，使屋顶利用率最大化。

（2）储能技术。园区合理利用峰谷差价，降低园区能源支出，反哺国网源荷均衡，同时结合能源技术，使得能源经济效益最大化。

（3）各类能源数据全面管理及趋势分析。紫光股份智能工厂针对园区内水电、光伏、储能等各种分布式电源的运行特点、负荷变化情况等，制定不同运行策略，优化并协调各分布式电源的运行，对依托零碳操作系统的历史能源使用数据实现用能策略优化。同时，基于用能的历史数据、用能场景和天气气候，园区借助绿洲能源管理平台，优化迭代算法，实现用能策略优化，动态调整园区室内空调和照明用量，使供需匹配。

案例 2：湖北中烟总部智慧园区一期项目

湖北中烟总部智慧园区为烟草体系以园区数字平台为底座的体验型智慧园区，目前湖北中烟共有总部、各烟厂、黄鹤楼科技园及科技园下属公司等多个产业园区，但各园区的系统无法实现互联调度，并且后勤业务和安保业务一直处于传统线下模式，效率较低。客户的当前需求如下。

- 园区后勤业务依赖传统线下模式，效率低，体验感差。
- 公务车管理、班车管理、会议室管理、公务资产管理、报修管理、能耗管理、公务接待等后勤业务依旧通过传统线下电话沟通模式，效率低下，体验感差。
- 园区安全管控业务缺乏智能化的管控手段，访客出入需要业务人员到门口认证带领，整个访客登记过程低效耗时，安全隐患事件被动响应，无法通过传感器或者视频AI自动识别并发出主动预警。
- 园区业务系统存在信息孤岛现象，响应被动，运营与数据挖掘能力不足。园区各子系统封闭、孤立，数据不能有效共享和互通，缺乏对数据的有效挖掘，系统之间无法联动，无法实现智慧化管理管控。

针对湖北中烟客户痛点及需求，新华三以"咨询+规范"引领项目建设，梳理出湖北中烟智慧园区"1+1+N"解决方案，核心内容如下。

（1）**IOC智能运营中心**。设计人员、车辆、安防、设施、日常、资产、能源、环境八大态势，清晰呈现园区内部日常运营数据，实现全面态势感知和应急指挥。

（2）**园区数字平台**。基于数字平台建设实现总部与各分支机构间的组织统一、用户统一和接入统一，从而使新建和现有业务系统实现接口打通、数据融合、联动控制。

（3）**智慧应用系统**。通过详细的需求调研，打造25个量身定制的智慧应用，分别为15个综合管理类应用（智能班车、智能餐饮、智能报修、智能会议、智能提醒、智能充电桩、智能公务车、智能公务场地、智能公务资产、物资领用、信息发布、投票问卷、环境监控、能耗管理、公务接待）、10个园区管控类应用（智能访客、车辆出入、智能停车、疫情防控、智能门禁、智能监控、智能周界、智能报警、应急协调、群体防控），全面提升湖北中烟在公共服务、公共管理、窗口服务、环境管控、安全防控、安全防护六大业务方向的能力，实现员工的舒适办公、后勤部门的高效管理、安保部门的智能防控，最终达成以下目标。

- AI视觉赋能园区，重新定义园区安全运营模式。
- 访客一脸通，访客登记时间从1min缩短至2s。
- 智能会议室，全流程智能体验。
- 智慧公务车，用车效率提升，用车成本降低。

案例3：欣旺达南昌智慧工业园区

欣旺达是创业板上市公司、全球锂离子电池领域的领军企业。近年来，企业发展迅猛，在新能源领域全面布局，坚定推动企业扩产增效，计划分四期建设欣旺达南昌智慧工业园区，总投资200亿元，占地约120万平方米，新建园区规模大、人员多、运营难，对园区统一规划设计要求高。

（1）**客户需求**。寻找企业高速发展下的智慧之路，注重科技投入，以打造与园区整体运营相匹配的"智慧大脑"（IOC运营中心），链接园区各类智慧应用系统的"强壮脊柱"

（IoT、园区数字平台），以可持续发展、融合生长的智慧工业园区为目标，实现园区高度自动化、智能化。

（2）**解决方案**。以数字平台为底座，融合各类智能设备和子系统，打破数据孤岛，实现资源共享与能力复用。整体规划智慧应用28+，涉及综合安防类、消防管理类、通行管理类、设备管理类、能源管理类、行政管理类、资产管理类场景，打造多场景应用联动的极致服务体验和高效运营的工业园区。

（3）**建设结果**。分期按需建设，通过前期平台业务模型与资产沉淀，赋能后期建设，敏捷开发、快速部署，使效率提升30%。

建设统一智能运营中心实现事件可控、可管、可追溯，打通业务流，园区设备故障隐患发现从传统的几天甚至几个月，缩短至5s自动告警弹屏，2h内技术人员在线实时反馈，极大地提升了园区的运营效率，节约了人工成本。

7.3 基于工业互联网标识的双碳园区数据体系建设

推动工业园区标识体系建设，需要对园区重要标识数据进行系统梳理，形成工业园区全要素的数据模型，并围绕数据模型定义行业和企业属性数据的元数据模板。标识元数据模板将为园区内数据共享及园区间跨区域、跨平台协同提供重要支撑，有利于解决园区内企业的标准数据交互问题，促进工业要素整合共享，构建创新协同、错位互补、供需联动的区域数字化发展生态，提升支柱产业链、供应链协同配套能力。

基于工业互联网标识的双碳园区数据体系建设应该以5G网络为依托，结合标识解析特点，将实体资产与数据绑定，实现数据高速流通；结合数字孪生等新兴技术，完成物理世界到数字世界的跨越。数字孪生是一种以数字化方式创建物理实体的虚拟实体，充分利用物理模型、传感器更新、运行历史等数据，集成多学科、多物理量、多尺度、多概率的仿真过程，在虚拟空间中完成映射，从而反映相对应的实体装备的全生命周期过程。

当5G、标识解析与双碳园区融合，可以动态、实时地将建立的模型、收集的数据做出高度写实的分析，用于物理实体的监测，预测和优化园区级模型、园区级数据、园区级算法，奠定园区强大的数字底座，为各种应用场景提供数据供给、三维可视、空间计算、仿真模拟、虚实融合等能力。

- 利用精准映射的物联设施，可以增加碳排放监测功能，提供园区级一体化的碳排放监测和数据采集。
- 利用基于数据和模型的仿真推演能力，在涉碳多元异构数据要素的基础上，实现整个园区碳达峰时间和碳中和时间的精准预测、分析与推演，在虚拟世界仿真，在物理世界执行，虚拟服务于现实。
- 利用全要素数据融合分析、决策能力，实现园区碳资产的科学管理和合理配置，在一张图上，动态、弹性地实现碳资产的配置和调度，促进发展和降碳的综合效益最大化，助力园区实现高质量发展。

7.3 基于工业互联网标识的双碳园区数据体系建设

此外，数据治理是数据体系建设的重要组成部分。它涉及规划、管理和监督数据资源的全面过程，旨在确保数据的质量、可用性、安全性和合规性。数据治理的目标是建立一套规范和流程，使组织能够更有效地管理和利用其数据资产，从而支持业务决策、创新和增长，包括定义数据所有权、访问权限、数据质量标准、数据生命周期管理等方面的规定，以确保数据在整个生命周期内得到适当的管理和利用。

工业互联网标识是数据的载体，也是实现互联互通的基础，而工业互联网平台在数据资源汇聚、模型算法、数据分析利用等方面具有显著优势，可用标识+平台的方式加速推进园区数字化转型，提高数据治理要求。

一方面，工业互联网平台能够汇聚设计、生产、流通、服务等各环节标识数据，助力产业链上下游企业的数据采集和供需对接，全面赋能园区企业变革生产方式、管理模式和商业范式，加快园区整体生产效率提升。另一方面，工业互联网平台通过汇聚交通、能源、产业、金融等多维数据，通过标识+园区管理服务平台、绿碳服务平台、园区数据智能分析平台、园区安全生产平台、园区运行监控平台、园区金融服务平台等，精准绘制产业图谱和园区画像，为安全监管、绿碳、精准招商等提供决策辅助，助力园区管委会构建现代化治理体系。

当数据资源可被重复使用并产生价值时就实现了数据资产化。通过标识解析体系建设，园区标识对象进一步明确，标识数据可被识别、被采集，格式被统一，数据可被有效利用的空间将放大。通过对象标识数据分类分级、数据认证、价值变现三步骤推动园区数据资产化，建设基于标识解析的数据服务体系。

7.3.1 数据分类分级

数据分类是为了规范化关联，而数据分级是建立安全防护等级。将园区多标识对象的海量数据根据不同属性或特征，按照一定的规则和方法进行区分、归类并建立分类体系，这是建立统一、完善的数据架构的前提，也是标准化数据管理的基础。

数据分级是指在分类的基础上，采用规范、明确的方法区分数据的重要性和敏感度差异，为数据开放和共享安全策略制定提供支撑。

园区标识数据分类分级主要流程包括以下几个步骤。

- 数据梳理：整理数据库、表、数据项和数据文件，明确数据基本属性和相关方，形成数据资产清单。
- 制定标识数据分类分级标准：根据国家和行业相关标准，结合园区管理和企业业务特性，制定数据分类分级标准及规范。
- 数据分类：根据制定的分类分级标准，建立园区数据分类规则，对数据进行分类，同时识别并对企业信息和敏感企业信息进行分类。
- 数据分级：依据分类分级标准，建立自身的数据分级规则，并对数据进行分级。
- 动态更新管理：根据数据重要性和潜在风险变化，动态更新、管理数据分类分级规则、重要数据和核心数据目录、数据分类分级清单和标识等。

7.3.2 数据认证

在数据资产化过程中，会存在数据所有权的不确定性、信息交互安全等问题，直接影响数据重复利用和价值再造。因此，园区进行数据资产管理的过程中，可借助标识解析工业互联网设备认证平台与数字认证体系相结合，对接入的设备进行监管，保障工业设备身份接入安全，为企业提供设备身份安全背书；提供数据安全传输通道，保障工业设备上报数据安全，支持数据可信共享；同时，平台提供公共基础服务设施，为监管、交易等场景安全、可信实施提供保障。

7.3.3 数据价值

数据价值变现包括两个主要方面。第一，通过数据治理实现数据资产的整合和预处理，利用基于场景的算法将数据应用到业务中，使数据产生洞察力，为管理和业务创新提供支持，从而使数据具备间接变现的能力。例如，通过对园区物业服务、空间、设施设备、产业、招商等数据进行分类分级并进行有效的数据分析和管理，实现服务过程的可追溯性、品质管控的可视化、设备管理的精细化及精准招商等。第二，通过数据治理将数据资源转化为数据资产，然后将这些数据资产链接到提供数据资产交易的平台上进行交易，使数据资产具有直接变现的能力。

7.4 基于工业互联网标识的双碳园区安全体系建设

基于工业互联网标识的双碳园区是新一代信息通信技术与工业经济深度融合的全新工业生态，被视为关键基础设施和新型应用模式。

双碳园区的特点在于以网络为基础、以平台为中枢、以数据为核心，同时安全是其重要保障之一。标识发挥连接各个要素的纽带作用。这种技术和理念强调数据智能化闭环的核心驱动，并在生产管理优化和组织模式变革中发挥着重要作用。

工业互联网的应用能够赋能园区的管理和运营，推动产业集聚发展，为园区数字化转型提供了新的动能。其中，安全性是至关重要的，因为只有确保数据和网络的安全，工业互联网才能充分发挥其作用。

基于工业互联网标识的双碳园区安全体系建设可围绕"工业互联网标识+区块链"打造身份可信和内容可信的安全场景。在工业制造中，工业互联网利用唯一标识将物理实体的身份可靠地映射到数字世界，从而促进不同链或对象之间的互操作。标识解析系统使得各种生产要素能够相互连接，而不需要进行交互式的数据传输。

为实现对双碳园区内活动数据的可信采集，保证数字身份、企业资产和设备信息的隐私安全，基于工业互联网标识解析体系，将工业互联网主动标识创新技术引入区块链数据采集服务中，培育新型基础设施能力，打造园区可信数字底座。

可利用基于"星火·链网"的许可公有链双层体系架构，其中骨干节点扮演了向上锚定对接国家级主链，向下运营、维护行业/区域链上应用的角色。通过骨干节点，使得双层体系在互通的前提下既能保证主链安全可控运行，高性能提供标识管理、公共数据等服务，又能充分融合现有区块链应用，保证整个体系的可拓展性。

通过构建园区工业互联网标识+骨干节点基础设施，一方面，满足园区企业关键数据上链需求，保障数据可信不可篡改；另一方面，围绕标识核心技术，推进多链融合互通，实现多领域数据可信流转，打造创新应用服务，实现区块链应用纵深发展。

通过主动标识解析技术，打通供应链环节中多主体系统间的信息传输壁垒，主要业务流程如下。

- 标识注册：园区应用服务平台通过标识解析二级节点获得企业节点的前缀，结合平台中录入的设备或系统标识信息组合成唯一的标识信息，并发送至企业节点完成标识注册，实现对终端采集设备及对应数据的身份可信背书。
- 标识写入：标识注册完成后，通过智能工厂设备自动采集碳排放活动数据，并将相关数据同步至国家顶级节点，为每条数据建立标签，实现对碳排活动数据的国家级认证。
- 标识解析：用户通过园区应用服务平台，向标识解析二级节点发起标识解析请求，企业根据二级节点请求的标识信息，自动返回相关碳排放活动数据，保证数据身份可信。

区块链的核心特点是去中心化和可信性，去哈希链特征能保证数据的不可篡改性。将区块链技术融入工业互联网标识解析体系中，可实现采集数据内容存证，保障标识内容的真实性和可信度，使二者相辅相成。

在园区与企业管理过程中，终端设备管理存在监管数据可信、核心设备数据安全管理等多方面的诉求，尤其是对设备安全、信息安全等要求高的园区类型，终端设备管理尤为迫切。

工业互联网标识赋予终端唯一身份编码，结合工业互联网标识终端认证服务平台，支持对工业终端接入认证管理、在线情况进行统计和监测、标识及标识凭证的管理，以及基于标识凭证的安全等服务。通过标识+终端认证平台模式，可保障工业设备身份接入安全，保障工业设备上报数据安全，同时为企业提供设备身份安全背书，支持数据可信共享，也为监管、交易等场景安全、可信实施提供保障。

7.5 小结

双碳园区基础设施与平台建设是实现双碳目标的关键一环。该建设旨在构建智能、绿色、低碳的园区环境，以支持企业实现碳排放减少和碳捕捉利用的目标。以双碳目标为支撑的智慧能源管理平台，是在现有信息化平台的基础上，集成碳核算、碳监测和碳管理等减排手段的综合能源管理平台。整个平台的设计和运营不仅能有效打破数据壁垒，实现数据贯通和管理规范化，还能够开展节能诊断及评估，减少能源浪费，实现能效最优化。通过集成各类能耗数据到同一平台上，可以实现各园区建筑能耗和碳排放数据的互联，形成数据分析库，并借鉴节能减碳效果好的园区模式，形成良性循环发展，进而实现整个园区的低碳运营。

双碳园区碳排放核算体系是获取园区碳排放数据、评价碳排放水平和分析碳排放情况的核心内容，是衡量园区碳排放目标完成度的方式，也是根据园区运行情况制定合理减碳策略的基础。然而，目前各类科技公司、能源公司及政府部门推出相关的双碳园区解决方案因地区和市场而异，缺乏统一，各平台中的碳排放核算体系发展缓慢。大多数工业园区的能源统计系统缺乏集中规划平台和统一的智慧能源管理平台，园区内各能源的使用监测、数据分析、优化调度等管理过程无法进行有效的全局治理，导致资源配置结构不完善，能源利用效率低下。虽然我国已经根据国际ISO标准建立了行业企业碳排放核算方法体系，但工业园区在该体系中并非独立统计个体，缺乏园区层面的碳排放核算范围、标准和清单编制指导，阻碍了园区低碳、零碳的发展和碳交易的进行。

第 8 章　工业互联网标识赋能双碳园区建设的类型

基于生产功能和排放特点，工业互联网标识赋能的双碳园区可分为物流园区、数据中心、生产制造园区、商务办公园区、特色功能园区、产城融合园区和综合型园区七类典型场景。无论哪种类型，在其规划阶段，都应当合理考虑园区布局，对园区的交通、建筑、能源及信息基础设施等体系进行统筹规划，从源头上减少冗余设计，明确分阶段目标及实施计划，为后期园区建设、运营、服务过程中的节能减排指明方向。

为切实把握园区需求，实现双碳目标，应采取循序渐进的规划方法，确保规划能够落到实处。根据实施路线，双碳园区的交通规划可分为确定规划目标、整合技术手段和园区交通规划 3 个步骤。

（1）确定规划目标：明确园区交通的服务对象，通过实地调研等方式，对园区交通需要承担的功能（如车流量、物流量等）进行需求预测分析，进而制定相应的节能减排、高效运行及智能管控等目标，保证规划的有据可依。

（2）整合技术手段：针对规划目标，结合 5G、AI、大数据、云计算等新一代信息技术，同时考虑未来发展需求，按照集约共享、先进创新的思路，适度超前布局新技术和新能力，以增强园区交通韧性，使之具有足够的适应能力、抗冲击能力和自我调节恢复能力。

（3）园区交通规划：在进行园区规划时，应合理考虑各部分的独立规划和联动设计，在注重局部特色的同时，兼顾整体的协调性。重点考虑园区路网体系、运输体系，以及交通基础设施体系之间的融合互动，进行整体性、综合性的规划，全面提升园区交通的数字化、低碳化能力和水平，支撑园区双碳目标实现。

8.1　工业互联网标识赋能物流园区建设

物流园区是物流的可见载体，指在物流集中的地区，衔接几种运输方式，将多种物流设施和不同类型的物流企业在空间上集中布局的场所，也是一个有一定规模和具备多种服务功能的物流企业的集结点。

随着物流园区朝着单体规划大型化、经营主体多样化、功能集约综合化等趋势演变，其双碳排放场景的实践方案也应随该趋势不断升级，具体如图 8-1 所示。

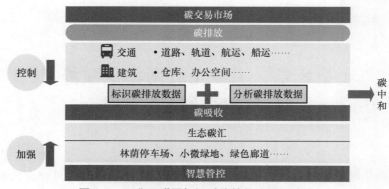

图 8-1 工业互联网标识赋能的物流园区建设

8.1.1 运输环节

物流园区是城市的缩影，与城市交通规划同理，双碳物流园区的交通规划应首先满足园区内部的出行需求，在保证园区各区域可达性的基础上，充分考虑区域功能及交通流量，合理规划路网和运输组织，有效提升园区交通的便捷性、高效性，助力实现"人享其行，车畅其流"。

具体来讲，园区路网规划应首先保证道路的通达性，实现园区内点与点、面与面、点面之间连通顺畅。基于园区内的客货运输需求，还要综合考虑承载能力与运输效率，优化路网规模和结构形态，促进整体出行费用和物流费用最小化，为后期园区交通运行的碳减排奠定坚实基础。同时，典型物流园区有着大量车辆高频率出入园区的特征，车辆不仅在驶入园区、分配月台、停靠、卸货、装载、驶出园区的内部环节中，更在涉及陆运、航运、船运等多种运输方式的中长途运输环节中产生大量碳排放。因此，应适度结合先进的智能交通技术，整合各类交通资源，为园区企业、个体提供更智能、更高效、更便捷的交通服务，以数字化、智慧化的交通系统提升交通效率，促进节能降碳。

另外，双碳物流园区应做到 100%使用电驱动或氢燃料驱动的新能源运输车辆，实现园区内交通系统深度脱碳。具体来讲，基于智慧化平台，合理安排园区行车路径；灵活、高效地调度月台，提高使用效率，减少车辆等候时间；足量安装快速充电桩及补氢站等基础设施。同时，共设共享园区短驳交通工具，推动绿色物流与双碳交通高质量发展。此外，大力鼓励出入园区的大宗货物中长距离运输"公转铁""公转水"，持续提升新能源货车在整体运输车辆中的占比，高效衔接各种运输方式，强烈推荐重载卡车、船舶运输优先使用电、生物质燃料、合成燃料等双碳燃料或 LNG 等清洁燃料。

8.1.2 仓储环节

为了加快物联网、云计算和大数据等技术手段赋能物流仓储智能化改造，当前的主流措施是合理划分仓储区域，实现一仓多货主共享、卸货作业、仓储数据化显示、无人操作、智能实时调度，共享运力。同时，业内还提倡绿色仓储，使用高效节能设备，提升货物流通效率，减少仓储空置率，实现仓储环节降能耗、减排放、增效益。

8.1.3 包装环节

部分物流园区可能涉及大量包装物、废弃物的使用或处置。为同步实现包装绿色转型和污染物治理的目标，双碳物流园区应避免过度包装，减少二次包装，使用新型环保或可循环包装材料，引入末端回收体系，形成贯穿包装使用、回收、处置的绿色循环应用模式及全链条治理长效机制。

值得一提的是，随着居民消费结构的升级，冷链物流产业的年增长率逐年攀升（15%~20%），使用需求持续走高，但却面临预冷、转运、仓储和配送等多环节能耗高、碳排放高、不同类别商品存储温度各异等问题，导致规模扩张和碳排放控制的矛盾日益突出。

在此背景下，冷链型物流园区的双碳实践更为迫切。园区内，应聚焦仓储环节，优化冷库设计，提升冷链基础设施配置，使用高效节能的制冷设施，借助智慧化平台，对冷冻区、冷藏区、阴凉库、恒温库等多分区实施精准调控，对能耗进行实时可视化监测，有效降低能耗，减少碳排放。园区外，应关注转运环节，优化冷链物流网络，配置多温层、新能源冷链运输车辆，实现冷链物流全过程降碳目标。

8.1.4 物流园区案例

1. Magnitude 314 仓库

Magnitude 314 仓库位于英国米尔顿·凯恩斯 Magna Park，该项目已给当地社区创造了超过 480 万英镑的经济价值。在实际运作中，该仓库采购天然未处理的木材，创造有利于舒缓压力的工作环境；同时在混凝土中使用磨细高炉矿渣替代水泥，降低混凝土的隐含碳排放，并尽可能减少施工现场外的泥土运输；采用光伏和太阳能，缩减了能源成本、减少了碳排放，并且在所有人工照明系统中全部使用 LED 灯，采用分析技术监控照明系统、降低成本、改进工地的环境影响，安装智能电表监控能源。此外，该仓库采购当地景观绿植、种植当地树木品种，并尽可能部署蜂巢协助绿植授粉，以此促进生物多样性。

2. 宝山物流园

宝山物流园总建筑面积 24.3 万平方米，获得美国绿色建筑评估标准体系 LEEDv4.1O+M：EB（既有建筑运营与维护）铂金级认证，是国内获此认证中体量最大的综合物流园。

该物流园通过自开发的海纳碳管理平台，实时跟踪并分析园区运营碳排放情况，实现全面碳管理。能源替代方面，配置了屋顶分布式光伏、储能和充电设施。园区屋顶光伏每年产生约 2750 兆瓦时绿电，可减少 2176 吨碳排放。同时，建筑物中安装了智慧路灯系统，实现最优的照明状态和节能效果，利用屋顶天窗进行自然采光照明，并采用 LED 照明设施，比传统白炽灯能耗水平降低 50%~60%。另外，大量分布的新能源充电桩全年可减少 36.9 吨碳排放，可实现 26 万千米绿色交通旅程。智慧预约入园、自动导引到月台，减少车辆及仓库运营环节的碳排放，向租户推行新能源商用车使用，配备新能源车辆充电站，减少园区车辆运输环节碳排放。特别地，该园区还营造了花园式物流园区环境，绿植覆盖面积达 3.1 万平方米,全年吸收约 45 吨碳排放。此外,倡导员工采用绿色通勤方式,并配备电动车充电装置、非机动车专用停放区域等,已获得超 85%员工响应。

8.2 工业互联网标识赋能数据中心建设

数据中心作为新型基础设施的典型代表,已成为各行业信息系统运行的物理载体,是支撑未来经济社会发展的战略资源和公共基础设施,也是新型基础设施节能降耗及碳排放的最关键环节。然而,随着数据中心建设规模的不断扩大,能耗总量也逐渐攀升。因此,双碳目标仍需要持续深化。为了打造绿色数据中心,首先应该拥有一套绿色高效、技术创新的综合解决方案,在确保网络数据安全的前提下,持续开展双碳转型进程。

8.2.1 用能环节

数据中心的综合能耗总量较大,因此园区对能源的使用,在双碳实践中起到了至关重要的作用。双碳数据中心园区应坚持集约化、绿色化、智能化实践,通过选用高效设备/技术、合理布局输配电管路、规模化余热回收等,实现绿色节能创新、单个计算实例能耗强度下降、总体能效水平不断优化、算力与算效稳步提升,规划、设计和运营阶段均达到绿色低碳等级 4A 及以上水平。

具体来说,数据中心宜采用光伏、水电、风能等清洁能源,对于无法完全采用清洁能源的,可采用绿电交易、购买绿证等方式,减少碳排放。数据中心宜布置屋顶分布式光伏系统,并配合优化器使用,提高发电量。而且当采用分布式光伏系统时,应满足《公共建筑节能设计标准》(GB 50189—2015)中对可再生能源利用的相关要求。在清洁能源不稳定的场景,宜合理配置储能,增强清洁能源消纳能力,储能形式可采用化学储能、氢储能等技术。新建大型、超大型零碳数据中心电能利用效率应满足严寒地区电源利用效率(power usage effectiveness,PUE)PUE≤1.2、寒冷地区 PUE≤1.25、其他地区 PUE≤13 的要求;建筑气候分区可参照《民用建筑设计统一标准》(GB 50352—2019)的相关规定;PUE 的测量可参照《数据中心能效限定值及能效等级》(GB 40879—2021)的相关规定;新建大型、超大型零碳数据中心水利用效率宜满足 WUE≤1.1 千克/千瓦时。

8.2.2 供能环节

数据中心应充分考虑选址因素,因地制宜,因时制宜,立足当地资源禀赋,合理部署分布式可再生能源,就近建设、就近消纳,具体宜选址在水力、风力、太阳能等可再生能源充足的地区,所在区域应气候适宜、环境空气清洁、能充分利用自然能源,自然能源利用的技术方式应满足环境容量承载力的要求。具体可采用以下措施:①充分利用闲置或废弃的隧道、洞室、涵洞、仓库、安装间等设施,减少土建过程中的碳排放。②通过自建拉专线或双边交易,提升数据中心绿色电能使用水平,促进可再生能源就近消纳。③在充分建设可再生能源的基础上，结合储能、氢能等辅助技术，开展能源管理，持续提升可再生能源在数据中心能源供应体系中的占比。④推广模块化氢电池和太阳能板房等在数据中心边缘的规模化应用。⑤全面调动源网荷储协调互动，通过源源互补、源网协调、网荷互动、网储互动和源荷互动等多种交互形式，应对大规模新能源的不确定性和不稳定性，从而经济、高效、安全地提高能源系统可靠性，建设多元融合高弹性能源系统。⑥以电力网络为主体框架，通过电、气、热、冷、氢的灵活集成，充分挖掘横向源-源多能耦合、协同互补特性，从而进一步抑制清洁能源发电的强随机性和强波动性，同时实现能源系统的供能可靠性及能源综合利用效率的大幅提高。

此外，应当将主动式节能技术与被动式节能技术相结合。主动式节能技术是通过利用设备达到节能的要求，被动式节能技术则是通过建筑设计本身而非利用设备，减少用于建筑照明、采暖及空调的能耗。

主动式节能设计依托于高技术的设备实现园区建筑的低碳节能，效果显著，但设备成本普遍来说较高，加之在运行中还需要维护与保养，使得园区建筑的造价增加。被动式节能则是在建筑方案规划过程中，充分考虑建筑朝向、建筑保温、建筑体形、建筑遮阳，最佳窗墙比、自然通风等因素，在完全不耗费其他成本和资源的基础上使其满足节能低碳的要求。

主动式节能技术高效彻底，被动式节能技术经济节约，二者互为补充与平衡，只有在规划阶段共同使用，才能够在满足低碳节能要求的基础上实现经济节约。

8.2.3 建筑运营环节

建筑材料方面，双碳数据中心应采购具有绿色认证的建筑材料，包括可再利用材料和可再循环材料等，宜采购耐久性好、易维护的装饰装修材料。机电设备方面，宜采购碳中和的机电设备，并要求供应商提供相关证明材料，在计算总碳排放量的时候，可进行减除；对于产品本身没有实现碳中和的机电设备，应要求设备供应商提供设备生产、制造、包装、运输等环节的碳排放数据，并计入数据中心总碳排放量中。技术经济合理时，宜采购能效指标优于设计指标要求的产品，应优先采购由工业和信息化部编制的《国家绿色数据中心先进适用技术产品目录》中的产品。

数据中心建设过程中，宜采用预拌混凝土、预拌砂浆，以减少现场扬尘和碳排放。施工现场工程用车宜采用清洁能源车，施工使用的泵、电机等机械宜采用高效直流变频驱动，施工场地照明系统宜采用节能环保灯具。应制订合理的施工计划，避免返工，缩短施工周期；应选择高效的施工团队，减少现场施工人力投入。施工人员往返项目现场，应选择绿色出行方式。

此外，数据中心的运营对园区、相关人员的服务能力都有着极高的要求，具体表现在以下几个方面：①园区应持续提升运维管理能力，建立相应的运营管控平台，对PUE做出精准测算；②基于CFD等模拟工具，进行温度场模拟，精准控制机房室温；③开展算力与算法、数据、应用资源的一体化协同创新；④对基础网络、数据中心、云平台、数据和应用建立安全保障，提高大数据安全可靠水平；⑤提升客户服务水准，加强对个人隐私等敏感信息的保护，确保基础设施和数据的安全；⑥借助第三方行业组织和机构，开展人才培训，持续提高数据中心技术和运维人员总体水平。

8.2.4 数据中心案例

本小节将介绍国内有代表性的数据中心案例——普洛斯常熟东南数据中心和国外的数据中心案例。

1. 普洛斯常熟东南数据中心

普洛斯常熟东南数据中心位于常熟高新区，建筑总面积逾 15 万平方米，项目全部交付完成后 IT 负载预计达到 120 兆瓦，可以为超过 30 万台服务器提供设施和增值服务。接下来从双碳平台、能源替代、建筑节能和工业节能 4 个方面分析该数据中心的特色。

- 双碳平台：基于自研的数据中心基础设施管理系统，对数据中心各子系统进行实时监控，进行全方位的智能化管理，以提升数据中心运营效率，降低碳排放，不断提升能源利用效率。
- 能源替代：配备屋顶光伏发电系统，同时减少太阳直射屋顶面积，降低库内温度，减少电能损耗。
- 建筑节能：采用多系统预制化系统技术，对冷站、管路和热通道进行模块拆分、工厂预制化及现场拼装建设。缩短数据中心建设周期，减少施工阶段产生的建筑能耗。
- 工业节能：选用高性能、高能效服务器及 80PLUS 认证铂金级服务器电源，同时结合冷板式液冷技术，综合节能达到 30%~40%。选择高效高压冷水机组和低功率冷却塔，同时采用间接蒸发冷却、高水温风墙等技术，不断提高制冷效率。供配电环节，普洛斯常熟东南数据中心采用高压直流技术，系统节能达 20%。

2. 国外的数据中心案例

接下来，将从用能和选址两个方面介绍国外的数据中心。在用能方面，国外数据中心的具体做法如下。

- 万国数据正与韩国燃料电池制造商 SK ecoplant 合作，使用固体氧化物氢燃料电池技术实现绿氢发电，共同打造数据中心环保电源解决方案。
- 美国可再生能源投资公司 Fidelis New Energy 投资 50 亿美元在西弗吉尼亚州建设氢气生产设施和 1GW 数据中心园区，由天然气现场生产的氢气提供动力，余热将被输送到温室用于粮食生产。
- 微软爱尔兰都柏林数据中心开始使用锂电池替代铅酸电池和柴油发电机作为备用电源，并在 2023 年 2 月宣布将推广储能型 UPS，6 月部署 4 个电池储能单元的瑞典数据中心投入运营。
- 浸没式冷却公司 LiquidStack 推出针对人工智能和高级云计算边缘应用的预制模块化液冷解决方案，最高提供 1.5 兆瓦的 IT 容量，PUE 低至 1.02。
- 英特尔等 CPU 厂商为芯片加装一体式（AIO）冷却器，英伟达发布率先采用直接芯片冷却技术的数据中心 PCIe GPU，浪潮、新华三等系统制造商计划在产品中使用液冷 GPU。

在选址方面，国外数据中心的具体做法如下。

- 谷歌芬兰哈米纳数据中心、挪威勒夫达尔矿数据中心毗邻海湾，利用冰冷的海水冷却服务器。
- 2021 年，鹦鹉螺公司（Nautilus）在加利福尼亚州正式启动其首个河湖浮动式数据中心，通过水冷技术实现高密度计算，机架功率超 10 千瓦，PUE 1.15。
- 在极地、地底和洞穴，铁山公司在匹兹堡附近矿地下 220 英尺（约 67 米）处建造 WPA-1 数据中心，瑞士 SIAG Secure Infostore 数据中心在阿尔卑斯山脚下的"洞穴"里，Meta（原 Facebook）瑞典数据中心靠近北极，以北冰洋寒风降温。
- 2014 年，微软首次提出水下数据中心概念并率先尝试。2022 年年底，海兰信"海底数据舱"沉入海底，开启全球商业海底数据中心运营时代。与陆地 1 万个机柜同等算力的海底数据中心，每年能节省电力 1.75 亿千瓦时、淡水 15 万吨。
- 2023 年，随着 Starlink 2.0 卫星、"木星三号"、亚马逊 Kuiper 宽带卫星上天，商业卫星通信网络基础建设进入加速阶段，美国数据公司 Lonestar Data 计划在月球部署灾难恢复即服务（DRaaS）解决方案。

随着数字化、智能化加速演进，我国数据中心能耗持续增加。2022 年，我国数据中心耗电量占全社会用电量约 3%，预计到 2025 年该比例将提升至 5%，数据中心绿色低碳发展任重道远。未来，还应从以下三方面做出改进。

- 加强清洁能源开发利用。在持续推广应用风电、光伏等可再生能源的基础上，聚焦核能、氢能等清洁能源领域，通过技术合作、投资入股等方法，加快探索以数字技术、场景应用加速能源技术研发，推动氢燃料电池、可控核聚变等技术取得新的突破，服务数据中心能源管理目标转向全天候无碳能源。
- 优化数据中心选址布局。遵循安稳凉爽的自然环境、便宜充足的能源供应等选址原则，加大在我国西部地区及山洞、海洋等布局自然冷源数据中心，积极探索同时享有极寒自然条件和充足太阳能供应的太空分布式算力部署，利用良好的区位自然条件推动数据中心绿色低碳发展。
- 加大低碳技术研发推广。着力构建产学研用深度融合的产业技术创新生态，在供电、制冷、服务器、网络、存储等数据中心产业链的关键环节，加强与高等院校及产业链上下游企业的合作，联合开展技术攻关，加快从科研开发走向产业化应用，加快新型绿色数据中心建设。

8.3 工业互联网标识赋能生产制造园区建设

生产制造园区是工业化和城市化发展的关键载体，承担着产业聚集和设施共享的重要任务，如图 8-2 所示。其中，工业园区二氧化碳排放量在全国高达 30%以上，主要来自与生产制造相关的能源利用环节,且能源消费品种多样,能源结构复杂多变。生产制造园区的双碳转型,既是区域创新绿色发展的外部要求,也是园区高质量发展的内部需求。

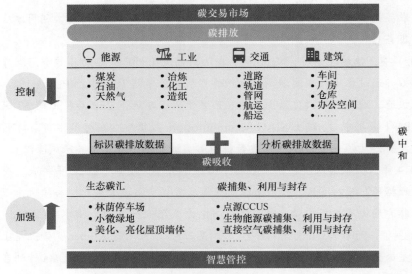

图 8-2　工业互联网标识赋能的生产制造园区

8.3.1　生产制造环节

生产制造是园区内的主要碳排放源,且用能规模大,耗能强度高。因此,需要优化园区内部产业结构,合理降低高耗能产业比例,支持绿色低碳产业发展。具体措施如下:①加大能效水平提升力度,研发并应用绿色创新技术,降低高耗能产业的碳排放强度。②对相关的生产线基础设施进行改造升级,通过对用能设施的节能技改提高控排水平。③挖掘园区减排与产业发展的共生潜力,回收、利用工业生产副产物和工业废物,从源头、过程和末端充分减排。④加强园区绿色制造体系建设,产品的全生命周期应综合考虑经济效益、环境效益和社会效益。

8.3.2　能源利用环节

双碳生产制造园区能源系统主要由能源供给(可再生能源发电设备、天然气、供热等)、能源交换与储存网络(冷热电三联供机组、蓄电池、储气、储热、制冷等)、终端负荷(气、电、热、冷负荷)共同构成。

- 在能源供给侧,大量风、光等非化石分布式能源就近接入园区,多种能源与系统之间互相补充、协调作用,共同保障园区能源供给的安全稳定,核心技术主要是可再生能源发电技术。
- 在能源交换与储存网络侧,提高能效与能源利用率,注重低碳节能技术,核心技术包括冷热电三联供、能量梯级利用、电制氢、热泵、制冷、分布式能源储存等。

- 在终端负荷侧，核心技术包括负荷预测、负荷控制等。

在生产制造园区建筑规划过程中，应考虑后期建设、运营、废弃阶段的能耗、污染与碳排放，在实现建筑坚固耐久的同时，兼顾建筑的易拆除设计，确保所用的材料和构件在其寿命结束时能够再循环利用，满足资源节约等方面的要求，以体现其可持续性。

具体可从供能和用能两方面进行考虑。

- **供能侧**：生产制造园区能源供给可通过光伏、风机等设备充分利用光能、风能、氢能、生物质能等清洁能源，提升储能技术水平，提高清洁能源的使用比例。充分利用工业余热、生活垃圾与污泥、煤矸石、工业固废等能源资源，提升能源二次利用水平。提高基础化石能源的转化、利用效率，通过技术创新和工艺升级降低过程中的碳排放，促进化石能源的高效利用。大力发展分布式综合能源系统，提升能源系统的协调管控水平，打造智能微网。
- **用能侧**：园区内能源需求侧应大规模落实电气化要求，打造以新能源为主体的新型用电系统。此外，在设计园区建筑时，应大力倡导和使用适宜技术。所谓适宜技术，是指根据气候带、地形等地域差异对建筑能源消耗的影响，因地制宜地使用节能技术，采取不同的节能设计和能源利用方式。盲目运用节能技术，不仅无法达到理想效果，反而会浪费资源，牺牲经济效益。因此，在建筑设计阶段，应强调技术的适宜性而非普遍性。同时，推广数字化管理模式，建设智慧能源管理平台，实现实时监控、数据存储、安全维护、优化调度、灵活评估等动态功能，综合提高园区用能效率。

8.3.3 负碳控制环节

鉴于生产制造园区存在显著的碳排放量问题及减排控制力度的局限性，为有效实现负碳控制，需要全面考虑并应用碳捕集、利用与封存技术。在园区的规划过程中，应科学布局碳捕集、利用与封存管网及配套设施建设，注重加强核心技术的研发攻关，积极推动碳捕集、利用与封存的产业化进程和规模化应用，从而为生产制造园区的双碳转型提供有力支持。

8.3.4 制造园区案例

上海花王制造园区位于上海闵行区，占地面积约为13.5万平方米，获得上海市2021年度示范型双碳示范单位（第一批）认证。接下来，从双碳平台、能源替代、工业节能、资源循环和降碳机制五方面分析上海花王制造园区的特色。

- **双碳平台**：该园区基于综合能源智慧管理中心，对园区能源消耗情况进行数字化、精细化管理。通过系统数据参数优化，持续提升能效与系统优化，显现节能效益。
- **能源替代**：该园区充分利用园区厂房屋顶空间，配置光伏发电系统，实现光伏发电自发自用，降低园区能源费用支出，减少碳排放总量。

- 工业节能：该园区使用先进工艺及设备，工艺流水线及专用设备成套布置，紧密、合理衔接，降低能源与资源消耗。持续开展一系列节能降碳项目，例如变压器设备更新、加工机高压风机改造及压缩空气管路改造等，实现单位产品综合能耗和万元产值综合能耗持续下降。
- 资源循环：该园区制定回收利用率指标和最终废弃物处理率指标，对废弃物的最终去向进行持续追踪，致力于废弃物的持续循环利用。
- 降碳机制：该园区在做到应减尽减的基础上，通过购买 I-REC 证书、VCS 等方式进行碳抵消，实现阶段性双碳目标。

8.4 工业互联网标识赋能商务办公园区建设

商务办公园区以商务办公功能为主，吸引中小企业及大型企业功能单元入驻，形成一定的产业集群和规模效应，形态包括办公区、商务独栋、研发中心、商场、会展、文化中心等，并提供工作、就餐、休息、培训、娱乐、健身、医疗、展示等诸多空间，打造实用、经济、绿色、美观的办公空间，具体如图 8-3 所示。

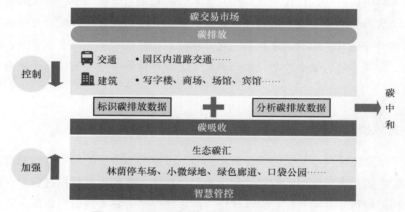

图 8-3 工业互联网标识赋能的商务办公园区

8.4.1 建筑运营环节

商务办公园区建筑碳排放主要包括写字楼、商场、场馆、宾馆等建筑供电、供暖造成的碳排放，其中空调系统是办公类建筑的耗能大户。随着现代化大楼的发展，商务办公园区的全年空调能耗大、新风摄取困难、供冷期延长等问题越发明显，过渡季节新风不能完全解决室内负荷，且办公人员密度大、办公设备多，建筑能耗增长较快。

具体来说，建筑形式对建筑使用过程中产生的能源消耗具有直接影响，简约的造型可以有效控制建筑形体系数，实现建筑能源消耗最小化。研究表明，在规模、体量、建造年代等基本接近且采用相同的空调设备系统的情况下，由于内部空间、建筑形式、窗墙比等的不同，两栋建筑的能耗相差将近一倍，因此在规划过程中应对建筑造型、形式进行合理选择。

在建筑的外围护结构中，门窗是保温隔热的关键要素，同时也是碳排放设计的重点考虑内容，在保证室内采光的基础上控制窗墙比，能有效地降低能耗。在幕墙中多设置可开启窗扇，有利于室内空气流通，在夏季时，更可以借自然通风取代空调降温。利用植物光合作用的特性，在建筑内设置绿色碳汇有助于优化建筑空间环境，包括优化空气质量、增加空气湿度、增加空气中负离子含量等。同时，还可适当增加屋顶绿化，该措施可以在减少碳排放的同时，降低屋顶热辐射、调节室内温度。此外，依托墙体种植藤蔓植物，可以遮挡日晒，丰富立面效果。总体来说，将以上多种绿化措施综合利用，可以美化环境且净化空气，同时降低"热岛效应"。

此外，可以注重环保建材的使用。建筑材料和装修材料是造成建筑能耗污染的主要因素，尤其是依托化石能源生产的建材，在其生产加工、建造、维护等各个环节均会产生许多环境问题。例如，加工混凝土时需要大量的水泥，而水泥本身就是高污染、高能耗及高二氧化碳排放的建材，即便是在拆除的建筑中，废弃的混凝土也是很难处理的污染物，人造板材会释放大量的甲醛，对室内外空气造成严重污染。

因此，在设计低碳节能建筑时，应尽可能选取木材等非化石能源生产类建材，或采用经废旧建材重新加工而成的可再生材料，既节约成本，又可妥善处理废弃建材，减小其对环境的污染。事实上，早在2008年的汶川地震后，就有专家提出使用震后损毁建筑的材料作为骨料，加工成为砌块重新用于灾区建设，在当时得到了广泛的支持和好评。

另外，使用就地取材并以当地传统工艺加工而成的低技术廉价建材，也是非常环保的选择。例如，以我国西北地区随处可见的黄沙为主要原料，添加秸秆、芦苇等植物纤维加工成建筑维护材料，这样建成的建筑在保温隔热方面都有显著的效果，有效节省了采暖和空调所需要消耗的能源，从而减少碳排放。

8.4.2 运输环节

商务办公园区交通碳排放是指园区内道路交通产生的碳排放，包括园区内人群在通勤过程中，公交、出租车、轨道交通等接驳交通产生的碳排，以及园区内居民私家车用气、用电产生的碳排放，还包括交通物流产生的碳排放。

为了建立双碳园区交通运营体系，需要对交通运营阶段碳排放进行全方位管理和趋势分析。具体措施如下：①利用大数据、云计算等技术和资源，建立双碳数字综合管理平台，提供统计分析、动态优化、预测预警、反馈调节等功能。②建立运营阶段交通模块的碳排放模型，并设立满足用户交通出行安全、高效、环保、便捷、经济等需求的相应评价指标，为园区交通运营提供有力支撑。③基于物联网、区块链等技术，对园区内道路状况、交通工具及交通基础设施进行全天候综合管控，建立完善能源消耗和碳排放统计分析体系。④通过科学、合理的交通组织及碳管控措施，对园区交通运行状态进行调节优化，全面降低园区交通碳排放强度。

商务办公园区应从源头和过程两方面把控，通过采用新设备、新技术对建筑内部环境进行节能改造，实现建筑空调、照明的能耗降低，并在物流交通环节推进"以电代油"，推动双碳建筑和双碳交通转型。

建筑方面，以消除建筑的运行碳排放为主，在建筑材料制造、建筑规划设计、施工建造、使用及废弃拆除的整个生命周期内，充分应用低碳技术、低碳材料、低碳设备，并充分利用可再生能源，降低能耗，减少二氧化碳的排放量。为空调冷热源、输配系统和照明系统等设置自动监控系统，对园区用电、用水、用气及集中能源供应进行分项计量，实现数据支撑低碳能效运行管理。

交通方面，以技术赋能交通，完善新能源汽车充电基础设施建设和运营，通勤巴士全部使用清洁能源或者新增新能源车辆，投入使用共享单车，提供拼车、顺风车、专车、租车、上下班车等服务。利用现代信息技术提供身份信息快速识别、刷脸实名认证、车位按需预约等服务，开通便捷停车、寻车、线上缴费业务等，实现智慧出行，绿色停车。

8.5 工业互联网标识赋能特色功能园区建设

特色功能园区包括校园、医院、景区、场馆等专业化场景的园区，面向师生、医患、游客等群体提供不同服务，分别承载教育、医疗、旅游、文化等多种功能，业态丰富，如图 8-4 所示。

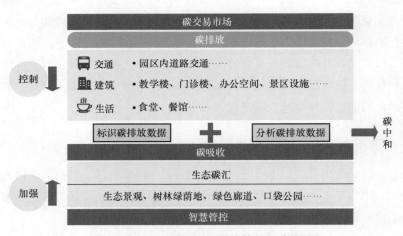

图 8-4 工业互联网标识赋能的特色功能园区

特色功能园区作为保障民生的公共基础设施，是城市重点用能单位，节能降碳空间巨大，通过开展节能减排行动，加强节能管理，促进合理用能，提高能源利用效率，助力节约型社会建设。

8.5.1 建筑运营环节

工业互联网标识赋能的特色功能园区正在逐步构建以分布式新能源为主供，主网为补充的新型电力系统。具体实施措施如下。

- 对于局部富裕的新能源，可通过隔墙售电的方式实现建筑间、园区间的清洁能源调剂和区域互济。

- 在场内清洁能源供给不足的情况下，可通过场外新能源补给形成多元电源支撑。
- 大电网与分布式微网并举的供需耦合新机制，即通过智能调优，实现"源荷互动"和协同运作，对源、网、荷、储、端进行多策略的柔性调控。
- 根据清洁能源发电量、环境因素、电费规律、负荷情况等调配清洁能源、储能和可调节负载，以释能和蓄能的形式实现建筑本体的"虚拟电厂"管理和"源荷互动"。最终在解决供需不同步的基础上，全面提高能源使用效率，实现清洁能源的最大化就地消纳。

另外，可基于数字孪生等技术实现建筑模型可视化，并通过建立电力消费量与碳排放量的关联模型，实现碳排放量实时测算。类似地，可利用物联网等技术实现全天候建筑能耗监测，从区域、专业等多个维度对监测指标进行分类汇总与分析，并建立双碳数据资源管理库，为园区建筑运营管理提供数据依据。同时，结合能源管理系统与楼控系统的通信交互，持续优化控制逻辑和节能效果，实现系统之间的配合与持续改进，让建筑运营更加低碳化、智能化。

8.5.2 供能环节

目前，电动汽车的推广与使用已成为改变能源消费结构、保障能源安全、振兴民族汽车工业的战略举措，充电站作为电动汽车产业发展的配套工程，在落实节能减排方面承担了重要作用。

为了进一步减少供能环节的碳排放，园区可利用停车场地规划、建设充电站。具体来说，充电站按照功能可以划分为5个子模块：配电系统、充电系统、电池调度系统、计量和通信系统、充电站监控系统。其中，变压器高压开关柜、低压开关柜等电气设备的布置应遵循安全、可靠、适用的原则，并便于安装、操作、搬运、检修、试验。充电系统的核心是充电桩，当前商业充电桩以直流快充为主，交流慢充为辅，配套全功率柔性智能分配充电堆，自动识别并分配所需的最大充电功率，确保每台电动汽车都能以最大功率充电。

此外，可以基于采用5G、物联网技术的云平台系统对接入的各充电桩进行数据采集和监测，并对充电机进行过温保护。当充电机输入输出过压、欠压、绝缘检测故障时，及时发出预警。另外，如果空间允许，还可建设光、储、充一体的能源补给站，实现新能源、储能、智能充电互相协调、支撑的绿色充电模式。

8.5.3 运输环节

特色功能园区交通碳排放主要来自园区内交通产生的直接碳排放，以及通勤、就诊、旅游等活动过程中人群出行间接产生的碳排放。园区对外交通方面，由于园区人流、车流等较大，容易导致交通拥挤，增加交通压力。园区内交通路网方面，园区交通路网没有形成严格意义上的内部和外部道路体系，道路利用率低，车辆空载率低，运营管理效率低，导致碳排放量较大。

第8章　工业互联网标识赋能双碳园区建设的类型

针对这类问题，园区可规划布局"慢行+公交"的园区交通体系。完善非机动车道、人行道、共享单车等慢行交通设施，引导园内出行者选择步行、共享单车等绿色出行方式，构建需求响应式的电动公交服务系统，为乘客提供实时下单、到站提醒等服务，并对电动公交的排班调度、运行速度、充电方案进行智能调节优化，在保证服务质量的同时，尽可能地减少能源消耗和碳排放。

同时，可在园区内建立交通大数据出行服务与监测管理系统，实时监测园区交通运行状态，并对园区内的充电桩、停车位、共享单车和公共交通出行等用户供需情况进行实时更新、发布和响应，在满足园区出行需求的同时，有效提升各类交通设施的利用率，通过降低交通工具和设施的冗余运行减少能源消耗，进而实现碳减排。

此外，可基于实时交通流数据，利用事故风险预测模型，实时评估道路交通安全等级，并通过可变限速、信号调整等方式进行风险干预，实现主动交通安全管控，从而避免交通事故及其导致的偶发性交通拥堵，提升交通运行效率，降低交通工具侧碳排放。

值得一提的是，还可利用高精数字地图、物联网等技术，构建面向车路协同的智能化车载导航系统，为用户提供实时路况信息和路径推荐，提高通行效率和安全，并减少因拥堵、绕路等交通行为而产生的碳排放，助力园区实现双碳目标。

8.5.4　生活应用环节

特色功能园区生活碳排放主要来自食堂、餐馆等生活场景中的废弃物排放。其中厨余垃圾中的碳均为生物源碳，其转化生成的二氧化碳并不计入碳排放，因此主要是垃圾处理过程中的碳排放，以及收运处理过程中消耗外部能量、物质引起的间接碳排放。除此之外，还包括处理医疗废弃物时产生的碳排放，以及可能因处理不当导致其腐败分解时释放的有害气体。

特色功能园区应从过程和终端两方面推动实现双碳排放，在获取园区各途径碳排放的事件与数据后，统筹考虑楼宇建筑、园区交通等各个方面的直接或间接碳排放，制定针对性策略。具体措施如下：①推广使用节能设备和技术，充分利用智能水电气管控系统、智慧供热与清洁供暖、空调节能改造等低碳技术与设备，提高资源利用率，实现能源节约、降低损耗。②加强碳排放综合管理，搭建综合能源管理平台，实时监测园区水、电、气、综合能耗等运行的总体情况，对空调、锅炉、电梯等大型重点用能设备的能耗数据进行分析，为园区管理者及时了解园区经济运行状态提供精准信息，支撑科学化管理和调整减排路径。③推进园区数字化转型，打造智慧停车场，通过对车辆出入和场内车辆的动态与静态的综合管理，对园区的车流和人流积极引导，方便、快捷地解决停车问题，实现停车场运行的高效化、节能化、环保化。

8.6　工业互联网标识赋能产城融合园区建设

产城融合园区是中国经济发展的主要承载平台，在传统产业发展的基础上，以具有区域特征的特色产业为支柱，聚焦市民短期、重复、特色需求，汇聚市政、交通和社区等功能，充分满足居民物质和精神生活需求，以实现推动居民生活、生态环保、产业融合发展的功能复合型园区空间，如图 8-5 所示。产城融合园区包括经济技术开发区、高新技术开发区、特色小镇、产业新城等。

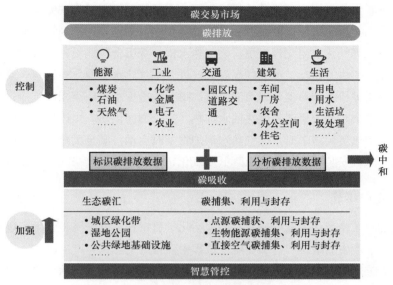

图 8-5　工业互联网标识赋能的产城融合园区

8.6.1　供能环节

产城融合园区供能环节的碳排放主要来源于生产生活过程中的用电、燃气和燃烧煤炭、汽油等。其中电力消耗主要来源于园区空调系统、照明耗电、电热水器和电梯等综合服务系统及工业用电，燃气消耗主要来源于供暖、生活热水、工艺和炊事等，煤炭消耗主要来源于火力发电及钢铁生产等，汽油消耗主要来源于园区公交车、私家车等交通燃料。

分布式光伏发电系统是园区实现双碳目标的重要途径之一，光伏板因具有遮挡的属性，除了在建筑物的屋顶安装，还可以在采光屋顶、护栏、幕墙、遮阳雨棚等地方安装，最大限度地发挥其应用。因此，在建设上可根据应用场景的多样性，采用跨界融合的创新方案，简化系统组网，减少安装部件，提高系统的可靠性及发电量，提高运维效率。将汇流箱、逆变器、配电柜等整合成智能控制器，自带通风散热、防尘防水等功能，同时采用智能传感器、云计算、超宽带等技术进行数字化运行管理，使电站全量数据可视、可管。

计划建设分散式风电的园区，应提前做好规划设计，根据当地的风能资源水平，将年平均风速、湍流强度、极端风速、极端气候条件等机组安全参数考虑在内，选择或定制符合该区域特征的风电机组，进行整机适应性载荷分析，确保项目的安全性和经济效益。建设过程中，可将作业平台增高，在围墙和厂房的高度之上进行机舱和叶轮的组装、吊装，避免对周边建筑及设施产生影响。至于噪声、光影方面，可通过软件进行声、光仿真分析，在叶片加装锯齿尾缘、消声器和隔音屏障，消除噪声影响。所用机组的载荷标准按照当地 50 年一遇的最大风速进行强度设计，再加上自保护系统、现场+远程双人操作、加热除冰等设备的支持，从源头上杜绝机组本身、天气原因或人为误操作等带来的安全问题，确保机组在园区内运行的安全性。

随着天然气管网的建设，在园区配套建设天然气分布式能源站也是可行的思路之一，通过冷热电三联供等方式实现能源的梯级利用，在负荷中心就近实现能源供应，提高能源综合利用效率，实现园区环保低碳目标。建设过程中，根据园区的规划，配置建设相应的燃气发电机组、烟气热水溴化锂机组、燃气热水锅炉等组合供能设备。天然气在燃气发电机组内进行充分燃烧并做功，产生的高温烟气进入烟气热水型溴化锂机组。夏季，高温烟气热量通过溴化锂机组加热溴化锂溶液吸热，得到的冷冻水可用于园区供冷；冬季，高温烟气通过溴化锂余热回收机组将供热回水加热，用于园区供热。当燃气冷热电三联供出水不能满足较高的热负荷需求时，燃气热水锅炉将及时启动，满足供热需求。同时，在燃气发电机组烟气末端安装脱硝装置，以降低氮氧化物排放，满足严格的环保要求。

8.6.2 生产环节

产城融合园区生产环节的碳排放主要包括化学、钢铁、电子等工业生产过程中，以及农业生产过程中产生的碳排放。工业生产过程中碳排放主要来自产品制造、原料供应（选择、运输和储存），以及所售成品的加工和使用。农业生产过程中的碳排放主要来自与人类密切相关的种植业和养殖业，包括化肥的使用、农药的使用、农膜产品的使用，以及农作物秸秆的燃烧等直接排放和间接排放。

生产过程中应采用节能技术和设备，保证设备经济运行，以及用能设备的效率和能源消耗达到能耗限额标准要求。设备层级（子系统）的技术目前已经相对成熟，如光伏发电子系统、楼宇自控子系统、电机驱动变频化、照明设施直流化、园区交通电气化等。根据园区具体情况，对生产过程中产生的余热、余压等应使用回收和再利用设施进行利用，加强能源梯级利用。在园区能源微网内，新能源发电特性与园区负荷特性存在天然"时间差"，在微网建设中，应充分调动储能资源对其进行调峰。

8.6.3 建筑运营环节

产城融合园区建筑运营环节的碳排放的主要来源包括车间、厂房、农舍、居民住宅等建筑照明、供暖、通风、空调、净化、制冷等，涉及风机、水泵、空气压缩机、制冷机、电动阀门、各类电机及设备、控制装备、锅炉、热交换机组等设备，还包括商业楼宇中IT计算、通信和日常办公设备能耗，以及用于提供政务、民生、治安管理等服务的政府机关单位建筑能耗。

8.6.4 运输环节

产城融合园区运输环节的碳排放主要包括园区内道路交通产生的碳排放，以及园区外园区群众通勤产生的碳排放，主要来源有两方面：一方面，使用非可再生能源生产（非绿电）的电能所产生的碳排放，例如轨道交通、新能源车、非机动车等产生的碳排放。另一方面，消耗汽柴油等传统化石能源所产生的碳排放，例如出租车、网约车、通勤巴士、货车、私家车、小客车等产生的碳排放。为了降低运输环节的碳排放，可基于新能源汽车和车路协同、全息感知等技术应用，布设相应的数字化基础设施，如充电桩、路侧 RSU 高清摄像头、激光雷达等。同时，运用综合管廊和智能技术，综合规划园区地下空间，实现给排水、供电、通信等道路交通子系统的综合化、平台化管理。

8.6.5 生活应用环节

产城融合园区生活应用环节的碳排放主要包括居民生活过程中用电、用水、生活垃圾处理等产生的碳排放。

用电方面，碳排放主要来自生活照明、做饭、洗衣、娱乐等活动，涵盖空调、灯泡、热水器、冰箱、微波炉、洗衣机、电视、计算机、手机等设备产生的碳排放。

用水方面，碳排放主要来自饮用、洗澡、洗车，以及洗衣、做饭、洒扫等家务。

生活垃圾方面，碳排放主要来自一次性碗筷餐具的使用、塑料袋和包装产品的使用、生活垃圾处理。

8.6.6 碳汇环节

产城融合园区聚集生产、生活、生态功能，具有发展植物碳汇、减少碳排放量的潜力。园区因自身地形、地貌及原生植被不同，植物碳汇能力表现各异。一般园区通过加强屋顶墙体、道路等进行公共空间美化、亮化，建设口袋公园、林荫停车场及小微绿地，实现立体绿化。大型园区通过植树造林，建设绿色廊道，增加森林覆盖率。少数有条件的园区依托既有水系营造蓝绿交织的空间形态。

产城融合园区应从源头、过程、终端三方面综合降低碳排，兼顾绿色与发展、生产和生态，引领园区经济绿色低碳循环与高质量发展。具体措施如下：①推动能源清洁低碳、安全、高效利用，引导非化石能源消费和分布式能源发展，提高能源利用效率，减少碳排放总量和单位排放量。②开展屋顶分布式光伏开发，推行清洁取暖和合同能源管理。③加强生产的全过程控制，尽可能地使用清洁能源和原料，并通过建立完善的环境管理体系，提高资源的循环利用效率。④促进工业、建筑、交通等领域低碳转型，坚决遏制"两高"项目盲目发展。⑤大力发展绿色建筑，推广装配式建筑、节能门窗和绿色建材，减少建筑物建造和使用过程能耗，并积极推进绿色施工。⑥推进生态农业和清洁工业的发展，减少生活垃圾产生量。

8.7 工业互联网标识赋能综合型园区建设

综合型园区包括市政、医院、校园、居民社区和商业综合体等城市建筑单元，具有办公、医疗、教育、居住等综合性社会功能，是连接个体、家庭和社会的重要枢纽。

综合型园区的用能结构以电力和燃油、燃气为主，较大程度上依赖外部能源供给和用能设备基础条件。碳排放主要集中在建筑和交通两大方面，无高排放的生产活动。同时，内部个体行为也会在整体上影响综合型园区排放，且与政策引导和社会氛围密切相关。

8.7.1 建筑运营环节

为了提高建筑全生命周期运营标准，可以通过 BIM 等智慧化手段对建筑的规划设计进行全局优化，深度融合绿色低碳理念，从源头奠定双碳发展基础。具体来说，建筑运营环节可就地选用环保材料，通过新型低碳混凝土、绿色涂料、可再生建材等打造建筑内外部结构。同时，提高建筑用能的电气化和清洁化水平，充分利用屋顶光伏、风能、地热能等清洁能源，降低碳排放量。一方面，可以对建筑楼宇内部设备提标降耗，普及 LED 照明、冷热源智慧自控、分项计量、智能电表监控等节能技改措施，协同主动式、被动式建筑技术，进而提高能源和资源的利用效率。另一方面，可以打造建筑智慧管理系统，动态监测能源和资源利用情况，深入挖掘建筑节能减排潜力，以数智化手段实现建筑高效运营。综合以上方法，可全方面提升建筑运营水平，全链条贯通绿色低碳发展理念，完成 LEED、WELL、BREEAM 等全球绿色建筑认证和可持续建筑认证。

同时，可以增加可再生能源在建筑中的综合利用，即通过使用可再生能源推动能源侧转型，实现双碳目标，具体可参考如下措施。

- **太阳能**：利用太阳能是当下实现建筑低碳节能的普遍手段，通过在建筑屋面或墙面安装光伏电板，可以有效地吸收太阳能，并将其转化为电能，为建筑内部提供电力和热水。在建筑外围或结合遮阳系统使用太阳能光伏板，除了为建筑供电，在夏季还可以起到阻热作用，降低室内温度，减少空调的使用。
- **风能**：在建筑屋顶或周围使用小型风力发电机，不仅能够获得足量的无碳电力供应，还可以将富余的电量并入电网供给城市用电。此外，地源热泵技术在建筑中的运用是合理利用地表浅层地热资源的方法之一。
- **地热能**：地表浅层地热资源（或称为地能）的温度一年四季相对稳定，冬季比环境空气温度高，夏季比环境空气温度低，是很好的热泵热源和空调冷源。地能温度较恒定的特性，使得热泵机组运行更可靠、稳定，也保证了系统的高效性和经济性。设计、安装良好的地源热泵，平均可以节约 40%的供热制冷空调的运行费用，从而有效降低建筑空调设备的碳排放量。
- **水的再利用**：全方位、可循环的节水设计可以有效节约水资源。经管道收集的雨水中水，可用于绿化灌溉、水体景观及卫生间冲洗，在公共卫生间选用高效节水型洁具和配件，是减少浪费、实现水资源高效利用的有效措施。此外，将污水"变废为宝"用于水源热泵空调系统，可以为建筑提供冷热能源，并且不会产生任何污染和碳排放。

8.7.2 交通出行环节

园区内的接驳交通和通勤交通是主要的移动碳排放源，提高新能源汽车占比，推动交通系统电气化，有助于降低园区对传统燃油的依赖程度。同时，应合理配置新能源汽车充电基础设施，优化布局充电桩、充电站等服务网络，积极探索氢燃料电池在园区内的实践应用，提高交通系统清洁化水平。

8.7.3 社区服务环节

个体是综合型园区双碳发展的关键部分，个体的低碳行为和园区整体的双碳转型相辅相成。加快绿色公共基础设施的推广与普及，加强可持续发展理念的宣传与引导，培养低碳生活习惯和绿色消费意识，实现双碳发展自上而下的渗透。同时，应丰富低碳服务，积极开展碳普惠、低碳赛事、低碳主题活动等可全民参与的社会活动，强化个体主观低碳驱动力，赋能园区双碳建设。

2021年7月，首届中国碳中和图谱及双碳城市峰会上，由多方共同发起"百城千企双碳行动"，旨在共建双碳园区、双碳产业集群和双碳城市。可见，双碳园区的实践更应起到以点带面的作用，进一步推动行业发展，助力全国园区整体双碳化转型，形成双碳建设新格局。

多方主体应充分总结双碳园区的实践经验，分析、归纳，对于已有场景，推广并复制优秀项目、示范场景，做大规模，持续进行规模推广，形成示范集群的效果，实现"1N"（可复制）效果。对于新场景，发展新业态、丰富新场景，创新新理念，创造新形式，持续开拓新场景，并推广、复制，实现"01N"（从无到有，且可复制）的效果。

8.7.4 综合型园区案例

西安环普国际科技园位于西安高新区丝路软件城板块核心区域，分一期、二期、三期进行开发，总建筑面积为46万平方米。西安环普国际科技园作为西北地区首屈一指的科技研发园区和西安市"十二五""十三五"重点建设项目，已入驻130余家软件和信息技术服务类企业。其中，中国软件百强企业10余家，如软通动力、海康威视等；华为配套企业10余家，如思特沃克、诚迈科技、歌尔泰克软件等；其他国内外知名企业，如施耐德电气、横河电机、艾宾信息、奥博杰天、特锐德西安研发中心、芯派科技、中科芯集成电路有限公司等。

园区集聚产业链上下游，以物理空间、政府支持、资本市场为服务对接口，配合独特的Campus理念和丰富的园区配套，为高知、创新人才构建集工作、生活、娱乐、社交于一体的科技研发及商务办公社区，持续为西北地区高科技发展提供动能。

该园区现已配置碳平台和ESG大屏。能源替代方面，搭建了太阳能屋顶光伏发电站，规划并建设了储能电站，其中光伏发电站装机容量0.82兆瓦，占公区总用电量10.5%。此外，该园区建设特点在于搭建中水管网，引入中水用于卫生间、公共区地面清洗及绿植浇灌。

8.8 小结

本章详细介绍了双碳园区的典型应用场景，包括物流园区、数据中心、生产制造园区、商务办公园区、特色功能园区、产城融合园区和综合型园区，并介绍了各园区的关键环节涉及的双碳处理方式。

具体而言，物流园区包含运输、仓储、包装环节；数据中心包含用能、供能、建筑运营环节；生产制造园区包含生产制造、能源利用、负碳控制环节；商务办公园区包含建筑运营和运输环节；特色功能园区包含建筑运营、供能、运输和生活应用环节；产城融合园区包含供能、生产、建筑运营、运输和生活应用环节；综合型园区包含建筑运营、交通出行、社区服务环节。

总体来说，这七大园区类型涵盖了目前社会上的大部分生活及生产需要，也表明目前双碳园区已经渗透到生活的方方面面。

第 9 章 双碳园区典型实践案例

本章将介绍 10 个典型的双碳园区实践案例，分别是海信（广东）信息产业园区、鄂尔多斯零碳产业园、青岛中德生态园、重庆 AI city 园区、中国石化智能石化工厂、上海桃浦智创城、紫光萧山智能制造园区、华润百色田阳水泥生产园区、甘肃省通渭县"零碳乡村"和柏林欧瑞府零碳园区。这些园区在应对气候变化和减少碳排放方面取得了显著成就，展现了在能源转型和可持续发展领域的创新实践。通过深入分析这些案例，可以了解各园区在实现碳中和、碳减排及推动绿色发展方面所采取的策略和措施，为其他地区和园区提供宝贵的经验与启示。

9.1 海信（广东）信息产业园

海信（广东）信息产业园（以下简称海信信息产业园）位于广东省江门市蓬江区，是集多媒体、家电、通信及相关配套产业链产品于一体的综合性生产制造型工业园区。

作为蓬江区新一代电子信息产业龙头企业，海信信息产业园主要通过能源转型及应用转型推进园区低碳化改造和产业升级，打造零碳园区。

在能源转型方面，园区搭建能源管理平台，通过信息化节能实现智慧能源管理。在应用转型方面，园区一方面通过打造零碳建筑，对空调通风、集中供暖等系统进行节能改造，另一方面通过全方位、多层次实施生产过程节能措施，对生产设备进行智能化改造，打造零碳生产，降低单位生产值的能源消耗，实现园区绿色发展。

1. 强化布局优化，有计划、有目标地推进零碳园区建设

海信信息产业园综合考量自身基本情况，参考标准、规范先进节能，运用前沿节能技术，科学选择建设路径，有计划、有目标地推进零碳园区建设。

在规划阶段，充分分析园区地理信息、区位信息、自然资源等，充分考虑对自然资源的广泛使用与便利性，对建筑物类型、高度、朝向等进行科学设计、合理建设。

在建设阶段，对既有建筑顶层、墙壁、建筑空调通风、集中供暖进行系统化节能改造；对新建建筑联合专业机构进行全方位绿色节能设计，打造近零建筑排放示范点。

在运营阶段，对生产制造过程进行数字化建设，对重点能耗设备进行节能改造，对过程余热进行回收，对生产过程中的废料进行重复利用、绿色回收。

海信信息产业园从产业生产、基础设施、公共服务、固碳能力等方面，系统地推进零碳园区建设，目前已取得阶段性成果。

2. 搭建能源管理平台，通过信息化节能实现智慧能源管理

海信信息产业园加强建设能源管理平台及系统，确保车间、厂房等次级用能单位、主要用能设备或环节的能源消耗实现全部监测并有效识别节能空间，通过平台对标重点耗能单元能效水平，识别并改进短板，实现智慧能源管理。同时，针对可控的能源消耗，通过搭建控制系统实现能源消耗的远程控制、自动控制及其他控制模式，并应用检漏仪等专业设备，及时解决日常能源消耗的跑、冒、滴、漏。

此外，还推行用能预算管理，强化固定资产投资项目节能审查，对项目用能和碳排放情况进行综合评价，从源头推进节能降碳，并完善能源计量体系，采用认证手段提升节能管理水平。

海信信息产业园加强园区碳排放的动态监测和管理，对零碳改造及成效及时进行评估，并及时应对零碳改造过程中出现的新情况、新问题，实现数据驱动能源综合管理。

3. 全方位、多层次实施生产过程中的节能措施，持续提升制造效率

海信信息产业园对制造生产线的设备进行自动化、智能化改造，将生产过程中的重点耗能单元进行数字化改造，降低单位生产值的能源消耗，提升制造效率。

- 针对制造生产线的重点设备，持续推进 TPM，通过一保、二保、预防性的维修、备件的管理、维护/保养维修能力的提升减少设备的停机时间，减少委外维修的内容和项目，提高设备的稼动率及单位时间的产出，使设备始终处于理想的运行状况。
- 针对生产过程中的重点耗能单元，研究洁净厂房、采暖制冷、电/火焰加热系统等设备或系统构成及用能原理，通过先行先试节能技术及研究应用智能控制技术，推进重点能耗设备节能，实现生产过程低碳化。

据统计，2022 年至今累计节约用电 896722.6 千瓦时，收益 58.28 万元，减碳 511.4 吨二氧化碳当量。

9.2 鄂尔多斯零碳产业园

鄂尔多斯零碳产业园位于蒙苏经济开发区江苏产业园，它拥有丰富的能源、化工、建材等资源，通过强化创新支撑引领，将绿色能源的生产和使用有机结合，发展零碳工业，打造零碳生产制造产业园样板。

鄂尔多斯零碳产业园基于当地丰富的可再生能源资源和智能电网系统，推动能源转型，加快构建以风、光、氢、储、车为核心的绿色能源供应体系，实现了高比例、低成本、充足的可再生能源生产与使用。同时，配合数字化基础设施，推动零碳产业及电解铝、绿氢制钢、绿色化工等技术的发展和应用，构建以零碳能源为基础的零碳新工业创新体系。

1. 搭建新型电力系统，实现 100%零碳能源供给

作为全球首个零碳产业园，园区中 80%的能源直接来自风电、光伏和储能，另外 20%

的能源来源于智能物联网的优化,通过在电力生产过多时出售给电网,需要时从电网取回的合作模式,实现100%的零碳能源供给。

目前,鄂尔多斯零碳产业园已建成一座占地面积约27万平方米、一期10吉瓦时产能的现代化动力电池工厂。根据规划,二期总产能将提高到20吉瓦时,每年将为超过3万台电动重卡提供高安全性、高能量密度、高耐久性和高性价比的动力电池,还可为风光储应用提供超10吉瓦时储能电池,支持风、光、储、氢等综合智慧能源示范项目,解决可再生能源消纳难题,大规模降低电力成本。

2. 构建"绿色能源+交通+化工"零碳新工业体系,驱动工业制造业绿色升级

鄂尔多斯零碳产业园将绿色能源的生产和使用有机结合,创新能源生产和使用分离的工厂模式,构建了"绿色能源+交通+化工"零碳新工业体系,驱动产业园蓬勃发展。

- 绿色能源方面,零碳产业园内发展绿电制氢产业,将应用于绿氢制钢、绿氢煤化工、生物合成等下游产业,减少鄂尔多斯化工行业的煤炭消耗量。
- 交通方面,园区选择"动力电池+汽车"行业作为零碳产业园破局之举,引入全球最大的商用卡车生产商一汽解放,以及广东凯金新能源科技股份有限公司、内蒙古圣钒科技新能源有限责任公司等正负极材料、隔膜、电解液的制造商,通过风电、光伏与动力电池和电动汽车结合,开启绿色工业革命。
- 化工方面,园区使用绿电制氢、生物合成技术取代使用化石原料的传统化工,生产出零碳并可回收的材料。

3. 以"能碳双控"平台为数字基座,实现零碳管理闭环

鄂尔多斯零碳产业园以"能源双控"平台为数字基座,支撑碳排和能耗指标的可跟踪、可分析、可视化,统一管理碳数据、碳指标及能耗数据指标,实现碳排放和能耗等重要指标的实时监测、及时预警和优化闭环,并能够为园区生产的产品打上"零碳标签"。

"能碳双控"平台可以将新能源产生的绿色发电量计算清楚,并将其从能耗总量中刨除。园区通过管理平台进行数据采集与监控,将能量的生产、消耗、使用和能效分析结合在一起,并通过可视化展示,直观反映能源的利用效率,提高用户能源数据的可追溯能力。通过对获取的数据进行处理与分析,实现企业能源信息化集中监控、设备节能精细化管理、能源系统化管理等,有效降低能源损失,提高能源转化效率。

按照规划,到2025年,鄂尔多斯零碳产业园将最终形成全绿色电源供给、高比例新型综合储能系统、智能源荷互动微电网、智能物联能碳管理平台、国际零碳产业园标准、"风光氢储车"零碳产业链集群、绿色科技专家培育"硅谷"、零碳产业园全国全球推广样板的八大创新示范,助力当地实现约3000亿元绿色新工业产值,创造约10万个绿色高科技岗位,实现约1亿吨二氧化碳年减排的目标。其中,隆基绿能光伏项目满产后年产光伏组件相当于2个三峡电站装机量,可在其30年的生命周期中转化14万亿千瓦时的绿色电力,实现年税收30亿元,带动当地17000人就业。

目前,园区已入驻9家新能源头部企业,形成多条产业链。其中包括:以远景为龙头,

华景、万锂泰、镕锂为配套的电池及储能产业链；以隆基为龙头的光伏产业链；以美锦国鸿、协鑫集团为龙头的氢燃料电池及绿氢设备制造产业链；以上汽红岩、捷氢科技为龙头的新能源汽车制造产业链，布局清晰、互为支撑，"风光氢储车"产业矩阵在不断补链、延链、强链。

截至 2023 年 3 月 8 日，园区项目建设稳步推进。远景动力电池工厂正式投产，隆基单晶切片厂房成功封顶，国鸿氢燃料电池电堆正式下线，中成榆光伏全产业链一期项目点火运行，华景磷酸铁锂正极材料、上汽红岩新能源重卡、捷氢燃料电池厂房顺利落成，新能源产业集群迅速崛起。

9.3 青岛中德生态园

青岛中德生态园（青岛国际经济合作区）是青岛市重点功能区之一，位于青岛西海岸新区北部。区域内拥有中德两国首个生态合作示范项目——中德生态园，承担建设青岛德国、日本"国际客厅"职能，是青岛对外开放、合作的重要门户和平台。园区启动区面积 34.92 平方千米，区域叠加中国（山东）自由贸易试验区青岛片区约 12.86 平方千米。

中德生态园围绕生态标准的制定和应用、低碳产业的配置和发展、绿色生态城市建设与推广"三大领域"，建立零碳试验区指标体系，形成可复制、可推广的产城融合型零碳社区建设模式，力争率先打造零碳试验区、碳中和灯塔基地。在具体实施过程中，园区通过构建多元化清洁能源供给体系，推动能源转型；同时，打造零碳建筑，发展被动式超低能耗和装配式建筑，实现 100%绿色施工、绿色建筑。此外，推进园区管控数字化转型，建设零碳操作系统，实现数据支撑园区碳排放监测和管理，中德生态园顶层规划架构如图 9-1 所示。

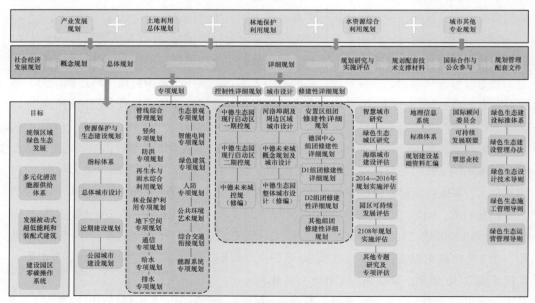

图 9-1　中德生态园顶层规划架构

9.3 青岛中德生态园

1. 建立以生态保护为导向的生态指标体系，统领区域绿色生态发展

中德生态园坚持以标准立园，做到标准先行。园区率先建立以生态保护为导向的40项生态指标体系，并结合实践升级为全国首个2030可持续发展指标体系，纳入了商务部《国家级经开区国际合作生态园工作指南》，并获得德国TUV-NORD认证。

同时，中德生态园引入德国GMP、欧博迈亚、同济大学、清华大学等10余家国内外顶尖机构参与规划设计，编制了完善的绿色规划体系，做到总规、控规、专项规划编制"多层次协同"，国民经济、土地利用、城市规划"三规融合"。

2. 构建多元化清洁能源供给体系，打造青岛市"非煤化"试点区域

在用能耗能方面，中德生态园坚持新能源，重点发展太阳能、风能、地热能、空气能等可再生能源，作为青岛市首个"非煤化"试点区域之一，构建多元化清洁能源供给体系，并实施泛能网技术，运行山东省首例泛能网联网，分布式光伏装机规模达16兆瓦，供能面积近100万平方米。

另外，中德生态园打造"智能绿塔"模式，采用新型太阳能光伏板作为外层幕墙，通过光伏电池板的使用，为建筑及其用户的用电需求提供支持，将获取的能量暂时保存在建筑内的高效锂离子电池中，平衡社区内的载荷电流，减轻国家电网的顶峰负荷。

3. 发展被动式超低能耗和装配式建筑，100%实施绿色施工、绿色建筑

中德生态园在房屋建筑方面，引进德国DGNB可持续评价标准体系，大力发展被动式超低能耗和装配式建筑，获得亚洲首个德国DGNB区域金奖认证。

园区内的被动房累计建设40万平方米，装配式建筑占新建民用建筑比例50%以上，成为亚洲获德国PHI认证的最大体量公共建筑。被动房在学校、酒店、办公、住宅等多类型建筑全面示范应用，初步建立集设计、监理、关键设备制造、鉴定认证于一体的全产业链，年节约一次能源消耗130万千瓦时，减少CO_2排放量664吨。

4. 建设一个园区零碳操作系统，发挥数据要素倍增效应

中德生态园以能源低碳作为切入点，结合大数据、AI、人工智能、知识图谱等新一代信息技术，打造覆盖数据采集、转换、清洗直至数据建模等全过程的双碳操作系统，构建形成区域"碳家底"资源池和双碳智慧大脑模型库，为双碳应用场景提供丰富的模型工具。

另外，园区内的数据中心以双碳指标体系为基础，兼容数据填报、数据导入、系统对接、爬虫采集等多种数据来源，构建了包含数据集成、数据治理、智慧双碳算法模型库及大数据分析的双碳数据体系，实现了数据管理的灵活性和多功能性。

习近平总书记在党的二十大报告中指出，推动绿色发展，促进人与自然和谐共生。尊重自然、顺应自然、保护自然，是全面建设社会主义现代化国家的内在要求。必须牢固树立和践行绿水青山就是金山银山的理念，站在人与自然和谐共生的高度谋划发展。作为中德两国政府共同打造的具有可持续发展示范意义的生态园区，青岛自贸片区中德生态园积极践行这一理念，坚持指标体系引领，100%推行绿色建筑、绿色施工，100%发展绿色产业。

同时，坚持科技创新与引领示范，打造高端生态示范区、技术创新先导区、高端产业聚集区、和谐宜居新城区，致力于建设生态型、智能型、开放型的中德两国利益共同体。

这一努力也得到了国际认可，引入德国 DGNB 可持续建筑认证体系、PHI 被动房认证体系，积极推行被动式超低能耗建筑，打造规模型节能建筑示范区。这些举措不仅被商务部、德国经济部誉为"中德两国政府生态领域灯塔式项目"，还被联合国授予"全球可持续城市和人居环境奖"。

未来，园区将继续践行新的发展理念，围绕"田园环境、绿色发展、美好生活"的发展愿景，积极践行绿色生态建设，努力打造实践"绿水青山就是金山银山"的生动样本。

9.4 重庆 AI city 园区

重庆 AI city 园区聚集国内外头部科技企业，聚焦人工智能、5G、工业互联网、大数据中心、智能制造、新消费、新金融七大产业，以办公场景为主，通过"产业聚集，以产促城，智能提升"协同发展，构建"国内顶尖的科技创新示范区和未来智慧新城典范"。

重庆 AI city 园区主要通过打造零碳建筑推动园区应用转型，实现园区能源自给，减少园区碳排放。此外，园区积极构建"智能大脑"，推动园区管控数字化转型，实现了智慧化节能化管理运营，并刷新最完整的 5G 城市智能生态、首个机器人友好园区、最大的步入式屋顶花园、碳中和低能耗社区等多项纪录，成为重庆高新区内零碳园区建设典范。

1. 大力推进建筑节能，碳中和理念贯穿建筑全生命周期

重庆 AI city 园区的核心碳排放场景主要集中在建设过程及运营过程中，因此园区在推进零碳园区建设时利用 AI、大数据等技术，大力推进建筑全生命周期节能减排，以提升效率、带动碳减排。

重庆 AI city 园区的建筑在设计之初就将碳中和理念贯穿其中，设计灵感取自喀斯特山谷地貌形态。首先，在项目建设过程中，采用人工智能技术和大数据对地形地貌进行科学计算，选择对生态影响最小的标准面施工，使挖方填方尽量保持平衡，以此减少 16.75% 的碳排放。其次，秉承"生态节能"理念，打破传统厂房形式，将建筑切割成为富有渗透性的结构，用自然改变建筑光热环境，使建筑综合受光率达到 83.79%，从而降低照明、风暖等能源消耗。最后，在碳汇方面，构建全覆盖立体绿化建筑，将绿色植物种植在建筑物屋顶，实现人居环境与自然环境的相互融合，减少了 72.93% 的碳排放。

2. 践行零排放使命，打造光电建筑，实现园区能源自给

重庆 AI city 园区通过在建筑之间分散式部署智慧杆塔、智能座椅，在建筑屋顶铺设光伏，实现园区能源自给，从而减少建筑碳排放。

智慧杆塔集智能照明、环境监测、绿色能源、设施监管等功能于一身，一方面自带光伏，能够执行公共智能照明并充当汽车充电桩、USB 手机充电装置，给园区用户电动汽车和手机充电，实现绿色能源供给，降低碳排放；另一方面以时间段、光线、人流量

等数据为依据，远程智能调节路灯开关、明暗，通过智能设施监管并优化能源配置，降低能耗。

此外，智慧杆塔更是作为环境数据的采集端，实时监测噪声、温度、湿度、气压、风速、风向、PM2.5、CO_2 等环境数据，实现环境实时监测、环境污染监测，支撑园区管理者及时、合理调整改善园区环境。而智能座椅同样自带光伏，能够实现感应充电功能。智能座椅结合人工智能技术，提供智能感知、控制和互动。用户可享受个性化座椅体验，如调节温度、按摩功能及便捷充电服务，为城市生活增添智能、舒适的一环。

另外，建筑采用节能环保材料并铺设屋顶光伏，提升园区能源自给率。重庆 AI city 园区的光伏系统不仅为园区提供清洁能源，还实现了能源的可持续利用。这些光伏设施不仅降低了园区的能源消耗，还为环境保护做出了积极贡献，推动了城市可持续发展的进程。

3. "智能大脑"覆盖园区全链条，实现智慧化、节能化管理运营

重庆 AI city 园区通过智慧化管理平台将内部各个系统集成起来进行数据集中监测和管理，建立全面感知、随需应变的智慧园区环境，从而形成统一的智慧管理体系，实现智慧化、节能化管理运营。

园区应用"智能大脑"ABAS BI 超级楼控系统和相应的"神经末梢"智能传感器，全面兼容暖通、空调、照明、给排水、变配电监控、火灾报警、通行与停车管理等各子系统，集成为信息枢纽，形成可视化的数据，实现智能诊断、智能响应、智能控制，从而节约能耗 60%、节约人工 50%。

同时，在园区管理服务方面，园区与上级相关部门及入驻企业等加强交流。基于 AIoT 全园区能耗数据监控平台，园区能够针对高耗能、高风险企业进行定向、精准、可视化监管，实时了解企业水、电、气等能耗使用情况及碳排放情况，从而辅助决策支撑。

通过云+AIoT 技术的组合，园区实现了全链式智能服务和管控。这不仅有助于园区和楼宇的节能减排，还推动了智慧园区和智慧楼宇的数字化建设与运营。

在园区中，未来科技感、弹性可延展、机器人友好的基础设施构筑起互联互通的硬件物理承载体。统一调度、智能响应、可 OTA 远程升级、千人千面的城市操作系统确保了园区的进化能力。丰富的城市组件和高适配度的场景，打通了产业链上下游及不同行业的合作伙伴，开放共生平台为园区提供了长期可持续的运营生态。

9.5 中国石化智能石化工厂

中国石化作为"世界一流绿色低碳城市型炼化示范企业建设试点"的重点企业，从勘探、开发、生产、储运、加工等多个方面推进生产制造型园区数字化转型。

中国石化采用 5G 如翼定制网模式打造智能石化工厂，将新一代信息技术与石化工业生产过程深度融合，提高劳动生产率的同时，也提升了本质安全环保水平。智能石化工厂整体解决方案架构如图 9-2 所示，具体表现如下。

- 通过搭建一体化应急指挥中心，实现生产运营业务协同、高效指挥，园区集约化、

第9章 双碳园区典型实践案例

一体化生产管控能力显著提升。

- 通过利用物联网、三维模型和地理信息技术等，对全厂污染排放点和职业危害监测点进行实时动态监控与预警，实现"三废"达标排放，园区预测预警能力、安全环保水平显著提高。

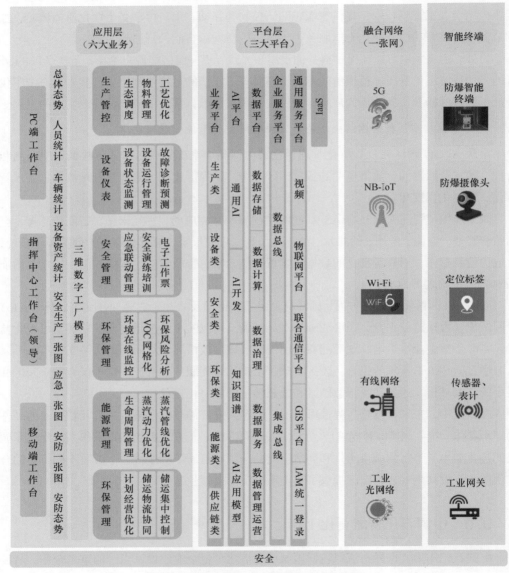

图9-2 智能石化工厂整体解决方案架构

1. 采用5G如翼定制网模式打造智能石化工厂

石化产业生产线长、涉及面广。从产业链来看，石化行业主要有勘探、开发、生产3个环节，中游主要是进行石油、天然气的储运，下游主要是石油的加工和销售，主要包括炼油、化工、销售等。

中国石化依托中国电信，采用 5G 如翼定制网模式，通过网络切片+MEC+UPF 下沉到企业，形成一套支持 5G 与工业互联网融合应用的石油化工企业整体解决方案。

2. 搭建 5G+生产应急智能指挥系统，强化园区管理

园区管理方面，中国石化利用 5G 建设园区一张网，搭建 5G+生产应急智能指挥系统，将全厂生产现场可燃及有毒有害气体监测报警、工业视频监控、火灾报警进行集中管理与一体化联动，加强对现场突发事故的发现与监控能力，减少应急处置环节和响应时间。

在环保管理环节，利用走航车搭载的秒级多组分走航监测系统，规划定期走航任务，对厂区 VOC 网格边界污染物组分进行 ppb 级高精度分析，结合 GPS/北斗定位数据，按照米级空间精度快速建立厂区大气 VOC 污染时空"画像"，通过 5G 专网实时回传监测数据，发现异常状况并实时告警，快速、高效地实现定期自查，降低人工成本。

3. 5G+AI+AGV 助力生产管控、智能存储等多个环节

在生产管控环节，中国石化通过部署 5G 物联网，基于生产数据识别模型及规则，对生产运行的实时信息进行 AI 运算。这不仅有效提升了生产调度指挥人员从海量数据（如生产动态、设备状态、安全环保、产品质量、视频等）中快速获取有效信息的能力，还使得他们能够实时掌控当前生产动态，从而实现从事后应急、事中发现的传统管控模式向事前预测、主动应对的智能模式转变。

在供应链管理环节，基于 5G 和 AGV 技术的智能仓储作业实现了全自动化仓储运作，对货物的出/入库进行合理控制，提升仓储效率，降低仓储能耗。

4. 利用新一代信息技术大力提高能效，实现节能减排

目前，借助 5G 技术、云计算及人工智能的深度融合，中国石化已成功实现生产运行的优化升级、安全环保管控的精准实施、设备智能维护的高效执行及数字化设备监测的全面覆盖。这一系列举措不仅推动了生产模式的革新，更显著提升了生产效率与管理效能。

在工艺优化、物料管理、生产调度、环境监测、环保风险分析、蒸汽动力优化及车间用电等多个关键领域，中国石化均取得了显著的节电减排成效，为节省燃料做出了重要贡献。据预测，至 2030 年，公司燃料消耗有望实现 5%的节省；而到 2050 年，这一比例更有望提升至 14%。这些成果充分展示了中国石化在推动绿色低碳发展方面的坚定决心和积极行动。

9.6　上海桃浦智创城

桃浦智创城作为上海建设具有全球影响力的科技创新中心的重要承载区，位于上海市普陀区，以"科创、智能、智造一体化"的目标定位，积极打造上海市转型发展的示范区、西北中心城区的新地标、产城融合发展的新亮点、上海科技创新中心的重要承载区。

桃浦智创城依托大数据与人工智能技术，以数字化转型为主，能源转型为辅，共同引领园区经济绿色低碳循环高质量发展。

- 数字化转型方面，桃浦智创城基于自身先进的物联网平台，聚力打造集约、高效的

智慧园区管理体系，推进相关战略性新兴产业发展及城市数字化建设，助力上海科创中心建设和长三角更高质量发展。
- 能源转型方面，桃浦智创城利用智慧能源管理系统，增强能源梯级利用，提高能源使用效率，有效提高了园区能源利用效率和经济性。

1. 智慧化运维打破数据孤岛，实现数据共享

桃浦智创城通过建筑能源数字孪生、设备设施数字孪生、能源系统 AI 智能优化控制管理联动，实现全面的能源管理。通过报表可视化、数据图像化和信息挖掘等技术，呈现不同形式的能源数据，为企业提供决策支持，减少不必要的运营成本。

同时，系统通过监测室内环境的反馈数据，如环境温湿度、CO_2 浓度、甲醛浓度和 PM2.5 等，自动控制运行模式，提高室内空气质量和用户舒适度。借助 AI 智能调节功能，系统帮助运维人员自动调整运行模式，减少运维人员数量和工作负荷，提高工作效率。

2. 能源精细化管理改善能耗高、能效低问题

能耗高、能效低是园区能源管理普遍存在的问题，桃浦智创城利用智慧能源管理系统，对建筑能源与建筑环境实行智能化管理。根据建筑功能组织架构，进行建筑能源精细化模块式管理，如能源看板、能耗管理、能效管理、警报管理、报表管理、系统设置及建筑动态数据监测、能耗预测等，通过安装智能电表，实现能耗数据的实时采集、存储及管理，响应人员在后台可随时查看不同时间段的用电量，提高能源管理工作效率，减少能源浪费。

3. 智能 AI 优化控制有效提高系统运行效率

桃浦智创城基于能源系统历史运行大数据，利用机器学习技术，建立优化算法模型，并通过强化学习生成系统 AI 智能优化算法，当建筑处于不同的环境状态时，系统自动感知建筑环境，同时自动判断并决策系统优化控制参数。例如员工早上进入办公区，打开空调后设备开始运行，系统自动优化调整，有效提高了系统运行效率，减少系统用能成本，并提升了建筑内部各区域的空气质量。

集中式能源中心采用大体量蓄冷技术进行夜间蓄能，通过移峰填谷的手段，改善建筑、人口和能耗引起的"热岛效应"，同时集中设置冷热源设备、屋顶冷却塔、烟囱等原本分散的设施，实现高效节能的规划、运行、管理，同时让区域建筑外观的美观、协调得到了保障。

集中式能源中心同时采用了智慧能源管理系统，在优化能源利用效率的同时，提升应急处理能力。智慧能源管理系统可实现对能源站全方位、实时的监控，对机房工况、设备运行等数据进行预测反馈与控制调优。同时，依托楼宇智能化平台功能，智慧能源管理系统将充分采集楼宇终端用能数据，通过大数据累计分析，优化设备运行，真正做到打通能源生产、输配、使用全过程链的智慧服务。

集中式能源中心的高起点规划，背后是智创 TOP 对低碳绿色、生态友好发展之路的切实践行。作为"超高层、大体量、深基坑、新技术、质量优、业态全"的复杂商办综合体，智创 TOP 将节能提效的高品质建设贯穿始终，不断追求环境友好、场景舒适、视觉美观的

最优办公体验，为三星级绿色生态城区率先打造出优质范本。

9.7 紫光萧山智能制造园区

紫光萧山智能制造园区位于萧山湘湖未来智造小镇启动区块，规划用地面积约 3.8 万平方米，规划总建筑面积 9.8 万平方米。在双碳目标要求下，紫光集团从能源转型、应用转型和数字化转型三方面全面推进零碳园区建设，积极探索具有自身特色的双碳路径。

- 能源转型方面，不断推进光伏工程，并利用新能源技术和储能技术，实现能源效益最大化。
- 应用转型方面，对园区内的建筑、交通等进行系统梳理，全面推动零碳生产、零碳建筑、零碳交通等应用场景转型。
- 数字化转型方面，紫光萧山智能制造园区结合自身数字平台构建园区双碳数据底座，提供覆盖园区数据流、信息流、碳流的"多流"全链条服务，打造国内领先的工业 4.0 样板点，最终实现智能工厂解决方案的产品化。

1. 以数据作为双碳核心生产要素打通各环节，创造性提出"1+4"建设方案

针对自身园区特色，紫光萧山智能制造园区提出了"1+4"的设计理念，即一个零碳园区操作系统和"源、探、管、服"四大模块，如图 9-3 所示。紫光萧山智能制造园区将零碳园区操作系统作为园区零碳大脑，以信息流牵引能量流和碳排，以数据作为双碳核心生产要素打通各环节，为场景化业务应用提供通用的、可复制的基础能力支撑，快速构建各种碳中和应用。

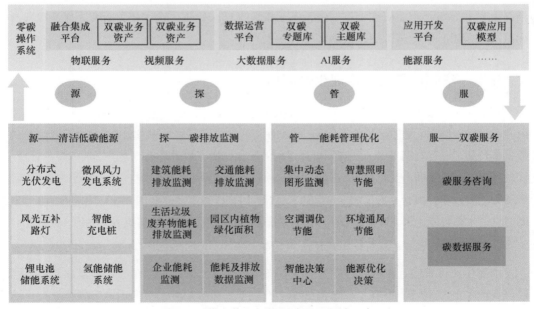

图 9-3 紫光萧山智能制造园区设计理念

2. 利用新能源技术和储能技术，改善园区碳排放现状并减少能源支出

新能源方面，紫光萧山智能制造园区实施光伏工程，根据工厂可用屋顶面积进行屋顶光伏铺设，实现电力自发自用，并利用余电上网使屋顶利用率最大化。

储能方面，园区合理利用峰谷差价，降低园区能源支出，反哺国网源荷均衡，实现工厂能源经济效益最大化，同时结合能源技术，使得能源经济效益最大化。

3. 进行全量碳数据汇总，助力智能园区后续产业链优化

紫光萧山智能制造园区对园区内的建筑、空调系统、电气系统、给排水系统、用能设备、交通、充电桩、道路照明、绿化碳汇等碳排放重点要素进行全面梳理，进行全量碳数据汇总，构建碳排放数据分析体系和碳排放核算方法，提出将各领域碳排放导入碳排放管理平台的数字化标准导则，为后续产业链优化提供方法支持和体系框架。

4. 借助绿洲·能源管理平台，实现各类能源数据全面管理及趋势分析

紫光萧山智能制造园区针对园区内水电、光伏、储能等各种分布式电源的运行特点、负荷变化情况等，制定不同运行策略优化、协调各分布式电源的运行，并依托零碳操作系统的历史能源使用数据实现用能策略优化。同时，基于用能的历史数据、用能场景和天气气候，园区借助绿洲·能源管理平台，优化迭代算法，实现用能策略优化，动态调整园区室内空调和照明用量，供需匹配。

5. 产学研赋能园区零碳咨询能力，助力构建园区双碳数字化体系

紫光萧山智能制造园区搭建自身园区碳数据治理平台，定义双碳行业套件，构建绿洲的碳主题库，完善碳数据整体分析和管理能力。同时，园区通过新华三集团的零碳咨询能力助力双碳数字化体系建设，如园区碳核算、场景化碳减排、碳中和路径规划等，并联合浙江大学共同申报相关研究课题，进行基于碳数据算法优化、迭代相关研究工作，以自身园区为试验田，赋能园区用碳策略调整，助产提效。

9.8 华润百色田阳水泥生产园区

华润百色田阳水泥生产园区立足于产业数字化转型，致力于打造与发展需求相适应的新型融合基础设施体系。通过建设 5G 专网，为水泥行业提供定制化的网络能力，并结合定制化的数据中台和工业互联网平台，实现了生产过程的视觉分析、数据采集、人员管理、设备管理、计划管理、运行管理、安全管理、危险区域巡检及 AR 远程维护等功能。这一系列举措不仅降低了劳动力成本，减少了人为的安全隐患，还推动了 5G 在工业互联网领域应用的商用步伐，助力打造生态智能化水泥制造企业。华润百色田阳水泥生产园区整体解决方案如图 9-4 所示。

1. 采用 5G 比邻定制网模式构建生产运营平台

水泥生产过程中，原料分解产生的温室气体排放占比最大，约 63.01%；其次是化石燃料燃烧产生的温室气体排放，占比 31.57%。有别于发电和供热、交通运输等碳排放大户的碳中和可以通过清洁能源替代实现，水泥行业的碳中和面临两大难题。

- 在生产环节，原料受热分解天然会产生 CO_2 排放，难以根本性遏制。
- 水泥作为高耗能行业，对原燃料价格敏感，我国能源禀赋为富煤、贫油、少气，很难脱离对煤炭的依赖。

图 9-4　华润百色田阳水泥生产园区整体解决方案示意图

华润百色田阳水泥生产园区依托中国电信，采用 5G 比邻定制网模式，通过构建数字化工厂和 MOM 生产运营平台，承载智能管理系统、集成先进控制，融合制造资源、数据资源、技术资源，实现安全、环保、优质、高效、低耗的目标。

2. 打造数据中台，实现能源效率提升和成本降低

华润百色田阳水泥生产园区通过打造的数据中台，对产线各类设备进行 5G 监控与分析，实现能源精准计量、能耗统计、用能分析等。同时，实施矿山运输 5G 远程/无人驾驶，实现了车辆在厂内物流的智能管理，减少车辆等待时间，减少仓储空间及能耗，基地智能物流发运能力提升 34.2%，煤渣车间效率提升 29%。

3. 5G+人工智能实现自动检测，减少能源消耗

生产方面，华润百色田阳水泥生产园区利用机器视觉训练算法，实现了料口堵料识别、皮带损伤识别、冒灰扬尘识别等重污染环境下的自动监测功能，下料口断料检测准确率达到 93.5%，皮带跑偏分析准确率达到 92.3%，降低劳动力成本，减少资源消耗。此外，还开启 5G 无人机巡检，用厂区范围内规范化、常态化的空中安保巡视和设备点巡检代替人工巡检，效率提升 41%。

9.9　甘肃省通渭县"零碳乡村"

甘肃省通渭县位于甘肃省定西市东部，地貌以丘陵沟壑为主，全年降水量偏少，土地贫瘠，一度被列为国家特困地区。因拥有丰富的光照资源，通渭县于 2014 年被列入"全国

光伏扶贫试点县",由国家能源局定点帮扶,大力开发风、光资源。

通渭县从能源转型和应用转型两方面打造"零碳乡村",积极响应国家能源局"千项万村沐光行动"号召,先行开展"中国零碳乡村"示范项目试点工作。

- 能源方面,通渭县作为全国光伏扶贫试点县,引进浙江正泰在平襄镇孟河村开展分布式光伏整村建设试点,建设"零碳乡村"清洁能源综合示范项目,打造零碳清洁能源综合示范乡村,推动新能源产业科学发展。
- 应用转型方面,通渭县以数字化、智能化技术驱动零碳应用,为农民增加增收创收渠道,助力双碳目标实现和乡村振兴战略实施。

1. 创新合作开发模式,助力乡村振兴

浙江正泰通过合作开发模式,即正泰提供设备、设计、安装、管理、运营、维护等全周期综合能源服务,农户出屋顶合作开发建设光伏电站,20年合同期内每年能够为孟河村老百姓增加收入5.3万元,为农户增加增收创收渠道,助力乡村振兴。同时,正泰还在光伏电站所在县设立综合能源服务站,通过光伏产业投资帮助当地农民解决就业问题、实现农村闲置劳动力资源的盘活。通过此种合作方式,企业获得了相对合理的收益,同时也带动了更多社会资本加入乡村振兴行动。

近年来,在浙江能源监管办协调下,浙江正泰、浙江芯能、浙江鸿禧等光伏企业在孟河村捐赠建设149.5千瓦光伏扶贫电站项目,电站建成后资产全部归孟河村村集体所有,光伏发电采用"全额上网"模式,可实现收益约7万元,为脱贫成果与乡村振兴有效对接提供有力保障。通过开展公益性岗位扶贫、奖励补助扶贫、小型公益事业扶贫,实际分配共1.42亿元,每个贫困村约71.7万元,惠及2000多名贫困农民、近2万户贫困户。

2. "阳光红利"持续释放,助力实现孟河村碳中和

"零碳乡村"清洁能源综合示范项目年发电量相当于目前孟河村年用电量的3～4倍,25年内可节约标准煤700万吨,减少二氧化碳排放1944吨,助力实现孟河村的碳中和,成为真正意义上的"中国零碳乡村"。

该示范项目包括户用分布式光伏电站、共建屋顶光伏和光储充一体化停车棚三部分,总装机1357千瓦,总投资约600万元。其中,利用农户屋顶和庭院建设户用分布式光伏电站100户1121千瓦,利用孟河村村委会、"陇上孟河"电商办公用房及徐川初级中学屋顶安装公建屋顶光伏电站212千瓦,在村民活动广场建设BIPV光储充一体化停车棚24千瓦并配套建设充电桩和储能设施。

项目建成后,每年发绿电223万千瓦时,前20年每年为孟河村群众增加收入5.3万元,25年可增收400万元,20年合同期满后,光伏电站免费移交给农户继续发挥效益,让孟河村源源不断释放"阳光红利",实现产业助力乡村振兴。

9.10　柏林欧瑞府零碳园区

柏林欧瑞府零碳园区位于柏林市区西南方位,占地5.5万平方米,有25幢建筑,150家

创新型企业，近 3500 人入驻。

欧瑞府零碳园区作为欧洲的首个零碳园区，以能源转型赋能零碳园区建设，实现了从百年前的煤气厂向零碳园区转变，2014 年就实现了德国联邦政府制定的 2050 年二氧化碳减排的气候保护目标，从源头打造零碳能源，形成了围绕新能源和低碳技术的完整产业生态圈，继续引领时代发展潮流。

1. 以智能化能源管理系统满足供暖、用电等各类应用场景

欧瑞府零碳园区采用施耐德电气与合作伙伴联合设计的零碳方案，完成了向零碳的转变。例如园区内的水塔咖啡馆，配备了智能化的能源管理系统，利用小型热电联供能源中心完成供暖、制冷和供电，由勃兰登堡州农业垃圾制成的沼气，通过天然气管网输送到园区能源中心，每年可燃烧发电 2 兆瓦时，足以满足 1300 户家庭用电需求。发电余热则能将水加热至 90℃，通过 2.5 千米的供热管线满足园区取暖需求。

2. 最大比例使用可再生能源，蓄力构建绿色、低碳、安全、高效的能源体系

绿色能源方面，欧瑞府零碳园区可再生能源比例极高，打造了可再生能源供电示范项目，使用可再生能源，如光伏、风能、沼气等，通过热电联供站等设备实现供暖、制冷和供电。园区中心的电动车充电站，通过在顶棚上覆盖光伏板产生了清洁电力，再改造成集分布式供能、本地用能、能源存储于一体的智能电网系统，为园区 170 余个电动车充电桩提供能源。同时，高达 1.9 兆瓦时的电池储能系统由奥迪公司回收的二手汽车电池组成，实现了资源可持续利用。

3. 创新利用藻类生物反应器，助力智能园区环境转变

欧瑞府零碳园区采用创新技术，内部建筑外壁悬挂大片藻类生物反应器，利用光合作用每年生产 200 千克藻类，每千克可吸收 2 千克二氧化碳，并清除有害的二氧化氮等废气。这不仅实现了空气净化，还将藻类提取加工成绿色粉末，用于化妆品和食品工业中的营养添加剂。

园区楼宇和设施建设以最高能效为首要目标，通过智能化的能源管理系统集中控制，确保所有新建筑均达到"绿色建筑"标准，并获得 LEED 能源性能标准认证，其中更有铂金级别认证。

欧瑞府零碳园区以这些基于清洁能源和人工智能的技术实践，稳达德国与欧盟的 2050 气候目标。园区 80%~95%的能源来自可再生能源，同时验证了经济可行性，成为全球零碳园区的标杆，也成为德国能源转型的创意灵感象征。此外，该园区曾获得联合国"全球城市更新最佳实践"奖和城市发展类别中的"不动产管理奖"。

9.11 小结

本章系统地介绍了 10 个具有代表性的双碳园区实践案例，分别是海信（广东）信息产业园、鄂尔多斯零碳产业园、青岛中德生态园、重庆 AI city 园区、中国石化智能石化工厂、

第 9 章 双碳园区典型实践案例

上海桃浦智创城、紫光萧山智能制造园区、华润百色田阳水泥生产园区、甘肃省通渭县"零碳乡村"和柏林欧瑞府零碳园区。这些案例不仅是应对气候变化和减少碳排放方面的典型实践,更是在能源转型和可持续发展领域的重要探索。通过深入剖析这些园区的实践经验,我们可以清晰地了解它们在碳中和、碳减排及绿色发展方面所采取的具体策略和措施。这些实践案例不仅是各地区乃至各国借鉴、学习的重要范本,也是推动全球双碳目标实现的重要推动力量。它们的成功经验不仅为构建更加清洁、可持续的未来指明了方向,更为全球范围内的可持续发展贡献出宝贵的经验和智慧。

第 10 章　标识与新技术融合助推双碳园区发展

在当前推动双碳园区发展的关键环节中，标识与新技术的融合至关重要。这不仅涉及如何更智能、高效地管理园区资源，更意味着如何通过技术创新实现可持续发展目标。因此，本章将深入探讨工业互联网标识与各种先进技术的深度融合对园区发展的影响。这不仅是对技术应用的推动，更是对双碳园区未来发展方向的探索。

10.1　工业互联网标识与 5G 网络的深度融合赋能园区

在探讨工业互联网标识与 5G 网络的深度融合前，先了解 5G 网络技术的概念与特征，这将为理解工业互联网标识与 5G 网络融合的背景和意义提供重要的参考。

10.1.1　5G 网络技术的概念与特征

5G 网络技术代表了下一代无线通信网络的进化。以下是 5G 网络技术的概念和特征。

- **更高的数据传输速度**：5G 网络将提供更高的数据传输速度，达到比 4G 更快的速度，使得更快的下载、上传和流媒体成为可能，也有助于支持高分辨率视频和虚拟现实等应用。
- **低延迟**：5G 网络具有低延迟特性，可以在毫秒级别内实现数据传输。这对于实时互动应用，如在线游戏、远程医疗和自动驾驶汽车至关重要。
- **更大的网络容量**：5G 网络将具备更大的容量，可以同时连接更多的设备和用户，这对于连接大规模物联网设备、智能城市和工业设备至关重要。
- **多频段和多连接技术**：5G 网络利用多频段技术，包括毫米波和子 6GHz 频段，扩大覆盖范围和提供更大的带宽。此外，5G 网络还支持多连接技术，使设备可以同时连接多个网络，例如 Wi-Fi 和移动网络。
- **网络切片**：5G 网络引入了网络切片的概念，允许网络根据不同应用和服务的需求动态配置和优化资源，提高了网络的灵活性和效率。
- **更好的能源效率**：5G 网络旨在提供更高的能源效率，这意味着更长的续航时间和更少的能源消耗，这对于物联网设备和移动设备非常重要。
- **安全性增强**：5G 网络实现了更强大的安全性能，包括更强的身份验证和数据加密，以保护用户数据和隐私。
- **支持大规模物联网**：5G 网络是连接大规模物联网设备的理想选择，支持数十亿台设备的同时连接和通信，如智能家居、智能城市和工业物联网。
- **边缘计算**：5G 网络使边缘计算成为可能，允许数据在接近数据源的地方进行处理，从而减少延迟和提高效率，适用于实时应用和服务。

总之，5G 网络技术旨在提供更快的速度、更低的延迟、更大的容量和更好的连接性能，这将对各个领域产生广泛的影响，包括移动通信、物联网、自动驾驶、医疗卫生、娱乐和工业应用等领域。

10.1.2 5G 网络技术在工业互联网标识中的应用

在探讨 5G 网络技术在工业互联网标识中的应用之前，先了解 5G 网络技术的应用情况，这将为理解 5G 网络在工业互联网标识中的具体应用场景和效果提供重要的背景信息与参考依据。

1. 5G 网络技术的应用

智慧工厂是三一集团数字化、智能化转型升级的重要方向。目前，三一重工的部分工厂已经进行了网络化、数字化升级，但多以 4G、工厂内工业级 Wi-Fi 和工业级专网为主，工厂外的网络连接设施不完备，并不能满足智能工厂的网络需求。

对于机器视觉场景，由于工业相机对通信带宽的需求取决于分辨率、帧率、所使用的编解码器等因素。一台 4K 相机对带宽的需求很大，最高可达 150Mb/s，而 4G 网络虽然承诺最大可提供 150Mb/s 的带宽，但是一般情况下只有约 10Mb/s。因此，对于基于高清工业相机的机器视觉检测，传统 4G 网络已经无法承载。工业级 Wi-Fi 可靠性差，经常出现丢包断网现象，导致工作现场整体停顿的问题。

根据三一集团智慧工厂及工业互联网业务需求，三一重工已在北京南口园区、回龙观园区完成 5G 基础网络建设，实现室外 5G 网络覆盖与室内 5G 网络覆盖，并在北京园区成功部署 MEC 平台。同时，基于 5G 确定性网络和工业相机数据，实现机器视觉感知系统和工业机器人的智能网联，通过对视觉图像的实时分析，在产线中感知工件及周围环境，确定工件的类别、位置、姿态信息，从而引导机械臂进行物料抓取、组队和装配，如图 10-1 所示。

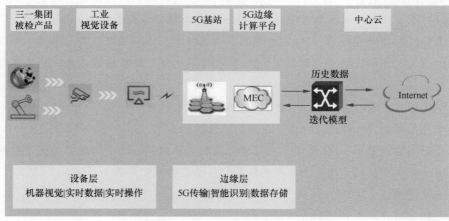

图 10-1 三一重工 5G+工业生产解决方案架构

2. 5G 网络技术结合工业互联网标识的应用

5G 是标识解析中数据传输的重要基础设施，标识是 5G 应用场景中传输主体的重要载体。主动标识载体作为承载标识编码资源的新型标签，能够主动与标识数据读写设备、标

10.1 工业互联网标识与 5G 网络的深度融合赋能园区

识解析服务节点、标识数据应用平台等发生通信交互。

将 5G 技术引入标识载体,除了承载标识、扩大网络覆盖范围,还能承载与标识相关的智能化应用,有利于工业互联网标识相关产品的标准化和低成本化,快速推动工业互联网标识应用的规模化推广。江苏亨通与江苏联通公司联合探索多种标识载体技术,如图 10-2 所示。

图 10-2　江苏亨通与江苏联通公司联合探索多种标识载体技术

如图 10-3 所示,以江苏亨通与江苏联通公司联合探索多种标识载体技术为例,将 5G-UICC 卡嵌入工业网关设备内部,在工业现场设备数据采集阶段,首先绑定设备数据-卡/模组-标识,

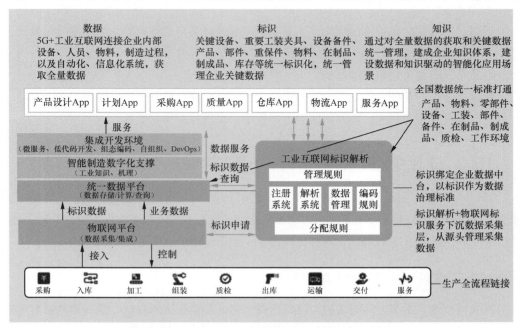

图 10-3　工业互联网标识应用与 5G 融合应用探索

随后通过 5G 联网进行通信，主动连接标识数据应用平台，无须借助其他触发设备，最终将设备数据以统一架构协议传输至平台，实现多终端、多设备数据的快速上传，降低后期标识数据应用成本。

10.1.3 5G 网络技术与标识融合赋能园区的未来发展趋势

在现代工业互联网园区中，5G 网络和标识技术的结合正在推动智能连接和管理的实现。具体来说，可以从设备标识、产品标识和空间标识 3 个方面详细探讨这一变革。

首先，设备标识是智能化管理的基础。利用 5G 网络和标识技术，可以实现园区内各种设备的智能连接和管理。每个设备都将被赋予一个唯一的标识码，借助 5G 网络提供的高速、低延迟通信能力，能够对设备进行实时监测、远程控制和预测性维护。这不仅提升了设备运行的效率，还大大降低了故障发生的概率，提高了生产的连续性和稳定性。

其次，产品标识方面，5G 网络结合 RFID 和条形码等标识技术，使得工业互联网园区内产品的智能化管理和溯源成为可能。每个产品都将拥有一个唯一的标识码，通过 5G 网络传输数据，实现对产品从生产、运输到销售全过程的实时监测和追溯。这种方式不仅提高了产品管理的精确性和效率，还增强了产品的透明度，使企业能够更好地满足监管要求和客户需求。

最后，在空间标识方面，5G 网络与室内定位技术的结合，使得对工业互联网园区内各个区域和设施的精确定位与管理成为现实。每个空间和设施都将被赋予唯一的标识码，通过这些标识码，可以实现对空间利用、设施运行状态和人员活动的实时监测与管理。这种精确的管理方式，不仅提高了园区的整体运行效率，还能够优化资源配置，提升园区的安全性和舒适度。

通过这三方面标识技术的应用，工业互联网园区将实现更加智能化、精细化的管理。这不仅有助于提高生产效率，降低运营成本，还能显著提升产品质量和企业竞争力，为实现全面数字化转型奠定坚实的基础。

在以上分类的基础上，结合 5G 网络技术，可以实现工业互联网园区内设备、产品和空间的智能化管理与服务，提升园区的生产效率、品质控制和安全性。

10.2 工业互联网标识与区块链技术的深度融合赋能园区

探讨工业互联网标识与区块链技术的深度融合时，理解区块链技术的概念和特征至关重要。区块链作为一种去中心化、不可篡改的分布式记账技术，具有高度安全性和透明性，为工业互联网标识系统的数据管理和交换提供了创新的解决方案。

10.2.1 区块链技术的概念与特征

区块链技术，由多方共同维护，使用密码学保证传输和访问安全，是一种能够实现数据一致存储、难以篡改、防止抵赖的分布式记账技术。典型的区块链以块-链结构存储数据。

作为一种在不可信的竞争环境中低成本建立信任的新型计算范式和协作模式,区块链凭借其独有的信任建立机制,正在改变诸多行业的应用场景和运行规则,是未来发展数字经济、构建新型信任体系不可或缺的技术之一。

从技术角度看,联盟链主要具有共享账本、智能合约、共识算法及权限隐私 4 个技术特征。

- **共享账本**:通常以块链式结构存储交易历史及交易以后的资产状态。每一个区块的哈希将作为下一个区块的数据头,串联在一起。由于各个有存储账本权限的节点和相关方有相同的账本数据,可以通过哈希校验便捷地识别账本数据是否被篡改。账本中存储了交易的历史,且这些交易都有交易发起方签名,由一定的背书策略验证,并经过共识以后写入账本。
- **智能合约**:描述了多方协作中的交易规则和交易流程。这些规则和流程将以代码的形式部署在相关参与方的区块链节点中。根据代码的逻辑,智能合约将由一个内外部事件来驱动和激发,按照事先约定好的规则和流程进行强制执行。
- **共识算法**:在分布式网络中,各个区块链节点按照透明的代码逻辑、业务顺序和智能合约执行所接收到的交易,最终在各个账本中,达成一种依赖机器和算法的分布式共识,确保交易记录和交易结果全网一致。机器共识能够适应大规模机器通信的去中心化架构,有效促进并形成一种去中介化的应用新模式和商业新生态。
- **权限隐私**:所有加入联盟链的人、机、物、机构都需要经过认证和授权,通过设置不同的权限,采用隐私保护算法等有效措施,确保共享账本对利益相关方的选择可见,拥有一定权限的人才可以读写账本、执行交易和查看交易历史,同时保证交易的真实可信、可验证、可溯源、不可抵赖和不可伪造。

工业区块链应用视图如图 10-4 所示。

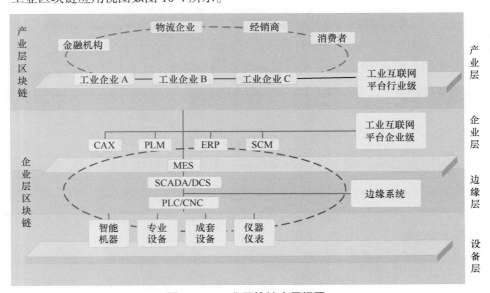

图 10-4　工业区块链应用视图

总之，区块链技术的核心特征是分布式、不可篡改、去中心化和共识算法，这些特征使得它在多个领域（包括加密货币、供应链管理、投票系统、金融服务等）具有广泛的应用潜力。

10.2.2 区块链技术在工业互联网标识中的应用

1. 区块链技术在产融协同中的应用

通过区块链技术，工业企业内部的生产和管理得以实现产业链协同，并沉淀出可信的业务信息。基于产业体系内部的可信业务信息，金融业务可以嵌入式开展业务，形成产融协同新模式。金融机构通过以区块链为多方共治技术基础的工业区块链平台共享账本，在获得授权的情况下，直接获取产业运作的真实过程数据，在对业务运作充分了解的基础上，更加主动地向目标客户提供多样化甚至定制化的金融服务，如图10-5所示。

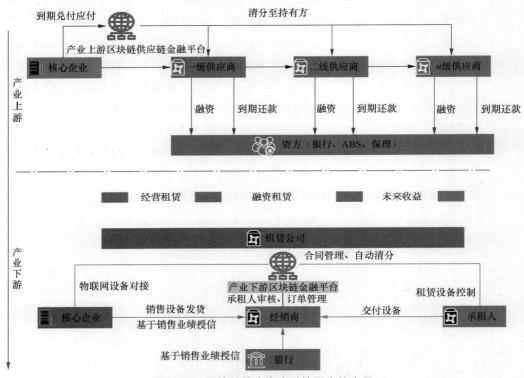

图 10-5　区块链技术在产融协同中的应用

在供应链金融业务开展过程中，存在着诸多问题与挑战，如供应链上存在信息孤岛、核心企业信用不能传递、银行缺乏可信业务场景、清分结算不能自动完成，以及融资难、融资贵现象突出等。

区块链解决方案及价值：在供应链金融产品自偿性设计的基础上，区块链的介入需要给参与交易的人、机构、货物一定的身份，各个成员通过身份认证加入产业联盟中。各参与方通过区块链智能合约进行商流、物流的交易结构执行，刻画主体、节点、流程及关系，使得交易结构不可篡改、不可抵赖,达到交易可信的目的。制造业核心企业可以通过扮演贸易结构管理者、风险管理者,甚至风险承受者,联合上下游企业、仓储物流企业及流动性提供者(比如银行)组成供应链金融联盟链,进行应收账款融资、订单融资、仓单融资及购货融资。

通过区块链的不可篡改、不可抵赖、可溯源等特性增强交易的真实性和自偿性,为制造业核心企业的整个生态链引入更低成本的流动性。同时,工业制造企业在上下游生态中处于盟主地位,可以通过搭建这样的产业金融联盟扮演交易结构管理者、风险管理者、风险承受者和流动性提供者获得服务型的收益,从而达到服务型制造升级的目的。

2. 区块链技术结合工业互联网标识的应用

区块链与工业互联网标识相互赋能,标识为区块链提供数字化上链手段,区块链增强标识数据确权可信性。区块链通过运用基于共识的数学算法,在机器之间建立"信任"网络,通过技术进行全新的信用创造,成为可支撑数字经济传递信任和管理价值的关键。区块链为万物提供互信的账本,标识使万物实现数字化,二者结合可以促进万物智联,结合智能合约定义万物互操作和价值交换的逻辑及方法,推动产业数字化转型。

下面以常州产投建设的"星火·链网"骨干节点为例,介绍区块链技术在工业互联网标识中的应用,如图 10-6 所示。

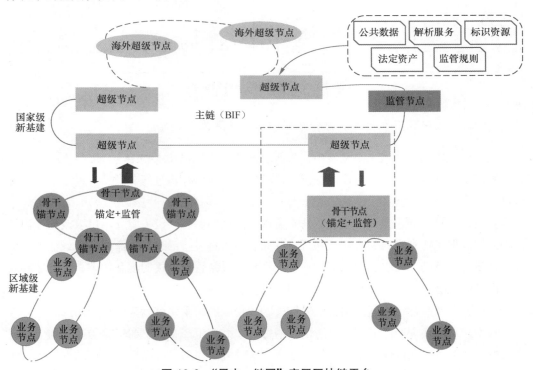

图 10-6 "星火·链网"底层区块链平台

常州产投建设"星火·链网"骨干节点,助力新型数字城市治理,促进区域产融合作。
- 按照"政府主导、政企融合、生态联动、集成创新"的原则建设"星火·链网"骨干节点，加快常州信息化、数字化、智能化转型，凸显常州中轴枢纽优势，引领和带动区域创新服务水平。

- 充分发挥骨干节点可信数据基础设施作用，打造新型数字城市，提升城市管理数字化、智能化、精细化水平。
- 充分发挥骨干节点跨域融合效应，构建产融合作平台，为各行各业的数字化转型发展助力，如图10-7所示。

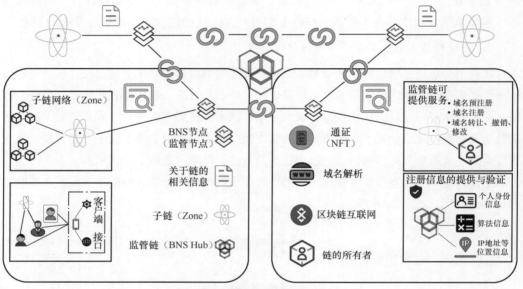

图 10-7 区块链标识解析架构

10.2.3 区块链技术与标识融合赋能园区的未来发展趋势

在工业互联网园区的未来发展中，将区块链技术与标识技术相结合，能够大幅提升园区的智能化管理水平。通过对设备标识、产品标识和身份标识进行分类，有助于更好地理解这种结合带来的优势和可能性。

首先，在设备标识方面，区块链技术可以为园区内的各种设备建立不可篡改的标识。这种方法确保了每个设备的唯一性和可追溯性。通过将设备信息和生命周期记录上链，可以实现设备状态的实时更新和追溯。这不仅提高了设备管理的透明度和效率，还能够有效防止设备信息被篡改，从而确保设备管理的可信度。

其次，在产品标识方面。结合区块链技术和物联网技术，可以为园区内的产品建立数字化身份，从而实现产品的溯源和防伪。通过将产品在生产、加工、运输等环节的信息记录在区块链上，可以确保这些信息不可篡改。这种方式提高了产品质量管理的可信度，使消费者和企业都能更放心地追溯产品的来源和历史，防止假冒伪劣产品进入市场。

最后，身份标识也是区块链技术的重要应用之一。通过为园区内的员工、供应商和客户建立数字身份，区块链技术可以实现身份验证和权限管理。将个体的身份信息和权限记录在区块链上,可以有效防止身份欺骗和非法访问,实现对参与者身份的安全管理和监控。这不仅提高了园区的安全性,还能确保各项操作的合法性和合规性。

结合以上3个方面的标识技术应用,区块链技术能够全面提升工业互联网园区的管理水平。设备、产品和人员的标识化管理与溯源,不仅提高了园区的安全性和可信度,还显著提升了管理效率。这为园区的未来发展提供了坚实的技术保障,有助于实现更高效、更智能和更安全的工业互联网生态系统。

10.3 工业互联网标识与大数据技术的深度融合赋能园区

在工业互联网标识与大数据技术的深度融合中,大数据技术的概念与特征至关重要。大数据技术以其高速、多样、全面、价值4个特征,助力园区实现数据的全面采集、高效分析和智能应用,从而提升生产效率、优化资源配置、改善用户体验,为园区发展注入新的活力。

10.3.1 大数据技术的概念与特征

大数据技术是一种用于处理和分析大规模数据集的技术与方法。大数据技术是指处理超出传统数据管理和分析工具能力的庞大数据集的方法与工具集合。这些数据集通常包括结构化数据(如数据库表)、半结构化数据(如日志文件和XML文档)及非结构化数据(如文本和图像)。

工业大数据的应用特征主要归纳为跨尺度、协同性、多因素、因果性、强机理等几个方面。其中,跨尺度和协同性主要体现在大数据支撑工业企业的在线业务活动和推进业务智能化过程中。工业大数据的跨尺度特征是工业复杂系统性的体现,通过广泛、深入地应用ICT技术,将不同尺度的系统在赛博空间中联系起来,从而实现横向、纵向、端到端的集成。此外,协同性强调系统的动态协同,促成信息和数据的自动流动,提升决策的科学性,从而实现系统性的协同。

工业对象是复杂的动态系统时,多因素、因果性、强机理成为关键特征,通过分析、建模、知识发现等过程支持业务持续改进。因此,在工业大数据分析过程中,必须充分考虑数据的准确性和完备性,结合领域机理知识进行深入分析,以获得可靠的结果。

总之,大数据技术旨在处理具有以上特征的大规模数据集,以便从中提取价值和见解。这些技术包括数据存储、数据处理、数据分析、机器学习、人工智能等,用于应对大数据处理和分析的挑战。大数据已经在各领域(如商业、科学、医疗、金融、政府等)产生了深远影响,并将在未来继续发挥重要作用。

10.3.2 大数据技术在工业互联网标识中的应用

1. 大数据技术在设备管理中的应用

徐州东南气体有限公司的动设备管理始终是影响气体生产的核心困扰难题,设备意外停机一天,会造成生产企业1000万元以上的直接损失。因缺乏专业的设备管理与维修人员,多次意外设备故障造成生产损失赔偿金额高达 400 万元以上。为了解决这些问题，公司首先采用传统的定期检修模式。该模式容易造成维修成本过高，工期无法控制，经常出现过度维修和维修不及时的情况，直接影响设备的有效运行时间。事后的维修往往会导致工期延长，进一步增加了运行维护的成本，严重影响了用户的生产主业。缺乏健全的设备全生命周期管理档案也是一个问题，维护信息碎片化，断序严重。由于缺乏专业检修人员，大多数空分企业设备检修通常采用外包方式进行，在没有设备大数据全生命周期管理系统支持的情况下，容易造成设备维护管理信息不连贯，没有继承性，碎片化严重。传统设备维修外包服务也有其缺陷，容易丧失企业对设备资产的掌控，没有设备信息数据系统支持的设备外包通常会隔绝用户对设备状态的感知与把握，使用户对外包方产生依赖，不断削弱对设备维护成本的掌控。

综上所述，空分行业的设备故障发生率占整个工艺装置故障的 92%，设备管理对空分企业来说是各项业务的重中之重，徐州东南气体有限公司的设备管理问题在空分行业普遍存在，属于典型的行业难题。

为了确保用户机组的安全稳定运行，避免由于网络不稳定造成关键实时预警的漏报、误报，系统平台采用原始数据本地存储、处理、预警，关键数据实时同步压缩上传的接入模式。即使由于网络问题造成通信中断，现场系统仍然可保证实时进行分析预警，对突发的故障数据进行记录与处理，确保用户机组的万无一失。

通过设备振动、温度、流量、压力等传感器与控制系统，将数据接入 IPMC 系统，数据实时处理后，送入现场监控一体化 HMI 系统，可直接向用户呈现设备运行状态分析结果。同时，利用互联网或 3G/4G 无线网络，将数据实时远传至陕鼓远程智能运维中心，中心专家结合 IETM、备件协同系统、PLM 等其他数据，向用户提供中长周期的设备运行指导意见。

本项目产品具有以下特点。

- **高通量实时数据采集处理**：根据动力装备的转子动力学状态分析要求，需要对转子各测点振动数据进行高速并行同步整周期 A/D 采集及滤波调制等处理，对实时数据清洗、有效性判别、自适应调整预警门限等技术要求较高。
- **成熟的大数据挖掘应用**：动力装备领域数据类型多、数据差异化大，建模相对困难，且需要结合转子结构模型、动力学模型完成复杂数据关联性分析、故障根本原因分析等大数据挖掘分析与应用，才能得出对检维修具有指导作用的准确方案。
- **多信息融合健康故障诊断与设备性能优化**：动力装备领域故障诊断时需要用到大量专业的图谱工具，数据分析相对困难。同时，因工艺的复杂性，需要进行与工艺量关联分析、自适应预警门限、性能对标、喘振预警与优化控制、性能仿真等，如图 10-8 所示。

2. 大数据技术结合工业互联标识的应用

构建以标识解析为基础的工业大数据搜索引擎有助于高效协调服务端与用户端的需求、拓展标识跨领域融合应用。在企业内部与企业间提供多种形式的数字资源查询服务，提供安全可控的海量工业数据准确检索和智能分析,实现跨平台、跨领域的数据发现和信息共享,增强工业互联网标识解析公共服务能力,提升制造业全产业链互通能力。

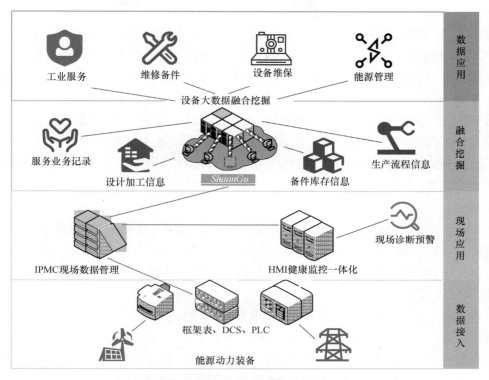

图 10-8　陕鼓远程智能运维系统技术架构

下面介绍紫金山实验室联合江苏二级节点企业构建以标识解析为基础的工业大数据搜索引擎建设涉及的多个方面。

- 面向工业生产产业链企业、工业制造监管部门、工业技术创新研究机构等不同用户群体,研究工业数据多样化采集新路径,建立异构数据源质量度量模型。
- 利用工业数据特征,构建基于跨领域本体互联的实体融合模型,促进形成标准化的海量工业数据资产。
- 分析不同工业制造领域的生产过程和工业全要素,研究行业细分领域图神经网络模型,构建面向制造业各领域知识图谱。
- 针对工业制造领域中设计、研发、生产、管理、市场等不同角色,研究基于行为排序的检索算法,形成产业人群画像,构建工业大数据推荐引擎。

通过这些举措,可以更好地满足工业生产和创新的需求,促进工业领域的信息共享与应用。

10.3.3　大数据技术与标识融合赋能园区的未来发展趋势

在工业互联网园区的未来发展中,大数据技术与标识技术结合,可以显著提升园区的智能化管理水平，通过设备标识、产品标识和人员标识 3 个方面可以全面了解这种结合带来的具体优势和应用场景。

首先，设备标识方面，大数据技术可以对园区内的设备进行标识化管理和监控。通过结合传感器和物联网技术，收集设备产生的各种数据，建立设备的数字化模型，实现对设备的实时监测和预测维护。这种方法不仅能够及时发现设备的运行异常，预防故障发生，还可以通过数据分析优化设备的使用和维护策略，从而提高设备的利用率和寿命。

其次，产品标识方面，利用大数据技术对园区内的产品进行标识化管理和质量监控，可以实现更高效的生产管理。通过结合生产数据和供应链数据，对产品生产过程进行全程监控和溯源，确保产品质量控制和问题追踪的有效性。这种方式不仅能够提高产品的一致性和质量，还能迅速定位和解决生产过程中出现的问题，减少因质量问题导致的损失和浪费。

最后，人员标识方面，大数据技术可以对园区内的人员进行标识化管理和安全监控。通过结合员工考勤数据和身份认证数据，实现对人员进出园区的实时监控和权限管理，提高园区的安全性和管理效率。大数据分析还可以帮助识别和预防潜在的安全隐患，优化人力资源配置，提高整体运营效率。

结合以上 3 个方面的标识技术应用，大数据技术能够全面提升工业互联网园区的管理水平。设备、产品和人员的标识化管理与智能化运营，不仅提高了园区的生产效率、质量控制和安全管理水平，还能通过数据驱动的方式不断优化和改进各项管理流程。这为园区的未来发展提供了强大的技术支持，推动园区向更加智能化、高效化和安全化的方向发展。

10.4　工业互联网标识与边缘计算技术的深度融合赋能园区

工业互联网标识与边缘计算技术的深度融合为园区带来了新的发展机遇。边缘计算作为一种新兴技术，具有诸多特征与潜力，对于工业互联网的发展具有重要意义。

10.4.1　边缘计算技术的概念与特征

边缘计算是一种新型的计算模式，其核心思想是将数据处理和计算能力放置在接近数据源头的边缘位置，而不是依赖于远程的云端服务器。这种方法有助于减少数据在网络中传输的延迟和带宽消耗，提高系统的响应速度和效率。以下是边缘计算技术的特征。

- **接近数据源头**：边缘计算将计算能力部署在靠近数据产生源头的地方，例如传感器、设备或者物联网节点，以实现实时的数据处理和分析。
- **实时性和低延迟**：通过将计算任务放置在边缘位置，可以减少数据传输到云端的时间，从而实现更快的响应速度和低延迟的数据处理。

- **数据隐私与安全**：边缘计算能够在数据产生的地方进行数据处理，减少了数据在网络传输过程中的风险，有助于提高数据的隐私性和安全性。
- **网络带宽节约**：边缘计算可以在本地进行数据处理和分析，仅将必要的结果传输到云端，从而减少了对网络带宽的需求，降低了通信成本。
- **适应分布式环境**：边缘计算可以在分布式环境中部署，构建由多个边缘节点组成的网络，使得系统更加灵活和可扩展。
- **支持多样性的应用场景**：边缘计算可以应用于各种领域，包括工业自动化、智能交通、智能家居、医疗健康等，满足不同场景对实时性、安全性和可靠性的需求。
- **云端协同**：边缘计算与云计算相辅相成，可以通过与云端资源的协同工作，实现更强大的数据处理和分析能力，提高系统的整体性能和效率。

综上所述，边缘计算技术通过将计算能力推向数据产生源头，实现了更快速、更安全、更可靠的数据处理和分析，为各种应用场景带来了新的可能性。

10.4.2　边缘计算技术在工业互联网标识中的应用

边缘计算技术在工业互联网标识中的应用是当前工业智能化发展的关键一环，而在实际落地中，跨域多厂区 5G MEC 专网商用部署应用则展现了其在实际生产场景中的巨大潜力。通过边缘计算技术，工业互联网标识得以更加智能、高效地运作，实现了跨域智慧园区的构建与应用。

1. 跨域多厂区 5G MEC 专网商用部署应用

中国联通与华为合作打造的业界首个多厂区 5G + MEC（mobile edge computing，MEC）已经在大和热磁集团的浙江和江苏厂区成功启动。借助联通自主研发的统一运营平台，业务能够快速部署在边缘 MEC 上，从而创造了全国首个跨省、跨域的智慧园区。此外，通过依托 5G 公网专用，助力企业用户一朵云实现了集约运营，使其业务得以快速上线。

大和热磁是一家生产磁性流体密封圈、半导体等材料的供应商，其在全国分布了 30 个厂区，对全国多园区的网络互联、统一管理、业务跨域复制有着强烈的需求。因此，为了满足客户一期 5 个厂区 1200 台 CNC（computerized numerical control）加工中心数据采集、5G AR（augmented reality）眼镜、5G AGV（automated guided vehicle）及各厂区边缘实时反向控制等需求，中国联通便着手打造了业界首个跨省市基于 5G SA（system administrator）+ 边缘计算的工业互联网专网项目，该项目已在浙江、江苏成功落地。这个 5G 专网运营平台成功满足了客户跨地域专网管理的需求，通过多项目集中管理、多网元类型一点可视，填补了业内跨域专网管理的空白，从而实现了全国多厂区的互联协同和网络统一管理。

为解决现有有线组网结构复杂、运维困难、产线柔性低、新增设备部署慢、不同车间存在信息孤岛、无法支持跨系统操作等问题，中国联通与华为公司联手对 5G+MEC 进行了方案优化。联通 MEC 提供了云网融合一体化综合解决方案，让客户能够自主服务和管理，并且建立了全国一体化运维支撑体系，实现了业务一点开通、全国复制和统一管理。

针对大和热磁厂区物理距离远、园区跨省跨市的情况，中国联通在各个园区机房分别建设了园区专享的 MEC 资源池，通过统一运营平台实现业务在边缘 MEC 上的快速部署，多省多局址 MEC 业务同时交付上线，从而构筑了全国第一张跨省跨域行业专网，实现了厂区网络一体化、加工过程智能化、工厂操作标准化及工业设备数字化。

这次在多厂区场景成功部署的 MEC 充分结合了 5G 边缘云技术与工业场景，满足了未来工厂对高效、实时全连接数据的需求，同时解决了工业生产中的网络运维难题和无线 Wi-Fi 容量不足、切换烦琐等问题，从而显著提升了工业生产效率，改善了离散型工业生产的流程和数据采集问题，实现了诸如 AR 辅助维修、AGV 统一调度等工业场景的应用。

工业互联网的基础是网络体系，网络互联实现信息互通，但由于各种原因，信息孤岛现象存在于企业之间。标识分析是网络系统的一部分，是工业互联网的一部分。

2. 生产信息可追溯性

使用扫码枪、工业相机、摄像头、刷卡机等设备，收集生产线各工序的材料代码、操作人员、生产设备状态等信息，通过 5G 网络实时传输到云平台。平台整合产品生产过程中的人、机、料信息，形成可追溯数据库，利用区块链、标识等技术构建产品可追溯性管理系统，实现产品关键要素和生产过程可追溯性，协助动态调整工艺参数，提高产品质量。

3. 工厂智能理货

使用扫码枪、工业相机或网络视频录像机（NVR）等信息采集终端，通过 5G 网络将货物标识信息等实时上传到云平台。该平台通过人工智能技术自动识别货物等相关信息，实现货物库存、存储、分拣、仓储的自动化和智能化，帮助企业提高产品整个生命周期的管理能力。

10.4.3 边缘计算技术与标识融合赋能园区的未来发展趋势

在工业互联网园区中，边缘计算技术与标识技术的结合可以极大地提升园区的智能化和自动化水平。通过设备标识、产品标识和人员标识 3 个方面的分类，可以探讨边缘计算如何赋能园区的未来发展。

首先，设备标识方面，边缘计算技术可以为园区内的各种设备建立实时连接和标识。在边缘节点部署标识管理系统，对设备进行唯一标识，能够实现设备的实时监测、远程控制和管理。这种方式不仅减少了数据传输的延迟，提高了响应速度，还能够减轻中心服务器的负载。通过实时监测和控制，可以及时发现设备故障并进行预防性维护，优化设备的使用效率和寿命。

其次，产品标识方面，结合边缘计算技术和物联网技术，可以为园区内的产品建立数字化身份和标识。在边缘节点收集产品在生产、运输和销售过程中产生的数据，建立产品的数字孪生模型，实现产品的追溯和溯源管理。这种方法能够确保产品信息的实时更新和准确性，提高产品质量管理的效率和透明度，同时也能快速定位和解决生产过程中的问题。

最后，人员标识方面，边缘计算技术可以对园区内的人员进行身份认证和实时监控。在边缘节点部署人员身份认证系统和监控摄像头，对园区内人员的身份和活动进行实时识别和管理。这种方式不仅提高了园区的安全性，还能够实现对人员活动的高效管理，确保只有授权人员能够进入特定区域，防止非法访问和安全隐患。

结合以上 3 个方面的标识技术应用，边缘计算技术能够全面提升工业互联网园区的管理水平。通过设备、产品和人员的标识化管理与智能化运营，不仅提高了园区的生产效率和安全性，还能够通过实时数据分析和处理优化管理流程与资源配置。这为园区的未来发展提供了强大的技术支持，推动园区向更加高效、安全和智能的方向发展。

10.5 工业互联网标识与人工智能技术的深度融合赋能园区

在探讨工业互联网标识与人工智能技术的深度融合之前，先来了解人工智能技术的概念与特征。通过了解人工智能技术的基本概念和特征，可以更好地理解如何将其与工业互联网标识相结合，以赋能园区的未来发展。

10.5.1 人工智能技术的概念与特征

人工智能是一门研究如何使计算机系统能够模仿、学习和执行类似人类智能的任务与行为的学科。人工智能技术是一种模拟人类智能思维和决策能力的计算机系统或程序，旨在使计算机系统能够感知环境、理解数据、推断、决策、学习和解决问题，这些能力通常被认为是智能的核心特征。

人工智能具有如下特征。
- **学习能力**：人工智能系统能够从数据和经验中学习，不断改进其性能。机器学习和深度学习是实现这一特征的关键技术。
- **推理能力**：人工智能系统能够基于已有的知识和规则进行推理和决策。它们可以从给定信息中推断出新的信息或结论。
- **感知能力**：人工智能系统能够感知和理解其环境，包括视觉、听觉、自然语言处理等方面的感知。
- **自主性**：某些人工智能系统能够自主执行任务，而无须人类干预，例如自动驾驶汽车或机器人。
- **解决问题**：人工智能系统可以应用知识和技能来解决各种类型的问题，从图像识别到自然语言翻译。
- **适应性**：人工智能系统可以适应不同的任务和环境，具有灵活性和可扩展性。
- **大数据处理**：人工智能通常需要大量的数据来训练和改进模型，因此能够有效地处理大规模数据是其重要特征。

- **知识表示**：人工智能系统需要有效地表示和管理知识，以便进行推理和决策。

人工智能技术的发展如图 10-9 所示。

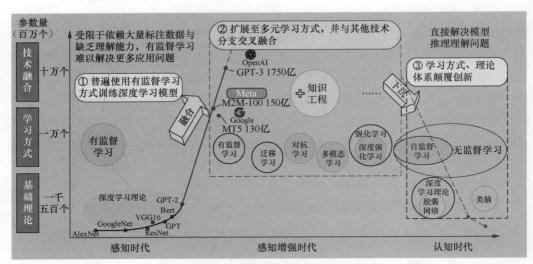

图 10-9　人工智能技术的发展

总之，人工智能技术旨在模仿人类智能的多个方面，包括学习、推理、感知和自主行动等。它是一个多学科领域，涵盖了机器学习、深度学习、自然语言处理、计算机视觉和强化学习等多种技术和方法。人工智能技术在许多领域具有广泛的应用，包括自动化、医疗保健、金融、交通、媒体等，正在改变人们的生活和工作方式。

10.5.2　人工智能技术在工业互联网标识中的应用

在探讨人工智能技术在工业互联网标识中的应用之前，先来了解人工智能技术在工业中的应用情况。富士康与凌云光的合作项目是一个很好的例子，通过人工智能技术，构建了知识图谱模型，将大量生产制造环境数据转化为决策支持的依据，从而在制造过程中提升了质量管理和设备状态维护的效率。

1. 人工智能技术在工业中的应用

（1）广达公司的小样本学习和产线迁移的笔记本螺丝检测探索。针对笔记本螺丝检测应用中样本不足、漏检、过检等问题，广达公司应用了小样本迁移学习技术。通过采用小样本迁移学习技术，降低了设备初次导入时对样本数量的需求，同时保证了模型的上线效果。此外，依托小样本增量训练技术，保留了旧数据学习到的特征，并适应了新的过漏检数据，极大提升了训练速度。利用小样本模型迁移技术，让模型学习到 OK 品与 NG 品之间的差异信息，从而降低了新目标样本的依赖。这些技术的应用显著缩短了上线周期，极大提高了模型迭代效率，并且将数据收集时间缩短了 50%，训练效率提升了 50% 以上，新型号缺陷数据需求量降低了 50% 以上，产线产品切换效能提升了 50% 以上。

（2）百度人工智能视觉解决方案实现对微小精密零部件的智能质检。精研科技企业产品大部分是微小精密零部件,应用传统视觉技术进行检测的精度、效率均不能满足产线需求。百度采用一套全封闭集成检测设备来解决微小型产品的检测问题。

在核心视觉检测模型部分,设备通过集成百度人工智能一体机,并采用 12 个 AI 视觉检测模型,可同时对 18 张图像进行缺陷检测;基于 18 张图像的判定结果,通过 1 个二轮投票投票模型进行最终缺陷判定,实现零部件的全表面外观缺陷检测与内腔缺陷检测,其检测质量优于人工检测的同时,节省检测工位 80%以上,人力投入接近 90%,后续每年可为企业节约资金 2000 万元以上。

(3)富士康基于知识图谱的设备健康监测探索。针对设备异常情况实时监测和质量管理问题,富士康与凌云光开展脑矿计划,构建以设备运行/故障记录为核心,涵盖零部件、物料、加工过程、视觉图像等各类数据的综合图谱,辅助处理质量管理、设备状态维护等一线问题。富士康与凌云光通过提取、组织和关联生产制造环境中的结构化及非结构化数据,并利用知识图谱技术,建立了领域知识模型。这一模型将碎片化的知识转化为支撑决策的依据,从而提升了制造过程的质量管理和设备状态维护效率。

2. 人工智能技术与标识结合的应用

标识和人工智能技术的结合,一方面,可利用人工智能技术表征处理的能力,拓宽标识解析的识别维度,使标识解析技术更加智能、高效的运作;另一方面,标识解析可为人工智能模拟信息处理提供海量工业数据,填补人工智能实际场景数据缺失的空白。

如图 10-10 所示,徐工信息构建了标识解析+人工智能的高端茶饼信息追溯体系。

- 在茶品各个环节构建标识,实现了二维码溯源全生命周期关键信息的功能。
- 为高端茶饼建立原始照片数据库,并结合茶叶人工智能模型算法库建立标识与原始关系。
- 通过验证产品包装条码解析结果和人工智能模型算法识别追踪结果是否一致,解决正品查询、产品追踪以及仿冒替换等问题。

图 10-10　徐工信息构建标识解析+人工智能的高端茶饼信息追溯体系

该信息追溯体系为供需双方及监管部门提供了新的溯源手段。

10.5.3 人工智能技术在工业互联网标识中赋能园区的未来发展趋势

在工业互联网园区中，结合人工智能技术与标识技术，可以显著提升园区的智能化和管理水平。通过设备标识、产品标识和人员标识3个方面的分类，可以详细探讨人工智能技术如何赋能园区的未来发展。

首先，设备标识方面，利用人工智能技术对园区内的各种设备进行智能化标识和管理。基于机器学习和数据分析技术，可以对设备的运行状态进行预测和优化，实现设备的自动识别、远程监控和故障预警。人工智能能够分析设备的历史数据和实时数据，发现潜在的故障趋势，提前发出预警，从而减少设备停机时间和维护成本，提高设备的利用率和寿命。

其次，产品标识方面，结合人工智能技术和图像识别技术，可以为园区内的产品建立数字化身份和标识。基于深度学习算法，对产品生产过程中的图像数据进行分析和识别，实现对产品的质量检测、追溯和防伪。通过对产品外观和内部结构的自动化检测，可以大幅提高检测效率和准确性，及时发现和纠正生产中的缺陷，确保产品的质量和一致性。

最后，人员标识方面，利用人工智能技术对园区内的人员进行身份认证和行为监控。基于人脸识别和行为分析技术，可以实现对园区内人员的身份识别、进出管理和异常行为检测。人工智能系统能够实时监控人员活动，确保只有授权人员进入特定区域，并能检测和预警异常行为，如未授权的区域进入或异常长时间滞留，提升园区的安全性和管理效率。

结合以上3个方面的标识技术应用，人工智能技术能够全面提升工业互联网园区的管理水平。设备、产品和人员的智能化标识和管理，不仅提高了园区的生产效率和质量控制，还能通过实时数据分析和自动化处理优化管理流程与资源配置。这为园区的未来发展提供了强大的技术支持，推动园区向更加高效、安全和智能的方向发展。

10.6 工业互联网标识与数字孪生技术的深度融合赋能园区

在工业互联网标识与数字孪生技术的深度融合中，数字孪生技术发挥着重要作用。通过数字孪生技术，工业互联网标识得以更加智能化、精准化地应用于园区管理和运营中。首先来了解数字孪生技术的概念与特征。

10.6.1 数字孪生技术的概念与特征

数字孪生技术是一种基于数字模型的技术，通过虚拟模型精确地模拟实际实体的外观、结构、行为和性能有助于在虚拟环境中全面了解和控制实际实体，从而优化其运行和管理。

（1）数字孪生技术的一个重要特征是虚拟模型的创建，能够生成高度真实的虚拟模型，包括实体的结构、功能和性能等方面的详细信息。这些模型不仅再现了实体的外观，还详细描述了其内部结构和功能特性，为进一步地分析和优化提供了基础。

（2）数字孪生技术具有实时更新的能力。这意味着虚拟模型能够不断地接收和处理来自实际实体的数据，以反映实际世界中的变化，确保模型与实体保持同步。通过持续的数据流，虚拟模型可以随时反映实体的当前状态，保持高精度的动态模拟。

（3）数字孪生技术具备强大的仿真和预测能力，能够模拟不同情境下实体的行为，并预测未来状态。利用历史数据和实时数据进行分析，数字孪生技术可以预测可能的故障、性能变化和其他关键行为，从而为预防性维护和优化提供支持。

（4）数字孪生技术强调数据集成，能够整合来自各种传感器和数据源的信息，实现全方位的信息集成。通过集成多种数据来源，建立全面的数据网络，使虚拟模型具备更高的准确性和实用性。

（5）数字孪生技术支持远程操作和监控。这种特性提高了运营的灵活性和响应速度，使得管理人员可以在无须现场干预的情况下对实际实体进行管理和控制，从而降低运营成本，提高效率。

（6）数字孪生技术提供优化决策支持。通过全面的实时数据和模拟结果，数字孪生技术为决策者提供可靠的决策支持，优化运营策略。详细的分析和模拟结果帮助决策者制定更精准的策略，提升整体运营水平。

综上所述，数字孪生技术通过其虚拟模型、实时更新、仿真和预测能力、数据集成、远程操作和优化决策支持的特性，为智能城市、工业制造和其他多个领域提供了强有力的工具，推动了各行业的数字化转型和创新发展。

10.6.2　数字孪生技术在工业互联网标识中的应用

北京市海淀区依托中关村创新发展机遇，贯彻"两新两高"战略部署，广泛激发社会活力，积极实践智能化治理新模式，高质量建设全国科技创新中心核心区。海淀区 IOCC 项目建设，51WORLD 全精度、全要素、全粒度还原城市场景，打通业务系统，接入业务数据，实时感知城市运行态势，辅助海淀区城市管理，解决传统城市地图重复建设、可视化效果差、响应速度慢等问题。

首先，在城市一张图的构建方面，基于自主研发的 AES 数字孪生平台，海淀区对全区进行了中精度还原，并对中关村西区 3 平方千米区域进行了高精度还原，包括全区的基础地理信息、行政区划、二维和三维地图、17 万个建筑和城市部件等。通过这些高精度数据，能够以近乎真实的效果还原海淀区的地形、道路、建筑、植被、车辆、人流和环境等场景，从而为城市管理提供精确的基础信息支持。

其次，在城市管理的智能化方面，通过对智能部件的总览，海淀区可以全面了解智能部件部署的位置、数量、种类，以及基础设施的覆盖率和运行状态。特别是对城市中高频事件类型的感知和管理，能够重点关注和处理当前发生的高频事件，提高城市管理的效率和效果。

最后，在城市治理的创新方面，特别是渣土车综合治理领域，海淀区整合了工地信息、卫星图斑、周边视频、消纳地点等监测数据，以及交通、环保、城管等多部门的政府数据，构建了一车一档信息系统。通过充分利用"城市大脑"的地理定位和人工智能识别能力，实现对渣土车的源头管控、车辆轨迹研判、违法特征研判、执法取证和自动处理等环节的精准识别与高效处理。

依托数字孪生城市技术与平台底座,对零散数据和应用进行集成与升级,通过政府、企业、社会合作构建产业生态,打造集约化平台,用科技产业发展带动技术进步,推动整个社会参与城市治理服务、数字经济发展,实现公共资源高效调配,城市事件精准处置。

10.6.3　数字孪生技术与标识融合赋能园区的未来发展趋势

在工业互联网园区中,数字孪生技术与标识技术的融合,可以显著提升园区的智能化和管理水平。通过设备标识、产品标识和人员标识3个方面的分类,数字孪生技术可以赋能园区的未来发展,具体如下。

首先,设备标识方面,利用数字孪生技术为园区内的各种设备建立数字化身份和标识。基于数字孪生模型,可以对设备的物理特征、状态和行为进行建模与仿真,实现对设备的实时监测、预测和优化。通过实时监测设备运行数据,数字孪生模型可以模拟设备的工作状态,提前发现潜在问题并提出解决方案,从而提高设备的运行效率和可靠性。此外,还可以通过仿真测试新策略和操作,以优化设备的性能和使用寿命。

其次,产品标识方面,结合数字孪生技术和物联网技术,可以为园区内的产品建立数字化身份和标识。基于数字孪生模型,可以对产品在生产、运输和销售过程中的各个环节进行仿真与优化,实现对产品的质量控制、追溯和溯源。在生产环节,通过仿真可以优化生产工艺,减少缺陷率;在运输环节,可以模拟不同的物流方案,选择最优路径;在销售环节,可以实时追踪产品的流通情况,确保产品的真实性和质量。

最后,人员标识方面,利用数字孪生技术可以对园区内的人员进行数字化身份和行为建模。基于数字孪生模型,可以对园区内人员的身份和活动进行实时监测与预测,实现对人员进出园区和异常行为的监测与管理。通过对人员行为数据的实时分析,可以提高园区的安全性,防止未经授权的进入和潜在的安全威胁。此外,还可以通过分析人员的工作习惯和效率,优化人力资源管理,提高工作效率和员工满意度。

结合以上3个方面的标识技术应用,数字孪生技术能够全面提升工业互联网园区的管理水平。设备、产品和人员的数字化标识与仿真建模,不仅提高了园区的生产效率和质量控制能力,还能通过实时数据分析和管理流程优化提升安全管理水平。这为园区的未来发展提供了强大的技术支持,推动园区向更加高效、安全和智能的方向发展。

10.7　小结

工业互联网标识解析体系是工业园区网络架构中至关重要的组成部分,既是支撑工业园区网络互联互通的基础设施,也是实现工业园区数据共享共用的核心关键。

本章首先概述了工业互联网园标识的概念、体系架构、基本原理、标准与规范等基础理论,然后介绍了工业互联网园标识与5G、区块链、大数据、边缘计算、人工智能、数字孪生等新兴技术的深度融合。

第 11 章 双碳园区建设方向及推进建议

针对园区的绿色发展战略、核心产业导向及业态配置方案，进行全面而深入的调研活动，以精准界定工业互联网赋能下的双碳园区愿景蓝图、导向原则、服务体系及独特性卖点。在此基础上，拟定该双碳园区的构建需求清单及其实施路径，通过这一系列规划与策略的制定，旨在打造一个集技术创新、产业协同、生态宜居于一体的工业互联网双碳园区典范，引领地区乃至国家的绿色低碳发展潮流。

11.1 双碳园区的建设方向

为了精准塑造园区绿色发展蓝图，需要全面开展以下策略性规划与行动。

- 通过摸清园区碳排放现状，诊断碳减排潜力。编制工业互联网双碳园区规划和具体建设方案，明确园区可信数字基础设施、园区绿色企业与公共设施、园区发展体系等建设思路和具体建设内容，细化园区评估内容和标准。园区规划应具有一定的前瞻性。为了做好工业互联网双碳园区建设，在制定规划阶段，还需要加强对园区企业碳达峰、碳中和发展的引导。

- 利用工业互联网、大数据、区块链等信息化技术，构建数据支撑、网络共享、智能协作的园区绿色供应链管理体系，推动双碳数据自由流动、便捷交互，提升园区资源利用效率及供应链绿色化水平。利用工业互联网技术持续推进生产流程和工艺的绿色化、数字化节能升级，推动低碳工艺革新，实施工艺降碳升级改造。通过流程降碳、工艺降碳、原料替代，实现生产过程降碳。发展绿色低碳材料，推动产品全生命周期减碳。

- 积极发展新能源，进行绿色智能化改造，深化节能、降耗、提质、减碳、治污等碳减排重点方向。加强生产线改造，提高自动化生产水平，推广用能设备节能，对重点用能设备、工序等实施信息化、数字化改造升级和上云用云，进而赋能产能提升。特别要引导企业采用符合碳排放约束性指标要求的设备、设施和系统。利用工业互联网对生产实时数据进行碳排放全流程管控，推动园区内重点用能企业实施节能监察全覆盖，实现生产资源的协同与调度，提高单位能源资源产出效率，促进节能降耗、提质增效。

- 根据建设方案有序、合规地开展工业互联网双碳园区建设工作，加强建设方案任务落实和考核评价。借助信息化手段，对园区建设、运行与绿色发展情况开展实时的监测和跟踪，提升园区能耗、碳排数据的透明度，持续优化园区数字基础设施、监测与运营管理水平，不断完善服务内容和服务水平，协同政府对园区进行更加精准的施策。参照工业互联网双碳园区评价指标体系，定期开展对园区的检测评估工作，帮助园区定位自身所处发展阶段、诊断园区存在问题、识别园区工作潜在风险，从而帮助园区明确改造演进路径、确定阶段化升级目标、制定有针对性的解决方案、实施科学化改进手段。园区可通过市场渠道，推动园区围绕绿色转型与发展的技术成果及服务、园内优秀企业等能力与资源的对外推广，形成园区与社会互促互利的共赢局面。园区基于实践经验，总结提出可复制、推广的实施措施和经验模式，形成一整套工业互联网双碳园区解决方案，推动园区建设全领域、全行业生态体系，向全国推广经验，发挥辐射带动效应。

双碳目标的实施，推动我国绿色经济产业不断发展壮大，其中蕴藏的庞大市场空间也日益显现。中国金融学会绿色金融专业委员会大胆预测，我国未来30年的绿色低碳投资累计需求将达487万亿元，呈百万亿级市场蓝海。园区作为绿色经济发展的根据地、城市改革创新的试验田，是产业集聚与技术应用的关键场景。如何推动绿色产业发展与先进技术成果转化应用，助力园区加快实现双碳目标，是未来几十年需要研究的关键课题。未来，双碳数字园区将紧随市场发展与科技变革，逐步实现从数字化到智慧化、从低碳化到零碳化的完美蜕变。

1. 提升科研能力

根据《"十四五"工业绿色发展规划》的指引，将重点聚焦于钢铁、有色金属、石化化工、建材等行业，着手编制"工业互联网+双碳"实施方案。该方案旨在指导企业利用工业互联网、大数据、5G等前沿技术增强能源管理、资源优化和环境保护的能力，深化生产流程的数字化转型，为绿色制造提供强大动力。

携手行业领军企业，共同创建细分领域的"工业互联网+双碳"联合实验室，集中力量破解绿色低碳技术难题，加速先进技术研发与市场应用，树立应用典范。此举意在加速技术创新步伐，推动行业绿色转型。

注重绿色制造体系与服务体系的建设，倡导将5G全连接工厂理念融入绿色工厂的构建中，促进操作技术（OT）、信息技术（IT）、通信技术（CT）和数据技术（DT）的深度融合。此外，强调对再生资源进行全生命周期的数据智能化管理，包括采集、分析与应用，以期实现资源的最优化利用和循环经济的深化发展。

双碳目标的实施，为相关技术的发展和突破带来契机。未来，能源供给侧将依托新能源发电技术、氢能技术与新型储能技术实现化石能源的替代，同时节能技术、负碳技术将逐步推动能源需求侧有效减碳。届时，通过在园区能源供给侧应用钙钛矿光伏等新能源发电技术、氢燃料电池等氢能技术、"热岩"储能等长时储能技术，在建筑侧应用无化石钢铁、低碳混凝土、暖通空调系统等低碳节能技术，再结合生态碳汇及CCUS等负碳技术，将有望真正实现园区范围内碳排放与吸收的相对平衡，最终实现从低碳园区到零碳园区的升级与转变。

2. 深化产业融合

面向区域，推动建设"工业互联网+双碳"公共服务平台，高效配置政策、技术、数据、人才等要素资源，深化产品研发设计、生产制造、应用服役、回收利用等环节的数字化应用，推动新一代信息技术与绿色低碳产业深度融合，打造绿色制造体系和服务体系，促进数字化、智能化、绿色化融合发展。

面向企业，积极推动数字技术赋能专精特新中小企业绿色发展，按产业链梳理专精特新中小企业数字化转型、绿色化发展共性需求，开展标准宣贯、现场诊断和供需对接，引导企业参与实施工业低碳行动和绿色制造工程，提升企业数字化水平，降低企业零碳化发展成本。

3. 拓展数据应用

依托国家工业互联网大数据中心体系，面向冶金、石化、建材等重点高耗能行业和京津冀、长三角、粤港澳、成渝等重点区域建设国家工业互联网大数据中心双碳分中心，支撑承载绿色低碳基础数据平台，统筹绿色低碳基础数据和工业大数据资源，建立数据共享机制，推动数据汇聚、共享和应用。

一方面，基于平台数据，开展碳足迹、水足迹、环境影响分析评价，多维度汇聚工业数据资源，特别面向"两高"行业，切实提升重点行业领域能源供给与能耗监测预警能力，为"能耗双控"精准施策提供有力抓手，强化产业链绿色化治理能力。另一方面，探索数据要素市场和碳交易市场协同运行机制，有序推进基于工业互联网的双碳金融产品和服务开发，设立碳减排货币政策工具，创新"工业互联网 + 双碳"产融模式，充分发挥市场机制的作用，探索碳定价机制，支撑碳排放权交易、用能权交易、电力交易的衔接与协调。

4. 发展绿色低碳技术

科技创新是实现双碳目标的关键驱动力，中央财经委员会第九次会议强调："要推动绿色低碳技术实现重大突破，抓紧部署低碳前沿技术研究，加快推广应用减污降碳技术，建立完善绿色低碳技术评估、交易体系和科技创新服务平台。"

应利用工业互联网、大数据、区块链等信息化技术，构建数据支撑、网络共享、智能协作的园区绿色供应链管理体系，推动双碳数据自由流动、便捷交互，提升园区资源利用效率及供应链绿色化水平。利用工业互联网技术持续推进生产流程和工艺的绿色化、数字化节能升级，推动低碳工艺革新，实施工艺降碳升级改造。通过流程降碳、工艺降碳、原料替代，实现生产过程降碳。发展绿色低碳材料，推动产品全生命周期减碳。

积极发展新能源，进行绿色智能化改造，深化节能、降耗、提质、减碳、治污等碳减排重点方向。加强生产线改造，提高自动化生产水平，推广用能设备节能，对重点用能设备、工序等实施信息化、数字化改造升级和上云用云，进而赋能产能提升，特别要引导企业采用符合碳排放约束性指标要求的设备、设施和系统。

未来，电动汽车、氢燃料汽车将在双碳数字园区全面普及，道路、交通工具、交通基础设施既是用能单元，也是储能载体，推动园区交通碳排放量大幅降低。共享经济将进一步发展，共享汽车、共享电动车及共享单车等个体化共享交通将更加智能、便捷，以出行者需求为导向的定制化公共交通将促进园区出行更加个性化、人性化，充分提高公共交通出行的舒适度。

基于 MaaS 理念的一站式出行服务将在园区内推广应用，多种交通工具之间实现点对点的时空无缝衔接，打通园区内交通出行的"最后一公里"，有效提高交通效率，降低交通侧碳排放。云计算、边缘计算等技术应用将更加成熟，计算下沉到交通工具，使交通工具成为"移动的计算机"，实现交通出行过程中的碳排放可记录、可追溯、可预测，出行者既是交通行为主体，又是交通碳治理主体。

利用工业互联网对生产实时数据进行碳排放全流程管控，推动园区内重点用能企业实施节能监察全覆盖，实现生产资源的协同与调度，提高单位能源资源产出效率，促进节能降耗、提质增效。

5. 深化碳排放权交易市场建设

（1）碳排放权交易机制及其影响。碳排放权交易机制通过政府分配碳排放配额，要求第三方机构年度核查，促使控排企业依据其碳排放实际情况在市场上买卖配额。这一机制促使企业将碳排放视为直接成本，并通过市场价格信号激励企业采取最经济的减排策略，如生产流程改造、碳配额交易或碳捕集技术的应用。深化此交易市场不仅能够有效控制总体碳排放量，还能驱动产业结构朝低碳转型，降低社会整体减排成本，加速绿色经济发展。

（2）双碳园区融资与碳资产价值。当前，双碳园区建设面临资金需求，而碳交易市场为企业提供了将低碳成果转化为碳资产的途径，吸引了更多投资关注。这不仅解决了园区建设的融资问题，还促进了园区内经济活动的绿色循环，增强了园区吸引力和可持续发展能力。

（3）未来双碳数字园区的碳管理展望。技术的进步和政策体系的完善预示着双碳数字园区将迈向更广阔的碳足迹管理阶段。园区碳管理将实现全领域、全周期的智慧化覆盖，不仅局限于基础的能源消耗监控，而是深入碳资产管理与交易层面，通过数字化平台整合形成闭环管理链路。在此过程中，园区将扮演更加积极的角色，为入驻企业提供一揽子碳生态服务，涵盖 CCER 项目开发、企业碳排放画像定制及碳交易辅助等，充分激活园区内的碳要素流动，实现从数据到价值的转换，推动园区经济向低碳、高值方向跃升。

6. 整体协同的双碳数字园区形成园区级零碳建筑群

未来，双碳数字园区将广泛采纳装配式建筑方案、绿色建材（如高强钢筋），以及太阳能一体化建筑设计，融合光伏与光热系统，确保园区电热能源的自给自足。园区建筑将配备"光储直柔"电力系统，增强能源使用的灵活性与高效性，大幅度集成光伏发电，简化供配电流程。此外，数字技术的演进将推动园区能耗管理升级，从单体建筑节能迈向区域建筑能源协同优化，创建零碳建筑集群，通过智能群控技术整合可调负荷，形成虚拟电厂，提升用电效率并降低成本。

面对能源转型的必然趋势，双碳数字园区应加速推动能源供给侧改革，大力发展太阳能、风能等多种可再生能源，借助多能互补和分布式布局策略，提高可再生能源利用率，减少化石能源依赖，实践以电代煤、以电代油的能源消费模式。园区将采用大数据、人工智能、氢储能等先进技术，结合光伏发电、微电网、充电设施和电动车等，构建园区级源网荷储一体化体系，有效应对可再生能源消纳挑战，增强电网灵活性，引领其向清洁、高效能源体系过渡。

11.2 双碳园区推进建议

园区通过产品碳足迹、园区综合能源调控、园区双碳智能化管理等新模式的构建，实现园区企业绿色化改造升级、园区和产业集群绿色发展、园区绿色生态体系构建等需求。为了实现双碳园区的高端化、智能化、绿色化发展，综合考虑多种因素，结合未来发展趋势，提出以下推进建议。

1. 深化核心技术创新，加快标准体系建设

我国重点工业行业仍面临碳达峰、碳中和标准体系待完善、实施效果待提升等问题，标准的基础保障和引领作用需要进一步加强。建议开展重点工业行业绿色低碳标准体系研究，明确标准制修订的重点方向及任务。

- **加快完善碳排放核查核算标准**。制定基础、通用的重点工业行业、企业、产品碳排放的核算、核查等标准，建立科学、规范的核算体系，加强碳排放的量化管理，实现全生命周期碳排放的可监测、可报告、可核查。
- **加快节能标准更新升级**。抓紧修订钢铁、石化、铝等重点行业能耗限额，以及汽车、电子产品设备等能效强制性国家标准，扩大能耗限额标准覆盖范围，提升重点产品能耗限额要求。强化绿色消费标准引领，完善低碳产品认证、绿色产品认证等认可准入体系，引导行业、企业加快实施节能降耗举措。
- **构建标准实施和监管体系**。结合行业双碳需求特征，制定标准集成应用指南，以"试点"等方式加快推进标准化工作。建立政产学研用一体化模式，协调好国家标准、行业标准、地方标准、团体标准与产业政策、法规的关系，加强标准宣贯、实施、监督和服务。
- **加强国际标准交流合作**。推进中外标准互认，提高我国标准与国际标准的一致性程度，强化贸易便利化标准支撑。积极参与碳排放，可再生能源，生态碳汇，碳捕集、利用与封存等领域国际标准制定，加强与重点国家、区域、组织的标准化合作，提升标准化对外开放水平。
- **深化核心技术攻关突破**。按照《"十四五"工业绿色发展规划》要求，围绕碳效评价、绿色低碳领域可信数据采集、数据规范描述、多维数据映射等关键技术开展攻关，着力解决关键共性技术问题。强化区块链、5G 等新技术双碳领域的融合创新应用，全面推动数字技术与实体经济深度融合，推进双碳治理数字化、网络化、智能化发展。加快推进标准体系建立。

- **建立健全绿色低碳标准体系**。立足工业碳效评价、绿色低碳发展需求，完善绿色产品、绿色工厂、绿色园区和绿色供应链评价标准体系，加快推进碳效评价、产品碳足迹、绿色低碳发展等重点领先性标准的立项、研制，充分发挥标准引领作用。强化先进适用标准的贯彻落实和试验验证，扩大标准有效供给。

2. 完善基础设施建设，强化协同融合发展

围绕绿色产品、绿色工厂、绿色园区等，建设多维度绿色低碳标识服务平台，为绿色低碳评价提供手段。面向重点用能装备，研制并规模部署主动标识载体等数采终端，建立绿色低碳数据可信采集通道和共享机制，实现能源数据的主动采集、汇聚、分析、精准碳效计算、趋势分析研判，助力重点领域、重点行业提前实现碳达峰、碳中和。

面向产品、企业、园区、区域和行业等不同对象，推进绿色低碳标识基础服务平台、企业级绿色低碳标识服务平台、园区级绿色低碳标识服务平台、行业级绿色低碳标识服务平台等基础设施建设，提供产品碳足迹追踪、企业/园区碳效评价、区域/行业碳排放监测等公共服务能力。

充分利用现有的工业互联网标识解析节点、"星火·链网"等已有基础设施的融合发展，构建工业绿色低碳转型与工业赋能绿色发展相互促进、深度融合的现代化产业格局，面向重点领域提供咨询、检测、评估、认定、审计、培训等一揽子服务。

3. 打造行业应用标杆，完善双碳激励机制

分阶段、分层次推进碳效评价应用推广，围绕重点区域、园区和用能行业、企业开展碳效评价，探索碳效评价在绿色金融、节能监察等领域的创新应用，遴选一批碳效评价试点企业和标杆应用，形成可复制、可推广的技术和经验。

围绕钢铁、石化化工、有色金属、建材、仪器仪表等重点行业，遴选一批重点企业，分阶段、系统地推进试点应用推广工作，打造一批工业互联网双碳园区"领跑者"标杆企业。不断探索和优化绿色低碳评价等级结果和星级认证，建立有进有出的动态调整机制，将评价结果信息强制性披露纳入绿色低碳体系，并编制年度发展报告。

强化绿色低碳和用能权交易、政策支持的统筹衔接，加大评价结果在财政、信贷、试点示范等方面的应用，建立与绿色低碳发展相适应的投融资政策，推动运用定向降息、专项贷款、抵押补充贷款等政策工具，引导金融机构加大对绿色低碳信贷的投放力度，支持绿色低碳企业上市融资和再融资，降低融资费用。

4. 双底座同向发力，构筑可信数据互联体系

园区应构建含网络、标识、平台、安全的园区数字底座与可信价值互联体系，并同步开展综合能源供应、能源信息化管理、能源数字化运营为一体的综合能源体系化建设。通过园区内工业互联网一体化信息基础建设和数据流动共享，构建园区内企业、设施及车辆等要素的全连接体系，并同步建立虚实融合的园区一体化服务和管理视图，实现园区物质流、能量流及信息流的高效运营管理。

通过赋予园区内能源生产企业/设备、关键用能企业/设备、计量设备等物理实体对象

唯一身份标识，实现对电、热、冷、水及气等能源参数的实时监测采集和分析预测，打造覆盖园区能源设备、能源系统、场站及工厂等实时安全感知与协同交互的应用场景，实现园区常态化运营、数据共享交易、生态链协同的价值延伸。

5. 一体化联动推进，提升绿色发展基础能力

从目标定位来讲，在追求碳达峰与碳中和的工业领域，园区应担当起创新先锋的角色，依托其独特的地理与产业优势，引领构建工业互联网一体化的新发展模式，加速区域绿色产业生态体系的融合进程，从根本上提升绿色发展的基础能力和实践效果。

从工艺与流程改造来讲，园区需要鼓励并支持区内企业，通过采用先进的数字化技术，彻底改造传统生产工艺与生产流程，确保每一步都朝着更高效、更环保的方向迈进。

从碳管理与交易角度来讲，积极推广碳排放核算与碳效率评价机制，建立企业间碳交易的市场环境，激励企业主动减少碳排放。同时，从产品的物流、生产到销售和服务的全链条上实施碳足迹追踪，确保全生命周期的能耗和碳排放得到有效管理。

从产业链协同布局角度来讲，园区应促进绿色产业链与供应链的紧密协作，通过数据互通共享，优化园区外上下游企业的生产计划、物流调度及库存管理，减少资源浪费，提升整体运营效率。

从区域绿色一体化发展角度来讲，推动节能、治污、降碳的综合措施与区域绿色化战略紧密结合，形成园区内外联动的绿色发展模式，共同推进产业升级，实现经济、社会与环境的和谐共生。

6. 内外部协同闭环，畅通数据要素循环流动

园区管委会、园区建设与运营单位、园区企业间可围绕工业互联网和双碳融合领域开展全面交流与合作，联合开展低碳、零碳、负碳关键核心技术攻关，建设数字化转型促进中心等公共服务创新载体，并基于工业互联网平台进行双碳模型、算法及软件等技术与成果的共享、开放、协同。

园区可利用工业互联网实现再生资源高值化循环利用新模式，推动建立再生资源供应链，提高资源利用水平，强化园区内部、园区与外部组织之间的循环链接，促进资源有效、协同供给，提高资源利用水平。

建立"企业—政府—第三方服务机构—金融机构—交易机构"的多边可信数据链，多方用户主体可在交互中建立相对及时、完整的碳数据网络，实现园区内数据共享共治，并为碳排放交易及相关业务过程中的数据交互提供保障，实现园区数据资产至碳资产的转化。

7. 虚拟化循环生态，打造虚实融合生态模式

园区可为企业提供基于虚拟零碳园区的全厂数字孪生与生产仿真等能力和服务，借助历史数据、实时数据及算法模型等，模拟、验证、预测及控制园区物理实体全生命周期过程碳排放。

园区将入驻企业的产品、排放废品废料等数据全部数字化上云，基于5G、大数据、云计算等技术建立起入驻企业间的物料或能量联系，并通过构建信息共享平台，进行企业间

的合作谈判和废物资源交换,在虚拟园区内形成"原料—废料—原料交换"的工业生产系统。园区企业间可按照"再生—循环—回用—替换"原则形成虚拟的生态供应链,不断吸引新企业,扩大园区循环生态系统,提高物料和能量利用效率。

8. 深入推进重点环节节能降碳举措

从行业需求共性特征出发,抓住影响能耗碳排的关键因素,实现工业领域节能降碳的重点突破。

- **优化能源消费结构**。建议新能源富集地区的企业、工业园区等,充分利用太阳能、风能等清洁能源,建设新型储能设施和智能绿色微电网,推动终端能源消费电气化,推进煤炭、石油、天然气等化石能源高效清洁利用。
- **推广应用高效节能技术装备**。研发、推广具备能源高效利用、污染减量、废弃物资源化利用和无害化处理等功能的绿色工艺技术与装备,适时推动低效生产装置和设备的退出。
- **提高循环生产水平**。加大再制造技术研发力度,降低再制造成本,对汽车产品及其零部件、工程机械及其零部件、铝合金废料等深入开展再制造,推广应用资源再生产品和再制造产品。
- **实施绿色制造工程**。推行绿色设计,构建绿色制造体系,加强先进节能技术的集成优化,从局部单体节能向全流程系统节能转变,建设绿色工厂、绿色工业园区。

9. 大力推动数字化、绿色化协同发展

新一代信息技术是工业领域实现绿色低碳发展的重要手段,要充分发挥数字化赋能作用,大力发展绿色数字融合新技术,培育绿色数字产业新生态。

- **建立数字化碳管理体系**。应用 5G、云计算、物联网、大数据等数字技术,构建面向能效管理和碳管理的数字孪生系统,实现碳排放数据的实时精准采集监控、核查分析、模拟预测和精细管理。
- **推广应用数字化节能降碳解决方案**。加快重点用能设备、产线等数字化改造和上云用云,推广以工业互联网为载体,以碳管理为对象的平台化设计、智能化制造、网络化协同、个性化定制、服务化延伸、数字化管理等融合创新应用。
- **打造数字化综合服务平台**。面向工业企业和产业链上下游提供碳排放数据采集、跟踪核算、评估评价、分析预警等服务,对碳资产数据、碳配额交易数据等实时上链存证,实现多层级穿透式核查监管、在线跟踪溯源,为碳资产交易及相关金融衍生产品提供有效的数据服务支撑。

10. 有序推进大中小企业绿色协同发展

工业领域碳达峰、碳中和目标的实现,需要根据大中小企业的特点分类施策,调动不同类型企业的积极性、主动性,形成大中小企业绿色协同发展的态势。

对于大型企业,具体做法如下。

- **做好示范表率**。注重源头减量,加大氢能等清洁能源替代和可再生能源应用。强化过程控制，推广高效节能电机与变频技术。末端精细治理，推动固体废物减量和废料资源回收利用。

- **打造绿色供应链**。围绕原料采购、生产制造、应用服役到回收利用等全周期过程，以绿色供应链牵引带动上下游中小企业加快绿色转型。开展供应商年度碳足迹核查工作，促进供应链整体绿色低碳水平提升。
- **验证前瞻性技术**。支持龙头企业聚焦前沿性和颠覆性技术研究创新，联合产学研各主体组建创新联合体、新型共性技术平台等。支持龙头企业将绿色新技术引进与既有生产线升级改造相结合，有效验证双碳新技术的落地性、经济性和效益性。

对于中小企业，具体做法如下。

- **提早谋划、提前准备**。实施用能设备和关键工序的节能降耗改造，积极参与区域工业低碳行动和绿色制造工程，渐进融入产业园区、产业集群绿色转型。列入碳排放配额管理的中小企业，合理、量力采购碳抵消项目。
- **加快上云用数赋智**。践行"工业互联网+绿色制造"模式，推动企业级碳管理数据上云，打通在线能源审计、设备能效对标、系统节能诊断等关键性业务场景。
- **打造绿色低碳领域优质企业**。发挥中小企业创新灵活性强及单点深入优势，支持以专精特新为代表的创新型中小企业群体，瞄准开发新型绿色技术、设计新颖绿色产品，打造双碳关键细分领域的优质企业。

11. 完善产业政策、资源和服务保障

建议政府层面持续完善碳达峰、碳中和相关政策体系，进一步发挥政策引导作用，加大支持力度，提高资源保障和公共服务水平。

建议政府不断提升并完善碳中和与碳达峰策略体系，以深化政策引领功能，强化扶持措施，确保充足资源与卓越公共服务。具体策略涵盖：推动产业结构向绿色低碳转型，增加财税与金融业对可持续发展的扶持力度，加速构建绿色低碳基础设施体系，加大对双碳领域专业人才培养的投入，扩展高质量服务供给，全面赋能碳中和目标的达成。

- **调整并优化产业结构**。完善相关产业政策，淘汰高能耗落后产能，提高新建、扩建"两高"项目节能环保准入标准。大力发展节能环保、清洁生产、清洁能源产业，支持战略性新兴产业发展。
- **加大财税金融支持**。完善碳排放权交易机制和碳税征收模式，对企业绿色研发投入增量给予更大抵减税费优惠和返还奖励。扩大政府绿色采购规模，拓宽新能源装备、超高能效设备产品等节能产品市场渠道。调动社会资本和产业投资的积极性，支持符合条件的企业发行绿色债券，充盈企业低碳发展资本。
- **建设绿色低碳基础设施**。推动大数据中心、新型互联网交换中心、通信基站等数字基础设施节能提效，鼓励行业、区域建设能源管理平台、碳管理平台，以及碳核算、碳交易平台。
- **加强双碳专业人才培育**。科学预测双碳领域人才规模需求，制定双碳岗位能力要求并发布人才职业能力标准，推广订单式技能人才培养模式。
- **扩大优质服务供给**。引导服务机构扩大公共服务、市场化服务和社会化公益服务覆盖范围，创新碳基金、碳资产质押贷款、碳保险等碳金融服务，规范绿证交易、碳交易、用能权交易等环境资源服务市场。

11.3 小结

园区可通过工业互联网一体化绿色信息基础建设和数据流动共享，充分发挥园区绿色低碳产业和资源聚集化的关键优势，助力优化绿色产业链协同布局，推动园区产业循环链接，促进区域能源资源的高效利用与综合利用。同时，通过打造基于工业互联网的园区绿色低碳循环新服务模式和管理理念应用，促进绿色低碳产业、技术、人才及数据等资源聚集，助力园区企业实现节能降碳模式创新、高效运营，从而培育壮大工业绿色发展新动能，促进工业领域绿色可持续发展。